中华优秀传统文化
融入思想政治教育研究

谢狂飞　著

同济大学出版社 · 上海

图书在版编目(CIP)数据

中华优秀传统文化融入思想政治教育研究 / 谢狂飞著. —上海：同济大学出版社，2023.12
ISBN 978-7-5608-9983-1

Ⅰ.①中… Ⅱ.①谢… Ⅲ.①中华文化—关系—高等学校—思想政治教育—研究—中国 Ⅳ.①K203 ②G641

中国版本图书馆 CIP 数据核字(2021)第 221468 号

中华优秀传统文化融入思想政治教育研究

谢狂飞 **著**

责任编辑 张 睿 **责任校对** 徐逢乔 **封面设计** 陈益平

出版发行 同济大学出版社 www.tongjipress.com.cn
(地址:上海市四平路 1239 号 邮编:200092
电话:021-65985622)
排 版 南京文脉图文设计制作有限公司
印 刷 苏州市古得堡数码印刷有限公司
开 本 889mm×1194mm 1/32
印 张 11.875
字 数 267 000
版 次 2023 年 12 月第 1 版
印 次 2023 年 12 月第 1 次印刷
书 号 ISBN 978-7-5608-9983-1

定 价 68.00 元

前　言

“天行健，君子以自强不息。”“地势坤，君子以厚德载物。”(《易经·乾卦》)根深叶茂，厚积薄发，君子务本，本立道生。博大精深的中华优秀传统文化是思想政治教育立德树人、育人培德的文化之“根”和“魂”。正如朱熹所说“问渠那得清如许？为有源头活水来”，只有回溯到中华优秀传统文化所蕴含的丰厚的道德资源的源头活水中去，思政课才能切实提高其培养人的有效性和吸引力，进而使其成为学生“真心喜爱，终身受益”的重要课堂。

“好雨知时节，当春乃发生。随风潜入夜，润物细无声。”道德品格的养成是离不开中华优秀传统文化的文化熏陶之力量的。同时，人文化成也是美德建构的重要路径。中华优秀传统文化中的内在精神本身就是推动道德主体自觉追求人生真善美的较高人生境界的重要精神动力。

在思政课教学实践的过程中，本人深刻地体会到，要切实提升思政课的实践有效性，就必须正视以下挑战：如何才能实现思政课立德树人的长期效果？如何才能避免孔子所说的“其余则日月至焉而已矣”(《论语·雍也》)和孟子所说的“其进锐者，其退速”(《孟子·尽心上》)的道德践履习惯无法持续的问题？如何才能激发学生内心中生生不息的道德实践之精神动力？如何才能使学生做到“君子无终食之间违仁，造次必于是，颠沛必于是”(《论语·里仁》)的道德坚定和恒心？

如果仅仅是从一般的教学技巧或教学方法的比较狭隘的视

域来思考这些挑战，那么这些技巧和方法能起到的作用是有限的。正如孔子所说："礼云礼云，玉帛云乎哉？乐云乐云，钟鼓云乎哉？"(《论语·阳货》)如果只有外在教学技巧的诸多形式，却无法通过一种深刻的教学智慧来激发学生内心中所内蕴的真诚的道德情感和精神动力，那么，就依然无法从根本上提升思政课立德树人的育人有效性，因为"人而不仁，如礼何？人而不仁，如乐何？"(《论语·八佾》)

而要做到这一点，就必须深入到中华优秀传统文化所蕴含的深厚的道德教育资源中去进行深度的挖掘和探索。

本人在过去多年的思政课教学过程中，通过充分将中华优秀传统文化与思政课课堂立德树人的育人实践相结合，起到了非常好的教学效果。中华优秀传统文化在思政课实践中的智慧融入，使思政课不仅有厚度，而且也有一种基于深厚的人文关怀的道德情感之温度。

中华优秀传统文化中内蕴的道德教育智慧中本身就包含着一种生命道德学问意义上的文化生命结构。正如孔子所说："人能弘道，非道弘人。"(《论语·卫灵公》)要从文化的深层切实提升思政课立德树人的实践有效性，就必须对蕴含在中华优秀传统文化中的深厚而丰富的道德教育资源进行传承和弘扬。仅仅从外在的课堂吸收而来的道德教育实践智慧本身如果不能经由一种文化力量的内化和融通，就无法起到很好的蒙以养正的教育作用。正是在一种道德教育主体自身自觉的"学而时习之"(《论语·学而》)、"默而识之，学而不厌"(《论语·述而》)的文化学习过程中，道德教育主体自身才能深刻地体会到一种"不亦说乎"(《论语·学而》)和"乐以忘忧"(《论语·述而》)的道德实践之幸福，而这种"以德服人者，中心悦而诚服也"(《孟子·公孙丑上》)的对于道德境界的人生幸福之追求动力本身就是来自文化浸润于心的厚重力量。

中华优秀传统文化体现着一种深厚的人文精神，正如《易经》所说的“观乎人文”“文明以止，人文也”。真正经得起各种复杂道德情境考验的稳定的美德品格，是需要有基于文化之根的长期的文化浸润和熏陶作为基础的，这就是“修辞立其诚”（《易传·文言传》）和以文化人的道理。

本书通过对儒家、道家、墨家伦理思想中内蕴的道德教育智慧进行深入挖掘和探析，尝试将其中丰厚的道德教育资源和智慧融合到思政课立德树人的教学实践中去，并探析其融合的具体实践路径，对相关的将中华优秀传统文化与思想政治教育融通的教学实践具有较大的启示意义。

正所谓“千里之行，始于足下”（《道德经》），本书是本人对中华优秀传统文化与思想政治教育融合研究的初步研究成果，一定还存在诸多不足之处。在今后的相关研究中，一定还要做到“苟日新，日日新，又日新”（《大学》）的不断进步和提升。

饮水思源，本人之所以这几年能够在将中华优秀传统文化融入思想政治教育的专题研究中取得些许心得体会，离不开来自各个方面的鼓励和帮助。再次真诚感谢枣庄学院马克思主义学院的各位领导和同事，正是在“君子以文会友，以友辅仁”（《论语·颜渊》）的不断亲师取友、潜移默化的学习过程中，才不断加深了自己对于本书专题研究的理解；也非常感谢我在枣庄学院的学生，教学相长，正是因为在教学中深入地将中华优秀传统文化融入思政课的教学实践和学生们因此而获得的德才兼备的生命成长，使我更加坚定了一份铸魂育人、立德树人的教育信念和信心。

2022 年 10 月 25 日

目　录

绪论

中华优秀传统文化融入思想政治教育的路径及其现代意义

【引言】

中华优秀传统文化中蕴含着深厚的道德教育文化资源，通过充分汲取其中的精神养分，能够极大地推动思想政治教育教书育人实践的有效性提升。要充分发挥中华优秀传统文化于思政课的育人功能，就有必要探求对其进行基于思政课教学视野的创造性转化和创新性发展的有效路径。

思想政治教育的目标是立德树人、铸魂育人，而要实现思想政治教育培养人的目标，就必须充分发挥中华优秀传统文化深厚的道德教育传统的资源作用，正如孔子所说："君子务本，本立而道生。孝悌也者，其为仁之本与！"（《论语·学而》）中华优秀传统文化，特别是其中的儒家伦理道德智慧，本身就充满着人文关怀的思想，也重视人的道德修养和生命境界的提升。事实上，孔子在教学中就直接将对于学生德性品格的培养放在了最重要的位置。根据《论语·先进》记载："德行：颜渊，闵子骞，冉伯牛，仲弓。言语：宰我，子贡。政事：冉有，季路。文学：子游，子夏。”《大学》一开始也强调：“大学之道，在明明德，在亲民，在止于至善。”并在之后进一步指出：“德者本也，财者末也。”

相比于一般的重视功利或道德义务的伦理实践进路，中华优秀传统文化中所重视的道德教育传统显然是一种注重德行的美德传统。正如孟子所说：“徒善不足以为政，徒法不能以自行。”（《孟子·离娄上》）《易经·节卦》也说：“君子以制数度，议德行。”孔子更是强调：“仁远乎哉？我欲仁，斯仁至矣。”（《论语·述而》）“克己复礼为仁。一日克己复礼，天下归仁焉。为仁由己，而由人乎哉？”（《论语·颜渊》）这都充分说明基于德性主体的德性践履自觉性才是一个人保持一种行仁为仁状态的根本。根据中华优秀传统文化所内蕴的美德传统，一个人进行道德的实践，不是因为外在的考虑，而是因为自己内在良知的推动，只有遵循自己内在的道德良知，才能达到“君子坦荡荡”（《论语·述而》）和“仰不愧于天，俯不怍于人”（《孟子·尽心上》）的充满浩然之气的生命境界，也才能进一步凝聚自身的君子人格并实现人之为人的伦理本质，“修身以道。修道以仁。仁者，人也”（《中庸》）。

科学技术的飞速发展给现代人带来了便利，也为思想政治教育在技术领域的充分运用创造了条件。但在今天，要很好地从深层次提升思政课的有效性和其深入学生内心的亲和力与长效性，就必须拓展思政课在中华优秀传统文化视野下的文化内涵。因为，“观乎天文，以察时变；观乎人文，以化成天下”（《易经·贲卦》），诸如诗书礼乐的文化经典本身就蕴含着浸润温柔敦厚之人心的教化力量。当然，“人能弘道，非道弘人”（《论语·卫灵公》），人文经典要发挥其涵养品格的教化作用，最终还要依托思政课立德树人育人功能的发挥。

一、 中华优秀传统文化的思政课育人内蕴

中华优秀传统文化本身就有着丰富的道德教育内容资源可供现代思政课借鉴。无论是儒家的“仁者爱人”(《孟子·离娄下》)之仁德智慧还是道家的“致虚极,守静笃。万物并作,吾以观其复”(《道德经》)的虚极静笃之生命学问智慧,都可以通过一种创造性转化和创新性发展而为思政课的有效性提升提供重要的镜鉴。

中华优秀传统文化注重“天人合一”和“知行合一”。比如,王阳明的“致良知”学说就强调真知真行的德性践履的重要性。传统文化注重的“知”更多指向的是一种德性之知,是指向良知意义上的道德实践之知。如果只是隔靴搔痒地从见闻之知的意义上去了解关于道德的认知是无法真正起到使人将德性的智慧内化于心、外化于行并起到帮助道德主体做到博学笃志、切问近思的道德实践指导作用的。

作为一种深厚的道德教育智慧传统,中华优秀传统文化本身就凝聚和沉淀着最丰富和最悠久的道德教育智慧结晶。传统的道德教育智慧体现在诸多重要的道德教育范畴中,如“仁”和“礼”。从道德教育精神层面的智慧来看,“仁”和“礼”这样的道德教育范畴是有着其超越时间的长久的现代思想政治教育的启示意义的。传统道德教育智慧蕴含着源头活水般的道德教育之精神资源,通过充分挖掘这些精神资源,能使现代思想政治教育在一种返本开新的过程中体现其铸魂育人的强大吸引力和亲和力。

要将中华优秀传统文化很好地融入思想政治教育的教学实践,需要从实践路径和相关理论的多重向度对其进行系统的研

究。要使中华优秀传统文化真正发挥其对现代思想政治教育的教学实践的引领作用，首先要对其进行相应的切实有效的创造性转化并在这个基础上对其进行行之有效的创新性发展。而所有转化和创新的基本前提就是文化意义上的传承和吸收。

思想政治教育包含着重要的文化内蕴，而且正是因为这种文化内蕴才能确保思政课的育人效果超出课堂，进而使学生对思政课真心喜爱、受益终身。思政课长效机制的形成和建构必须依托在中华优秀传统文化视野下的思政课文化内蕴的挖掘。

具体来说，既然中华优秀传统文化中包含着生生不息、厚德载物、源远流长的思想政治教育资源，那么，接下来的问题就是究竟该如何将其融入思政课的现代教学实践？融入的基础和方法是什么？是基于思政课现代发展需要单纯地甚至是被动地直接汲取传统文化中的德育因素还是以返本开新的方式挖掘传统文化中内蕴的具有现代启示的德育智慧？

随着网络虚拟技术的发展和生活节奏的加快，传统意义上能够涵养人德性品格的慢节奏生活已经发生了很大的变化。面对现代生活的诸多变化，思想政治教育要取得理想的育人教学实践效果，需要面对诸多挑战。

中华优秀传统文化中蕴含着在道德教育上最崇高的概念，如仁义礼智信、仁者爱人，以及“己所不欲，勿施于人”（《论语·颜渊》）等，这些道德概念不是在抽象的思辨理性意义上体现出它的价值，而是在生命道德学问的实践中彰显出其浸润人心和涵养德性的道德品格塑造力量，它们是道德教育生生不息的原动力。中华优秀传统文化关注和重视人之为人的道德本质，关注人如何在生命整体意义上实现自身的生命价值和生命意义。正如孔子所说：“不知命，无以为君子。”（《论语·尧曰》）这对于现代思政课有效性的提升有着重要的启示价值。

从道德教育实践的角度看，中华优秀传统文化不仅重视静态意义上的德性的养成，比如“蒙以养正，圣功也”(《易经·蒙卦》)，更从实践理性或实践智慧的角度强调“德行”对于德性养成的实践价值。孔子教育学生，首先强调的就是“德行”。《中庸》也强调“笃行之”的道德行动对于德性养成的实践意义。传统道德教育注重知行合一，德性最终要落实到德行才能体现其道德生命的意义和价值。这为现代思想政治教育在实践育人的方法和资源层面提供了原动力。

中华优秀传统文化是道德教育的源头活水，它是鲜活地彰显道德生命的智慧学问。学习中华优秀传统文化，不仅能够帮助人明理，更能增长一个人的道德实践智慧和提升其道德意义上的生命境界。学习中华优秀传统文化，重在做到“学而时习之，不亦说乎”(《论语·学而》)。在道德智慧活学活用的实践中体会生命在道德智慧层面上成长的喜悦，而这正是现代思想政治教育在教学实践上所注重的。

一些核心的伦理概念贯穿于整个中华优秀传统文化的道德教育传统中，如儒家的仁爱观或仁本体论思想。如果没有对使人作为人而成为人的仁德本质通过一种“学而不厌”和“无倦”的道德实践来保持，那人就很可能变得冷漠而麻木不仁，或者说会失去其良知良能意义上的本心和本善。“生生之仁”的保持需要有思政课铸魂育人的教育实践的推动和引领。

二、 中华优秀传统文化对思想政治教育的启示

中华优秀传统文化注重“仁者与物无对”①的一体之仁和

① [宋]朱熹.朱子全书·第22册[M].上海:上海古籍出版社,合肥:安徽教育出版社,2002.

“生，仁也；成，义也”(《周子通书》)的生生之仁，这种感仁、知仁、行仁、传仁的仁之德性的“知行合一”的道德实践系统正是可以为现代思政课教学实践提供精神营养的源头活水。

思政育人的课程不是一种单纯的静态的关于道德知识的传授和灌输过程，而是一个动态的，关联知情意行的博学笃志、切问近思的有机德育实践整体，是一个能动的道德教育实践活动完整过程。中华优秀传统文化对于现代思想政治教育的启示意义不仅体现在资源层面的借鉴上，更体现在伦理意义的生命智慧与道德根源的启示上。

人作为德性主体的道德意识所折射的是“天地之心”，这种道德哲学意义上的“天地之心”彰显了人之为人的内在道德超越性，也是人进行自觉的道德实践的生生不息之道德力量的根源。

从伦理实践的本质层面来说，人对幸福美好生活的向往就浸润着人对道德生活实践的追求，二者有着内在的一致性。道德实践本身就是一种较高境界的生命存在方式。美好幸福的生活包含着一种深沉厚重的道德价值判断，这种道德价值判断超越了一般意义上的物质层面的满足感。

孔子感慨：“贤哉！回也。一箪食，一瓢饮，在陋巷，人不堪其忧，回也不改其乐。”(《论语·雍也》)颜回为什么能够做到贫而乐道？最重要的原因是颜回做到了德性修养上的“贤”。厚德载物，高尚的道德境界能够使人达到一种较高的幸福境界。

传统道德教育智慧强调行道有得，“德者，得也”(《四书章句集注》)，同时也非常重视通过知行合一在行仁的仁德实践中获得仁。思政课也强调在伦理层面上的德福一致。真正的幸福是建立在较高的道德境界之上的。在中华优秀传统文化的视野中，“德”不是外在的道德规范，而是内在的德性或凝聚道德情感的为仁的道德实践。中华优秀传统文化的道德教育智慧集中体现在儒家的道德教育智慧上。儒家德性伦理的最重要的德性范畴无疑是在《论语》中出现了109次的“仁”，与之相对应，就是从“德性”走向“德行”的仁德之实践即“行仁”或“为仁”。而且，儒家伦理注重孝悌行为对于为仁的基础意义，正如孔子所说：“孝悌也者，其为仁之本与！”（《论语·学而》）在中华优秀传统文化的视野中，德性本身不是抽象的存在，德行本身也不是一种思辨理性意义上的冥想或沉思，而是需要在一种真实的人伦关系中进行的切实切己的道德实践。儒家德行必须紧密联系人的日常人伦生活实践。

儒家道德教育的主要内容又集中体现在《论语》这部书中。孔子强调“克己复礼为仁”（《论语·颜渊》），这本身就包含了关于道德教育的两个最重要的基本维度，一是约束意义的“礼”，一是“人能弘道”（《论语·卫灵公》）意义上的“仁”。孔子说：“君子博学于文，约之以礼，亦可以弗畔矣夫。”（《论语·雍也》）克己才能成己，通过礼的伦理规范仁的道德行为，而这种道德行为的不断强化又会逐渐沉淀为一种德性主体自觉的德性践履。通过长期的道德实践，逐渐成就个体道德意义的德性完善和社会整体意义上的道德境界提升，进而建构出使人得以安身立命的道德精神家园。这样的一种传统道德教育实践进路对于今天思政课立德树人的育人实践依然有着重要的启示意义。

道德教育的实践要获得长效的发展，必须建立在一种“吾道一以贯之”（《论语·里仁》）的整体的精神伦理生活的基础之上。当代社会，网络虚拟空间对于真实社会伦理生活空间的不断渗透导致了真实生活道德世界的碎片化。缺失道德生活实践的完整性，就会导致学生对于道德情感的疏离，这对现代思想政治教育的育人实践提出了加强其有效性的要求。返本才能开新，要更好地实现思想政治教育在现代社会育人目标，就必须充分挖掘和吸收传统道德教育的智慧精华并对其进行相应的创造性转化和创新性发展。

现代社会，对道德传统的守望和坚守是使人做到切实的安身立命的基础之一。面对网络虚拟空间可能对人产生连续完整的伦理沉思与实践生活消解的隐患，现代思想政治教育要做到如孟子所说的“先立乎其大”(《孟子・告子上》)，帮助学生树立其人格道德的根基，进而做到本立道生。

要使中华优秀传统文化成为现代思政课文化教育资源意义上的源头活水，就必须坚定深刻的文化自信。透过文化的载体，观照中华优秀传统文化的深刻内涵及其所蕴含的深厚的道德教育智慧。

文化自信的深层根源是源自一种悠久的文化积淀，折射出中华优秀传统文化所内蕴的人文精神和道德智慧。这关涉人之为人的本质，关涉“知及之，仁不能守之，虽得之，必失之”(《论语・卫灵公》)意义上的对于仁德的认同和坚守，且对于思政课教师帮助学生建立文化自信和人生自信有着重要的启示意义。

《淮南子・缪称训》记载：“根本不美，枝叶茂者，未之闻也。”思政课育人最终要落实到立德和培养人的德行品格上。这就需要深入中华优秀传统文化的根本层面去探析道德教育的实践智慧。

马克思在一封书信中说过，“向现实本身去寻求思想”①，中华优秀传统文化中所蕴藏的道德教育智慧不是因为一种抽象思考或思辨理性运用的结果，而是凝聚古老生存智慧和生命体验的道德教育智慧结晶。

凝聚成文化经典的中华优秀传统文化中蕴含的道德教育智

---

① 中共中央马克思恩格斯列宁斯大林著作编译局. 马克思恩格斯全集・第40卷[M]. 北京：人民出版社，1982.

慧有着“随风潜入夜，润物细无声”的精神渗透作用，正如孟子所说：“君子所过者化，所存者神。”(《孟子·尽心上》)通过深入学习凝聚中华优秀传统文化智慧的文化经典，能够激发德性主体内在本自具足的本善之心，进而润泽其体现为仁义礼智信的美德心灵。中华优秀传统文化是润泽现代思想政治教育的源头活水，也是现代思政课充分发挥其育人作用赖以依托的深厚文化根基。

孟子说：“乃若其情，则可以为善矣，乃所谓善也。若夫为不善，非才之罪也。”(《孟子·告子上》)《说文解字》：“才，草木之初也。”人之初，都有善端，如果能将这种善端或善的种子通过道德教育和道德实践的环境培育出来，并将这种善端通过有效的教育方法扩而充之，那么，“人皆可以为尧舜”(《孟子·告子下》)。人之初，性本善，这更多的是强调人在出生的时候所具有的美德建构的潜能，将这种美德潜能转化和升华为真实现实生活世界中的凝聚为道德实践的美德需要有一种行之有效的现代思想政治教育的育人路径的配合。如果得不到道德潜能培养和开发，就可能出现一种麻木不仁的道德教育的缺憾。“富岁，子弟多赖；凶岁，子弟多暴。非天之降才尔殊也，其所以陷溺其心者然也。”(《孟子·告子上》)这也就对思政课的有效性提出了更高的要求。

面对现代社会网络空间给道德教育带来的诸多挑战，我们需要从中华优秀传统文化的道德教育智慧积淀中去积极地吸收有益的精神营养。思想政治教育教学效果的提升需要依托中华优秀传统文化道德教育潜力的激发和精神动力的提供。

中华优秀传统文化发展的一个重要特点就是其生生不息的连续性，由此带来的就是自然而然的基于人文精神的道德教育的传承性和积累性。

中华优秀传统文化有着一以贯之的道德教育智慧的一贯之道，对于思想政治教育的现代启示来说，中华优秀传统文化是一个生生不息的鲜活的存在。

三、中华优秀传统文化融入思政课的有效路径

关于阅读儒家“四书”的顺序，朱熹提出应该先读《大学》，因为它帮助我们“定其规模”；接下来读《论语》，因为它帮助我们“立其根本”；然后再读《孟子》，因为它帮助我们“以观其发越”；最后要读的是《中庸》，因为它帮助我们“求古人微妙处”。朱熹的这种说法，尽管最初只是为了告诉我们阅读“四书”的顺序，其实也揭示了中华优秀传统文化在道德教育上给予我们的深刻的现代启示。

要深入阐述中华优秀传统文化之于现代思想政治教育的启示和意义，可以从几个基本的维度入手，即“立德树人”“仁者爱人”“推己及人”，或者是从“成己成物”的维度来入手：“诚者，非自成己而已也，所以成物也。成己，仁也；成物，知也。性之德也，合外内之道也。”（《中庸》）道德上的修身养性涉及人生的根和本的问题：“君子务本，本立而道生。孝悌也者，其为仁之本与！”（《论语·学而》）把握好了人生的道德文化之根本，才能成就人生的意义。

思想政治教育既有鲜明的现代特征，又有着对传统道德教育资源的传承和发展。传统道德教育的智慧和经验不仅有其在基于生命学问意义上的与现代思想政治教育的内在可通约性，而且能够从人之为人的伦理本质和根本来为其提供较大的启迪与镜鉴。

中华优秀传统文化，特别是其中的儒家文化，注重实践理性意义上的德行，也就是道德在行动上的真实的体现。因此孔子的教学，首先注重的就是“德行”，“德行：颜渊，闵子骞，冉伯牛，仲弓。言语：宰我，子贡。政事：冉有，季路。文学：子游，子夏。”

(《论语·先进》)事实上,中华优秀传统文化的集中体现就是凝聚在其中的道德教育和品格教育智慧。学的目的是使人作为人、成为人,因此,需要做到"默而识之,学而不厌"(《论语·述而》)。

儒家道德本质就是一种道德实践行动的哲学。人,因为实践合乎道德的行为而作为人并成为完整的人。

因此,孔子感慨:"德之不修,学之不讲,闻义不能徙,不善不能改,是吾忧也。"(《论语·述而》)无论是修德还是改过,都属于道德实践哲学的范畴。

中华优秀传统文化中包含着丰富的道德实践智慧,现代思想政治教育要取得最佳的教学实践效果,需要不断地从中汲取智慧的营养。中华优秀传统文化中的道德教育智慧最重视的就是实践智慧。甚至可以说,实践智慧是中华优秀传统文化中的道德教育智慧的主体与核心。

中华优秀传统文化更加重视的是人理性中的道德实践理性而不是一般意义上的思辨理性。这种实践智慧首先强调的是如孔子所说的"古之学者为己,今之学者为人"(《论语·宪问》)意义上为己之学和成己之道的修身智慧。因为,"诚者自成也,而道自道也。诚者,物之终始,不诚无物,是故君子诚之为贵。诚者,非自成己而已也,所以成物也。成己,仁也;成物,知也。性之德也,合外内之道也,故时措之宜也"(《中庸》),成就道德上尽可能完善的自己是成就外在人生意义的德性基础。换言之,成己之伦理向度是成物向度的道德基础。思政课要取得最好的教学效果,要让学生对思政课真心喜爱、终身受益,首先就要立足思政课的育人之根本,即立德树人,铸魂育人。因为,"君子先慎乎德。有德此有人,有人此有土,有土此有财,有财此有用。德者本也,财者末也"(《大学》)。

儒家的道德实践智慧首先体现在其对于学以成智意义上的

对智慧的重视。换言之,真正知道,才能行道。笃行之的前提是博学之。“博学之,审问之,慎思之,明辨之,笃行之。”(《中庸》)思政课的一个重要维度就是要注重对学生道德之知的指导。这就集中体现了儒家学以成人的精神。“默而识之,学而不厌,诲人不倦,何有于我哉?”(《论语·述而》)学而不厌指向的是学以成人,诲人不倦对应的是教以成人。

随着“阿尔法围棋”战胜了围棋世界冠军,随着人工智能甚至能够写出诗歌等突破,从伦理的视域来看,现代人更加需要思考的问题之一就是:作为人,何以为人?作为人,如何才能通过一种伦理实践的努力超越智能的狭隘而达到一种智慧和美德人生之境界?

套用孟子的那句经典名言,“人之异于禽兽者几希”(《孟子·离娄下》),我们也可以说,“人之异于人工智能机器人者几希”。从这种形而上学意义的视角来说,包括思政课在内的道德教育总体功能已不仅仅是一般意义上的使人成为有道德的人,而且是要通过这种伦理的教育实践,捍卫人之为人的本质和伦理尊严。

学以成人是蕴含在中华优秀传统文化中道德育人智慧的重要内涵。只有通过道德认知意义上的持续的深入的学习和探索,才能不断开拓人的深层道德维度。中华优秀传统文化中蕴含的道德教育智慧是源远流长的,对于今天的道德教育来说,它有着重要的现代意义和当代价值。现代思想政治教育,需要建立在深沉厚重的中华优秀传统文化基础之上。根深才能叶茂,只有有了深厚的文化根基,思政课才能起到春风化雨般的立德树人育人作用。

道德教育智慧直接关涉学以成人和教以成人的重要主题。而且,学以成人的内涵不仅局限于一种狭隘意义的伦理教育,它涉及非常具有现代价值的综合和完整的育人课程结构，涵盖了比较大的人文意义上的育人智慧。

中华优秀传统文化有着数千年的连续发展和积累沉淀的历史，尤其是在道德教育方面积累了无比丰富的经验财富，形成了博大精深的道德教育智慧。

中华优秀传统文化蕴含的道德教育智慧能帮助人真正地认识自我，它从君子务本的德性智慧的根基层面来浸润和熏陶、培养、升华人的道德本质，是思政课立德树人的精神营养意义上的源头活水。

在今天这样一个越来越呼唤优秀传统教育智慧回归的时代，现代思想政治教育的课程要取得理想的育人效果，就必须将对其的思考放入到中华优秀传统文化宽广纵深的整体发展视野中来进行。

中华优秀传统文化中蕴含着重要的当代教育价值。比如，儒家伦理呈现鲜明的德性伦理特点，注重道德主体自身的个体道德修养，注重潜移默化的学以成人的经典浸润作用。这对现代社会思政课有效性的提升有较大的启示作用。

中华优秀传统文化重视道德主体心灵的境界提升与超越，这就直接关涉人的内在道德超越性的特点。人是道德超越性的存在。只有符合一种道德境界超越的行为才会真正给人带来内在的幸福感和存在的意义。

正如孟子所说："理义之悦我心，犹刍豢之悦我口。"(《孟子·告子上》)根据中华优秀传统文化的道德精神，只有真正符合自己本心或良知的事情，才能使自己感到幸福和安心。因此，道德最终的动力不是他律，而是自律和自觉。

中华优秀传统文化中包含着诸多直到今天依然有着重要的现代价值和现代启示的德性范畴概念和道德智慧，这些德性范畴本身，如仁义礼智信、礼义廉耻等都有着深刻揭示人性的超越时空的恒久的伦理教育启示。

儒家文化是中华优秀传统文化的典型代表，儒家伦理强调人性的本善，人的道德行为的终极的形而上学意义的根源是人的本心。“仁义礼智，非由外铄我也，我固有之也，弗思耳矣”（《孟子·告子上》），只要在成长过程中注重对本心的扩而充之、推而广之，就能将“恻隐之心”“羞恶之心”“恭敬之心”“是非之心”（《孟子·告子上》）的四端之心凝聚成“仁义礼智”的基本德性。思政课同样要坚定对于人性本善的道德信心。

人性本善的道德基因是人之四端之心的人性根源。人之为人的本质就在于人性之原初之善。正是基于这样的一种人性之善的信念，传统道德教育注重对人性之善的挖掘和扩展。其中启发式教育和欣赏式道德教育路径是较有代表性的两种方法。

孔子启发式教学所指向的目标不仅仅是一般意义上的知识传授，更是“大学之道，在明明德，在亲民，在止于至善”（《大学》）的明明德的道德启发过程。

人性之善端不是一种实然状态的存在，而是一种有待生长和开发的道德朝向善的潜能或可能性。因此，需要有很好的道德启发式教育才能使这种道德朝向善的可能性被激发出来。同时，道德生命是需要逐步成长的或生长的。因此，孟子强调：“饱食，暖衣，逸居而无教，则近于禽兽。”（《孟子·滕文公上》）教育，特别是循循善诱、因材施教、有教无类的道德教育本身是促进人之为人内在道德本质成长的最重要的精神动力。

思想政治教育要发挥其立德树人、铸魂育人的重要教育功能，就要自觉将中华优秀传统文化中的道德教育智慧积极主动地融入高校思想政治教育的过程中去。具体来说，就必须从提升教师的传统文化素养入手，更多地将传统文化中的优秀道德教育智慧融入思政课的教学内容。

同时，可以加强以中华优秀传统文化为特色的各种校园文化活动，思政课教师不仅可以在课堂上更多地融入中华优秀传统文化的内容，而且可以更多地参与到学生的传统文化活动中去，以此让中华优秀传统文化起到对学生春风化雨般的熏陶和浸润作用。

第一章

儒家德性伦理之实践维度及其现代德育启示

【引言】

儒家德性伦理是一种建立在对生命意义下学而上达的整体理解基础之上的。儒家德性伦理的本质是一种知行合一的伦理生活方式。儒家德性伦理之实践维度不仅彰显这样一种融德性之知与德性之行为一体的生活方式,也为这样一种整体的德性的生活方式提供一种生生之谓仁的精神动力基础。这对今天现代德育的有效性提升有着重要的意义。

儒家伦理的本质是一种德性伦理。无论是孔子所强调的"智仁勇"三达德,还是孟子所重视的"仁义礼智"(《孟子·公孙丑上》),抑或孔子德性生命所彰显出的"温良恭俭让"(《论语·学而》)及其主张的"恭宽信敏惠"(《论语·阳货》),都深刻说明德性在儒家伦理中的核心地位。尽管儒家伦理作为一个伦理整体正在遭遇着现代性带来的一系列挑战并面临着相当的困境,但其所包含的"仁者爱人"(《孟子·离娄下》)的德性情感智慧与

"己所不欲,勿施于人"(《论语·卫灵公》)的德性境界都依然对当代道德建设有着重要的启示意义和现代价值。儒家德性伦理关注的核心问题就是"何谓人?""如何学以成人?""如何教以成人?"针对"何谓人"或者说"什么才是人之为人的本质"的哲学问题,《论语》一开篇就告诉我们:"学而时习之,不亦说乎? 有朋自远方来,不亦乐乎? 人不知而不愠,不亦君子乎?"(《论语·学而》)这就告诉我们:人之为人的本质是伦理的、是德性的、是社会的,从人与自身内心之间的和谐的内在德性涵养和人与他人之间的和谐的主体间性和谐,也就是人的内在德性建构和德性境界不断存养充扩的过程,也就是一个人作为人不断通过道德实践走向"大学之道,在明明德"(《大学》)的德性完善之过程。学以成人的过程是幸福的,因此,"不亦说乎?"(《论语·学而》)是因为德性之完善,而达到"仁者,以天地万物为一体"(《二程遗书》)的"有朋自远方来"(《论语·学而》)的德性格局的无限广大的境界,这就从伦理和心理的维度使人实现了生命境界意义上的"德福一致"。这种德性伦理和文化心理意义上的"德福一致"进而使人达到了真正的幸福状态,即"万物皆备于我矣。反身而诚,乐莫大焉"(《孟子·尽心上》)的"人不知而不愠"(《论语·学而》)的德性幸福自足的状态。

一、 儒家德性伦理实践维度之哲学探析

针对"如何学以成人"的问题,孔子又将认知意义上的"学"升华为德性伦理建构意义上的"学"。孔子说:"德之不修,学之不讲,闻义不能徙,不善不能改,是吾忧也。"(《论语·述而》)也就是说,孔子之"学"的本质意义不是认知意义上的学知识,而是

学以行仁、学以修德、学以成德意义上的学以成人。这里说的德显然不是道德规范意义上的德，而是“德者，本也；财者，末也”（《大学》）的德性伦理学意义上的内在生命之德。关于“如何教以成人”，这就涉及“德性是否可教”和如果德性可教，究竟如何才能实现德性可教的现实教育路径问题。孔子所担忧的重大问题是一个人不去主动地培养和建构自己的内在德性。同时，紧随“德之不修”的担忧之后的问题是“学之不讲”（《论语·述而》），联系到《易经·兑卦》卦辞所说“象曰：丽泽兑，君子以朋友讲习”，我们就知道，德性之修，是离不开“讲学”和“讲习”的。在孔子看来，德性不仅可以教，而且是需要做到“默而识之，学而不厌，诲人不倦”（《论语·述而》）的德性之教的守仁之恒才能真正起到其立德树人作用的。

作为一个现代学科意义上的道德教育分支，“德性伦理学”这个概念本身就带有浓厚的西方哲学背景。根据麦金太尔的观点：“德性伦理（virtue ethics），是指以个人内在德性完成或完善为基本价值（善与恶、正当与不当）尺度或评价标准的道德观念体系。”①从儒家伦理的整体生命学问之伦理视野来看德性伦理这个问题，显而易见，德性伦理所涵盖的内涵远比麦金太尔所界定的要丰富得多、深刻得多。

从源头上追溯，德性在中国文化的发展当中，几乎可以上溯到中国文化的最早阶段。《周礼·地官司徒》上就说：“敏德以为行本。”这就意味着，从一开始，中国传统文化中的德性就具有了深刻的实践理性品格，同时，它也非常注重德性主体的实践品格建构。德性伦理的复兴在西方开始于 20 世纪 50 年代，而在中

---

① [美]阿拉斯代尔·麦金太尔. 德性之后[M]. 龚群，等译. 北京：中国社会科学出版社，1995.

国，儒家德性伦理的复兴是伴随着中华文化的复兴而来的。儒家德性伦理对应的是文化铸魂的育人事业，《易经·贲卦》曰："刚柔交错，天文也；文明以止，人文也。观乎天文，以察时变；观乎人文，以化成天下。"人文化成的本质就是道德主体德性养成的教育。甚至可以说，德性伦理构成为中华优秀传统文化基本道德基础。

西方伦理学意义上的德性伦理复兴所回应的是具体的现代性道德危机，而儒家德性伦理的复兴应对的是21世纪人类面对的心灵危机。

尽管作为一种精神传统，西方德性伦理的思想源头也可以追溯到以柏拉图和亚里士多德为代表的古希腊时期，但德性伦理在西方的伦理谱系中的位置是非常让人尴尬的，因为"直到美德伦理学重新登上哲学舞台以前，它一直在现代伦理学大舞台上扮演着不重要的配角角色"①。而儒家德性伦理则有着如孔子所说的"吾道一以贯之"（《论语·里仁》）的在中国传统道德谱系中的重要位置。

儒家德性伦理从一开始就注重一种"仁者爱人"（《孟子·离娄下》）的道德情感之维，它直指人的道德之心，正如孔子所说的那句让人振聋发聩的话："食夫稻，衣夫锦，于女安乎？""女安则为之。"（《论语·阳货》）而在强调道德情感之维的同时，儒家德性伦理又非常重视实践智慧。儒家德性伦理有着鲜明的实践品格。儒家德性伦理视野下的实践智慧和亚里士多德所讲的实践智慧的内涵是有所不同的。亚里士多德更多地强调德性实践中的理性沉思的重要性，而孔子更重视的是"己欲立而立人，己欲

---

① [美]唐纳德·帕尔玛.伦理学导论[M].黄少婷，译.上海：上海社会科学院出版社，2010.

达而达人，能近取譬，可谓仁之方也已”(《论语・雍也》)的德性践履之工夫。

陈来认为，在理论与实践之间，儒家伦理“更注重发展实践智慧，而不是理论智慧，其原因正是在于儒家始终关注个人的善、社群的善、有益于人类事务的善。退一步说，孔子即使关心宇宙天道，也决不用‘理论化的态度’去谈论天道，而是以实践智慧的态度关注如何在人的生活世界与天道保持一致。整个儒学包括宋代以后的新儒学都始终把首要的关注点置于实践的智慧而不是理论的智慧”①。事实上，与其说儒家德性伦理更多地注重实践智慧，还不如说儒家德性伦理本身的实践智慧就是包含理论智慧的“情知理性”。儒家德性伦理的旨归是道德自觉践履，但其自觉践履的过程本身就凝聚了道德主体的真诚的道德情感与凝聚了良知良能的“是非之心，智也。仁义礼智非由外铄我也，我固有之也”(《孟子・告子上》)的理性判断。

儒家德性伦理的实践智慧始终坚持“知及”和“仁守”的统一。“知及之，仁不能守之，虽得之，必失之；知及之，仁能守之，不庄以莅之，则民不敬；知及之，仁能守之，庄以莅之，动之不以礼，未善也。”(《论语・卫灵公》)从这里可以看出，孔子是重视“知及仁守”的。但孔子所强调的“知”本身就包含着强烈的实践品格。孔子所强调的“知”是德性之知，是生命的学问之知，是需要在“为仁与行仁”中实现的知。孔子所说的“知”指向的不是思辨理性的发达，而是指向“止于至善”(《大学》)的道德人格完善。儒家德性之知与儒家伦理之行是一个知行合一的整体生命学问建构。“学不厌，智也；教不倦，仁也。仁且智，夫子既圣矣。”(《论语・述而》)无论是儒家德性伦理的学，还是教，其旨归都是为了“成己，

① 陈来.论儒家的实践智慧[N].文汇报，2016-09-30(02).

仁也；成物，知也，性之德也，合外内之道也”(《中庸》)。

简言之，儒家德性伦理是一种完整的为了成就完美之道德人格的德性伦理，它符合德性伦理最重要的精神，即不是为了使人做道德意义上的正确的事，而是为了使人成为真正具备内在德性和君子人格的完整的人。因此孔子说：“古之学者为己，今之学者为人。”(《论语·宪问》)简言之，儒家德性伦理的本质就是“为己之学”“成己之学”。这里说的“为”的意思不是目的意义上的“为了”，而是德性伦理实践维度意义上的“德性上成为”。这种德性上“不断成为君子”的过程就是“天行健，君子以自强不息”(《易经·乾卦》)的德性持续践履过程。

事实上，儒家德性伦理意义上的“为己之学”与“为人之学”本来就是一个整体。为己之学是为人之学的基础。儒家德性伦理视野之下的实践智慧一方面具有康德“实践理性”的特点，同时又有着其基于道德情感本体的实用理性的特点。儒家德性伦理基于真实的生活世界，同时回过来在德性智慧上指导人的生活世界。儒家德性伦理的实践品格体现在其鲜明的问题意识和学以致用的践仁要求上。儒家德性伦理是一种典型的“下学而上达”(《论语·宪问》)，贯通“形而上者谓之道，形而下者谓之器”(《易传·系辞传上》)的圆融涵摄的整体生命学问意义上的德性伦理。“不怨天，不尤人，下学而上达”(《论语·宪问》)的儒家德性伦理完整地统摄了德性主体与由德性主体所自觉发出的德性践履行为，实现了德性伦理意义上的知行合一。迈克尔·斯洛特(Michael Slote)在《现代伦理理论的精神分裂症》一书中，振聋发聩地指出：“一种好生活的一个标志就是一个人的动机与其理由、价值观与辩护根据之间的和谐一致。”①这就说明，

① 徐向东.美德伦理与道德要求[M].南京：江苏人民出版社，2007.

"德性伦理"既不能被无限地从理论上拔高，以致成为不食人间烟火的脱离生活世界具体道德践履情景的空洞的理论建构，也不能沦为一种仅仅凭借一般意义的道德经验而存在的道德生活指南。从这个意义上讲，能够真正指导人美好道德生活的德性伦理学应该是符合一种中庸之道的德性践履智慧系统的，因为"过犹不及"(《论语·先进》)。

德性伦理的当代复兴是人心重新要回到安身立命的精神家园的必然，《易经·复卦》中说："初九，不远复，无祇悔，元吉。"德性伦理的本质是人类精神传统的故乡，是让人真正"心安"的伦理守望，德性伦理的本质就是德性理论与德性实践的统一，就是一种伦理意义上的生活方式。它超越伦理传统的断裂。德性伦理，特别是儒家德性伦理的复兴意味着人类需要重新回到知行合一的道德守望和"君子务本，本立而道生"(《论语·学而》)的德性初心。儒家德性伦理的复兴将真正帮助人类超越由于工具理性的宰制而导致的道德生活碎片化。德性伦理的实践维度帮助现代人重新连上德性传统之根，重新回归人类完整的心灵世界和德性生活之整体镜像。孟子说："人之有道也，饱食、暖衣、逸居而无教，则近于禽兽。圣人有忧之，使契为司徒，教以人伦。"(《孟子·滕文公上》)随着人类整体物质生活水平的提升，如何有效地解决人类"饱食、暖衣、逸居"之后的"教"的问题，这是现代人所面临的前所未有的伦理挑战。况且，随着人工智能的科技发展，现代人还要思考一个孟子没有思考过的问题，即如何在人与未来在智能上越来越发达的机器人之间保持人之为人的尊严和本质？人工智能的发展说明，智慧而不是智能，仁者爱人的有温暖的德性与道德情感，而不是一般意义上的精神能力，才是决定人之为人的本质。而要保持人之为人的根本，做到真正的"仁能守之"(《论语·卫灵公》)，就必须重视儒家德性伦理意义上的实践研究。

儒家德性伦理在精神传统意义上的底层源代码的深度扎下了人如何在纷繁复杂的外在现象世界依然保持自己的德性意义上的笃定和心安，进而做到“君子素其位而行，不愿乎其外”“素富贵行乎富贵，素贫贱行乎贫贱”(《中庸》)。一个真正的君子，拥有一种“外得于人，内得于己”(《说文解字》)的内在之“德”，或者说是拥有一种真正经得起外在诸多考验的君子人格，所以能够做到因为德性世界完整建构而带来的心安理得和安身立命。即使外在世界充满了再多的干扰，也能做到“君子无终食之间违仁，造次必于是，颠沛必于是”(《论语·里仁》)和孟子所说的“居天下之广居，立天下之正位，行天下之大道。得志，与民由之；不得志，独行其道。富贵不能淫，贫贱不能移，威武不能屈，此之谓大丈夫”(《孟子·滕文公下》)。

二、 儒家伦理视域下的德性伦理

德性是人存在的家园，德性伦理是使人在伦理之基本层面超越心灵上“无家可归”状态的最重要的精神资源，是恢复由于现代人与伦理传统之链条断裂而造成的文化伦理上的失重状态的精神力量之源。无论是老子在《道德经》中所说的“常德不离，复归于婴儿”，还是孔子所强调的“克己复礼为仁。一日克己复礼，天下归仁焉！为仁由己，而由人乎哉?”(《论语·颜渊》)抑或孟子所强调的“大人者，不失其赤子之心者也”(《孟子·离娄下》)，都在告诉我们：中华优秀传统文化视野下的儒家德性伦理是人类在雅斯贝尔斯(Karl Theodor Jaspers)所说的人类文明轴心时代(Axial Age)里由孔子创立的关乎人类总体命运的最重要的道德文明传统之一。

缺乏道德制约的网络科技工具理性的发展及其对现代人真实生活世界的无节制渗透和消解，正在造成真实生活世界和人类道德情感之维的式微和荒芜化。

人正在成为单维度的人，越来越多的人正在遭遇生命意义被掏空和内心厚德载物之道德情感被蚕食化的人生道德困境。太多人因为脱离德性之传统，导致生命如同浮萍一样的无根状态，也导致了生命无法承受之轻，而这份生命无法承受之轻也映衬了德性之于人生意义之重。孔子说："不知命，无以为君子也？"(《论语·尧曰》)又说："人而无信，不知其可也。大车无輗，小车无軏，其何以行之哉？"(《论语·为政》)人，如果没有"地势坤，君子以厚德载物"(《易经·坤卦》)的厚重之德性实践依托，就无法去活出生命真正的意义。面对日趋式微的内在心灵世界，通过深度挖掘德性伦理实践之维的实践智慧，能够切实帮助人在行仁和践仁的过程中重新创造出生命的精神意义。几千年前的孔子之忧，也是今天现代人普遍遭遇的担忧，即"德之不修……是吾忧也"(《论语·述而》)的德性之忧。

儒家德性伦理将伦理生活的责任从一种宏大叙事意义上的抽象的社会道德要求，拉回到个体道德意义上的"修己以敬"(《论语·宪问》)和"自天子以至于庶人，壹是皆以修身为本"(《大学》)的德性担当，这就使抽象的伦理存在问题转化为了一种真实的内在式精神超越的个体德性践履问题。毋庸置疑，这是儒家德性伦理相比于一般意义上的西方德性伦理学的鲜明特色。

要深入探析儒家德性伦理视野下的实践智慧，一个绕不开的哲学家就是康德。康德认为："每一个人都必须承认，一条法则如果在道德上生效，亦即作为一种责任的根据生效，它就必须具有绝对的必然性；‘你不应当说谎’这条诫命并不仅仅对人有效，其他理性存在者就不必放在心上，其余的一切真正的道德法则亦复如是。”①康德的道德哲学是基于一种纯粹理性的概念。这种对于纯粹理性的极致追求直接导致对人的道德情感和真实道德生活世界的复杂性与丰富性的忽视。

因此，康德进一步认为："道德形而上学应当研究的是一种可能纯粹意志的理念和原则，而不是一般而言人类意欲的活动和条件，后者大多数汲取自心理学。"①孔子和康德都认为道德教育的本质不是建立在所谓的外在的道德规范上的，但康德选择了挖掘人之为人的内在纯粹理性进路，而孔子则选择了融入丰富道德生活世界的德性情感理性进路。从儒家德性伦理的视角来看，所谓的纯粹美好的道德行为，不仅不能脱离人的丰富的感性世界，而且要切实地建立在基于人的真诚的道德情感的情感本体世界基础之上。

《论语·阳货》中有这么一段经典对话，这段对话集中体现了儒家德性伦理的实践智慧的特点："宰我问：‘三年之丧，期已久矣！君子三年不为礼，礼必坏；三年不为乐，乐必崩。旧谷既没，新谷既升，钻燧改火，期可已矣。’子曰：‘食夫稻，衣夫锦，于女安乎？’曰：‘安。’‘女安，则为之！夫君子之居丧，食旨不甘，闻乐不乐，居处不安，故不为也。今女安，则为之！’宰我出。子曰：‘予之不仁也！子生三年，然后免于父母之怀。夫三年之丧，天下之通丧也。予也有三年之爱于其父母乎？’"

这段对话既没有出现"理性"一词，更不追求所谓的"纯粹"境界，而是直接从人的德性本心进行生命终极道德意义的情感

---

① ［德］康德. 康德道德哲学文集（注释版）·上卷［M］. 李秋零，等译注. 北京：中国人民大学出版社，2016.

追问:“于女安乎?”(《论语·阳货》)这是贯穿儒家德性伦理两千多年传统的振聋发聩的发问,也是在今天依然让我们感到一种德性心灵之震撼的发问。

在发问完之后,孔子没有对学生进行思辨理性意义上的冷静客观的道德概念分析,而是痛心地进一步在德性深层情感上指出:“予也有三年之爱于其父母乎?”(《论语·阳货》)这就又回到了孔子之仁,回到了对“仁者爱人”(《孟子·离娄下》)的深层德性伦理之思考。从本质上来说,儒家德性伦理的本质就是孔子之仁学,起码可以说,孔子之仁学是儒家德性伦理的基础。如果说康德用思辨理性意义上的纯粹理性为道德进行道德之形而上学的基础确立,孔子则是用人之真诚道德情感的仁学为儒家德性伦理确立基础。

儒家德性伦理追求的德性践履是建立在仁者爱人之德性本心基础之上的。孔子将一切德性践履的起点确立在家庭伦理意义上的“孝悌”上。“其为人也孝悌,而好犯上者,鲜矣;不好犯上,而好作乱者,未之有也。君子务本,本立而道生。孝悌也者,其为仁之本与!”(《论语·学而》)儒家德性伦理之实践维度就体现在这两个字上,即“为仁”,而“为仁”的基础并不是悬置道德情感的所谓的纯粹的德性之知或道德理性,而是德性主体德性情感之源的父母亲情上。

这是一种真正的伦理转向,也就是从规范伦理意义上的“礼”或“礼之用,和为贵”(《论语·学而》)的道德外在约束转向到从直接从生命学问之德性情感之源进行启发的德性伦理。追求德性的生活和成为符合德性要求的君子是人要追求“心安理得”的内在必须,德性是一种真正的内心道德律,德性不是可以悬空于心灵世界和生活世界的一种所谓的玄之又玄的东西,而是从不脱离人的道德本心之真实的存在。儒家德性伦理追求的就是人的本心的回归，“学问之道无他，求其放心而已矣”（《孟子·告子上》）。面对今天人类遭遇的空前的道德困境，人必须找回自己迷失在外在的本心，才能让自己重新遵循自己的本心，做到如王阳明所说的致良知。因为，“人之所不学而能者，其良能也；所不虑而知者，其良知也。孩提之童，无不知爱其亲者；及其长也，无不知敬其兄也。亲亲，仁也；敬长，义也。无他，达之天下也”（《孟子·尽心上》）。

德性之真实不是因为一种理性意义上的宏大建构，而是一种践履或德性实践意义上的真实呈现。儒家德性伦理本身就只能在德性实践的过程中才能得以实现。儒家德性伦理是知行合一的，是德性之知与德性之践履的当下统一。“人而不仁，如礼何？”（《论语·八佾》）从儒家德性伦理的视角来看，合乎于德性的真诚仁德构成为整体生活世界的道德基础。

儒家德性伦理经由“道也者，不可须臾离也”（《中庸》）的学思并重、仁智双彰的德性实践，实现了从道德主体之道德感到道德情感进而到德性自觉践履的“修己以敬，修己以安人，修己以安百姓”（《论语·宪问》）的境界飞跃。

三、 儒家德性伦理实践维度视域下的德福一致

费尔巴哈曾说过，“所有一切属于生活的东西都属于幸福……一切的追求，至少一切健全的追求都是对于幸福的追求”①。孔子也表达过一种深切而亲切的对于这份德福一致境

① ［德］路德维希·费尔巴哈．费尔巴哈哲学著作选集·上卷［M］．荣震华，李金山，译．北京：商务印书馆，1984．

界的向往之心。针对弟子曾皙心中幸福境界的描述："莫春者，春服既成，冠者五六人，童子六七人，浴乎沂，风乎舞雩，咏而归。"(《论语·先进》)夫子喟然叹曰："吾与点也。"(《论语·先进》)事实上，孔子和他的弟子都同时展现出了一种实然状态的德福一致之境界。

儒家德性伦理视域下的德性实践维度之所以能够实现在道德情感感受意义上的德福一致，其基本原因就是儒家德性伦理实践维度的"絜矩之道"："所恶于上，毋以使下；所恶于下，毋以事上；所恶于前，毋以先后；所恶于后，毋以从前；所恶于右，毋以交于左；所恶于左，毋以交于右。此之谓絜矩之道。"(《大学》)"絜矩之道"意味着一种推己及人的忠恕之道。换言之，儒家德性伦理的德性实践是直接从德性主体的本心或良知出发发出去的。它并不是抽象悬空地去谈论德性实践，而是从德性主体的良知良能发动处出发，推己及人到"入则孝，出则悌"(《论语·学而》)的家庭伦理践行，进而再通过"老吾老，以及人之老；幼吾幼，以及人之幼"(《孟子·梁惠王上》)的扩而充之，将其拓展到"仁者，以天地万物为一体"(《二程遗书》)的更加广阔的仁德实践境界。这就使儒家德性伦理意义上的德性践履具有了当下呈现的德性心理维度上的德福一致的真实实现。

儒家德性伦理的核心范畴是"仁"，但这个"仁"本身不是静态名词给定的德性状态，而是始终在"天行健，君子以自强不息"(《易经·乾卦》)的"为仁"或"行仁"的仁之实践动词状态中。

"克、伐、怨、欲不行焉，可以为仁矣？子曰，可以为难矣，仁则吾不知也。"(《论语·宪问》)孔子很少会认可其弟子已然达到了一种"仁"的境界，这并不只是因为在孔子心目中"仁"的境界是高不可攀的，而是因为在孔子看来，"仁"始终是一种"在路上"

的“行仁”的践行状态，这个时候，“仁”才是真实的德性呈现。孔子从不轻易认为学生达到了“仁”的境界。孟武伯问：“子路仁乎？”子曰：“不知也。”又问，子曰：“由也，千乘之国，可使治其赋也，不知其仁也。”“求也何如？”子曰：“求也，千室之邑、百乘之家，可使为之宰也，不知其仁也。”“赤也何如？”子曰：“赤也，束带立于朝，可使与宾客言也，不知其仁也。”（《论语·公冶长》）在孔子看来，“仁”始终是一种“正在行仁”的状态，而不是悬置于道德形而上学的某种静止的德性终点。“行仁”是无止境的，因此，德性主体要做到“默而识之，学而不厌，诲人不倦，何有于我哉”（《论语·述而》）的持续道德精进。这就是为什么在孔子心中颜回是真正好学的典范，因为颜回能够做到“回也，其心三月不违仁，其余则日月至焉而已矣”（《论语·雍也》）。这里说的“不违仁”并不是意味着似乎有一种先验给定的思辨理性意义上的“仁”的标准来衡量颜回有没有违背之，而是意味着颜回能够切实做到“有颜回者好学，不迁怒，不贰过”（《论语·雍也》），这就意味着颜回能够做到绝不犯同样的伦理意义上的错误，他是始终处在一种践履仁德的状态中，所以他能做到《中庸》中所说的“诚之者，择善而固执之者也”“回之为人也，择乎中庸，得一善，则拳拳服膺弗失之矣”的德性践履精进状态。颜回表面上看是很少说出关于仁的话的，他不属于孔门弟子中以表达能力著称的“言语科”①，但他有一种真正的大智若愚的践履仁德的精神，

① 《论语·先进》记载：“德行：颜渊，闵子骞，冉伯牛，仲弓。言语：宰我，子贡。政事：冉有，季路。文学：子游，子夏。”事实上，尽管孔子重视言语科，但“德行”是放在各科之首的第一位，是具有以德为本的伦理意蕴的。而且，孔子这里分科所用的标准直指德性伦理实践维度的“德行”，而不是理性凝聚意义的“德性”（virtue）。德行即行德。况且，排在言语科第一名的宰我经常被孔子批评，这也从侧面反映了儒家德性伦理对德性实践维度的重视。

因此，孔子高度评价他："吾与回言终日，不违，如愚。退而省其私，亦足以发，回也不愚。"(《论语·为政》)这里说的"发"显而易见指的是"诚于中，形于外，故君子必慎其独也"(《大学》)的从德性之知到德性之德行的践履意义上的实践之发。《中庸》说："好学近乎知，力行近乎仁，知耻近乎勇。"还说："博学之，审问之，慎思之，明辨之，笃行之。"儒家德性伦理所重视的实践更多偏重的是一种修身养性的身心德性治理的实践，其所追求的目标就是让自己做到孔子所说的"君子坦荡荡"(《论语·述而》)的"心安"或者是如孟子所说的那样达到"仰不愧于天，俯不怍于人"(《孟子·尽心上》)的豁达心境。毕竟，正如《孟子·告子上》上所说："人有鸡犬放，则知求之；有放心而不知求。学问之道无他，求其放心而已矣。"孟子所说的学问无疑指的不是知识意义上的学问，而是德性践履意义上的生命的学问，而把自己失去的本心找回的过程，就是那种"大人者，不失其赤子之心者也"(《孟子·离娄下》)的人生基于德福一致的幸福状态。

"德者，得也，行道而有得于心者也"(《四书章句集注》)，行仁或践德才能获得由内而发的获得感和幸福感。儒家德性伦理所重视的德性践履就意味着德性主体只有在德性的建构和实践中才能真正拥有安身立命的幸福感。而这种德福一致在精神上的"仁远乎哉？我欲仁，斯仁至矣"(《论语·述而》)的仁、德、福一致的德性愉悦状态又成为德性主体进一步推动德性实践的精神动力。

"君子深造之以道，欲其自得之也。"(《孟子·离娄下》)内在德性之福是求之在我的，是可以"自得之"的。从一种生活世界之常识来说，我们也可以体会到一种因为行德之事而感受到一种幸福之德的切身愉悦感受。从儒家德性伦理的视域来说，德福一致不是一个现实问题，而是一个纯粹的伦理问题和精神问题。

关于儒家德性伦理视野之下的德福一致的问题，周敦颐有以下精彩的论述："颜子一箪食，一瓢饮。在陋巷，人不堪其忧，而不改其乐。夫富贵，人所爱也，颜子不爱不求，而乐于贫者，独何心哉？天地间有至贵至富可爱可求而异乎彼者，见其大而忘其小焉尔。见其大则心泰，心泰则无不足，无不足则富贵贫贱处之一也，处之一则能化而齐。故颜子亚圣。"(《周子通书》)周敦颐这段话显而易见是来自孟子的启发。孟子说"养其小者为小人，养其大者为大人"(《孟子·告子上》)。换言之，儒家德性伦理通过德性境界的升华实现了德福一致问题的境界超越。它是以一种境界超越的方式超越物质层面或富贵层面的现实德福一致问题。尽管"富与贵是人之所欲也"(《论语·里仁》)，并且孔子认为"富而可求也，虽执鞭之士，吾亦为之。如不可求，从吾所好"(《论语·述而》)。但孔子认为，富贵本身的取得是要取之有道的，否则"不义而富且贵，于我如浮云"(《论语·述而》)。况且，作为身外之物，富贵本身就如《孟子·尽心上》所说的那样，它是"求之有道，得之有命，是求无益于得也，求在外者也"。所以，儒家德性伦理超越了这种物质层面的德福一致的追求，而在精神层面实现了德福一致的当下德性呈现。

第二章
孔子之仁及其现代道德价值意蕴*

【引言】

孔子之仁是一种融合理性与情感的实践理性，情感之维在孔子之仁的仁学体系中占有着超过思辨之维的重要性。孔子之仁的实践智慧始终强调道德情感与道德理性的整体性和一致性，二者情理交融，不可分割。孔子之仁的实践智慧集中体现在其成己成物的情感之维。

毋庸置疑，“仁”是孔子“吾道一以贯之”（《论语·里仁》）的核心德性伦理概念。据杨伯峻统计，“仁”字在《论语》中一共出现了 109 次。《论语》中关于“仁”的阐述可以说是不胜枚举，如“仁者，其言也讱”（《论语·颜渊》）、“巧言令色，鲜矣仁”（《论语·学而》）、“不仁者不可以久处约，不可以长处乐。仁者安仁，知者利仁”（《论语·里仁》）等。但学者引用最多的是两处，即“樊迟问仁。子曰：‘爱人。’”（《论语·颜渊》）和“人而不仁，如礼何？人而不仁，如乐何？”（《论语·八佾》）这两章体现

---

* 原载于《衡水学院学报》，2021，23(5)：94-100。

了孔子对于真诚的道德情感的重视，也就是对于“仁”的情感之维的重视。

学术界普遍公认“仁”是孔子的核心思想之一，如《吕氏春秋·不二》说“孔子贵仁”，清代陈澧也在《东塾读书记》中说“《论语》最重仁字”。但究竟什么是孔子心中的“仁”？什么是“孔子之仁”的最重要的维度？关于这些问题，学术界存在不同的观点。刘宗周在《孔孟合璧》中说：“凡问仁，皆是问仁的人，不问仁的理。若问仁的理，只合告人以心之德，爱之理便了然。”《论语》中始终都没有告诉我们关于“什么是仁”的准确的定义，而更多的是告诉我们如何行仁，如何实践仁。换言之，孔子关注的不是“what is the exact definition of benevolence”，也就是说，孔子关注的不是如苏格拉底那样，试图追问纯粹理性意义上的“仁”的定义，而是追问实用理性意义上的“how to carry out the principle of benevolence”，也就是“如何贯彻和实践仁德原则的问题”。

比如说，在《论语》中有这么一段在孔子和其最心爱的弟子颜回之间关于“如何行仁”的对话：“颜渊问仁。子曰：‘克己复礼为仁。一日克己复礼，天下归仁焉。为仁由己，而由人乎哉？’颜渊曰：‘请问其目。’子曰：‘非礼勿视，非礼勿听，非礼勿言，非礼勿动。’颜渊曰：‘回虽不敏，请事斯语矣。’”（《论语·颜渊》）颜回是孔门弟子中最好学的，但其好学的标准不是今天的认知意义上的，而是道德实践意义上的，孔子对颜回的评价是“不迁怒，不贰过”（《论语·雍也》）。在这里，表面上颜回问的是“仁是什么”，其实问的是“如何才能做到不违仁，如何才能践行仁”。孔子的回答立刻就将这个问题导向实践理性意义上的“为仁”方面，无论是“克己复礼”还是“为仁由己”，都涉及一种强大的道德实践意志，而意志背后就是一种“知之者不如好之者，好之者不如乐之者”(《论语·雍也》)的真诚的道德情感。因此,我们需要从情感之维对孔子之仁进行理论和实践的深入探讨,进而去把握其在今天可以给我们带来的现代道德教育价值。

一、孔子之仁之情感之维的现代意蕴

李泽厚提出了关于儒家伦理的“情本体”的概念,他认为,“人生只是一种情感,这是一种普泛而伟大的情感真理”,“中国哲学也充满情感,它从来不是思辨理性”①。孔子之仁当然包括其内在的理性之维,但孔子之仁所包含的理性之维绝不等同于西方哲学纯粹理性意义上的思辨理性。孔子之仁的“理”与“情”是情理交融的,是一种充分体现道德实践智慧的“情感理性”。

《说文解字》云:“仁,亲也。从人,从二。”而说到“亲”,就要联系到汉代人“相人偶”的说法。段玉裁《说文解字注》曰:“人偶,犹言尔我亲密之词。独则无耦,耦则相亲。”孟子曰:“君子之于物也,爱之而弗仁;于民也,仁之而弗亲。亲亲而仁民,仁民而爱物。”(《孟子·尽心上》)“亲亲”就是亲爱自己的亲人,其中浸润着一种深沉厚重而又亲切温润、温暖柔和的道德情感。作为一种重要的德性伦理传统,孔子仁学当然包含其德性力量之源的情感之维。事实上,任何一种德性伦理传统,无论是中国的德性传统还是西方的德性伦理传统,都是必须彰显德性传统之情感之维意义的。休谟就强调了情感对于伦理学的重要性,他说:

---

① 李泽厚.人类学历史本体论[M].天津:天津社会科学院出版社,2008.

"只要说明快乐或不快乐的理由,我们就充分地说明了恶和德。"①

人的情感是否因为自觉的道德践履而做到了如孔子所说的"志于道,据于德,依于仁,游于艺"(《论语·述而》),或者说是否道德主体"心之所之"(《说文解字》)的方向是一种道德的方向,将直接决定其是否会形成自觉的善良意志和道德品格。休谟还说:"道德这一概念蕴含着某种为人类所共通的情感。"②真正的道德,是一种如孔子所说的"仁远乎哉?我欲仁,斯仁至矣"(《论语·述而》)的道德主体对于道德生活的真诚向往,而绝非一种对于外在道德规则的被迫遵守。道德的真正价值就在于心中真诚的道德之渴求,也就是孔子说的"七十而从心所欲,不逾矩"(《论语·为政》)的因为道德自律而感到的道德幸福人生的状态。

孔子强调:"知及之,仁不能守之,虽得之,必失之。"(《论语·卫灵公》)"知"就代表道德认知意义上的关于美德的知识,而"仁"就代表一种感受他人感受的道德情感,也就是说,即使一个人在道德认知上建构出了宏大的美德知识系统,但如果没有一种发乎于心的真诚的道德情感的夯实与守望,这种道德知识也是无法被内化为一种稳定的能使一个人做到"君子无终食之间违仁,造次必于是,颠沛必于是"(《论语·里仁》)的自觉的道德践履状态的。苏格拉底"美德即知识"的道德哲学理性建构几乎消解了道德之情感维度的重要性。赖欣巴哈认为:"把美德视为知识的见解是一种本质上的希腊的思维方式。"③

孔子本人是"述而不作,信而好古"(《论语·述而》),朱熹对此的注释是"述,传旧而已"(《四书章句集注》)。也就是说,

---

① [英]休谟.人性论·下卷[M].北京:商务印书馆,1980.
② [英]休谟.道德原则研究[M].北京:商务印书馆,2001.
③ [德]赖欣巴哈.科学哲学的兴起[M].北京:商务印书馆,1983.

孔子之仁的背后是一种一脉相承、源远流长的中国文化之仁爱精神传统。《国语》云:"爱人能仁。"(《国语·周语下》)换言之,孔子之仁的文化传统可以追溯到西周时期的以爱言仁。孔子之后的孟子进一步发展了孔子的仁爱精神,他认为:"仁,人心也。"(《孟子·告子上》)这就开始了"以心释仁"的对孔子之仁的阐释进路。

孔子之仁的情感之维对重建今天道德情感意义上的道德共同体意识有着积极的意义。孔子之仁始终彰显出其仁者爱人的对"他者"的"人同此心"的尊重。孔子不仅强调"己所不欲,勿施于人"(《论语·颜渊》)的对他者道德主体性的尊重,也重视道德主体积极意义上的关爱与践仁、行仁,因此,他说"夫仁者,己欲立而立人,己欲达而达人"(《论语·雍也》)就体现了一种"换我心为你心,始知相忆深"的道德主体间性的相互敬重、宽容与"君子成人之美"(《论语·颜渊》)的道德境界。

雅斯贝尔斯认为,人类的交往之较高境界是一种"内化于心的内在主体之间的主体间性"交往关系,这就意味着一种道德主体之间基于"仁者爱人"的"感而遂通"(《易经·咸卦》)的人文关怀和尊重而进行的一种真诚的情感沟通。没有孔子之仁的情感之维的建构,就无法实现道德主体之间的"同声相应,同气相求"(《易经·乾卦》)的和谐沟通状态。孔子之仁的情感之维是决定道德主体之间的"内在主体间性"得以被建构的重要基础。

伽达默尔(Hans-Georg Gadamer)的"视域融合"、马丁·布伯(Martin Buber)的"我—你"关系强调的"我与他者的共生"关系和尤尔根·哈贝马斯(Jürgen Habermas)的"交往行为"理论都在一个共同的精神交往维度说明人与人之间彼此感受对方感受并体谅对方感受的孔子之"仁"的情感维度的重要性。面对道德教育领域里我们遭遇的诸多困顿，我们需要重新回到孔子之仁的智慧中去汲取精神营养，才能恢复我们对于道德教育情感之维的重视，进而超越道德情感家园的碎片化和空心化，复归人的伦理生活与精神家园的完整性。

苏格拉底说过："追求好的生活远过于生活。"①何谓"好的生活"？"好的生活"当然应该包含幸福、尊严、仁爱等基本因素，而这一切都离不开一种孔子所说的"食夫稻，衣夫锦，于女安乎"（《论语·阳货》）的使人安身立命的厚重的道德情感。长期以来，对孔子之仁的过多的理性阐释导致对于孔子之仁的情感之维的忽视甚至是漠视。无论是从历史的维度还是从逻辑和现实的维度来说，我们都需要加强对孔子之仁的情感之维的研究和理解。

在德国学者雅斯贝尔斯于《历史的起源与目标》中所提到的人类文明轴心时代中，人类不仅形成了思辨理性意义上的如金岳霖所说的"最崇高的观念"，以及儒家和道家都重视的"道"和古希腊哲学家赫拉克利特（Heraclitus）最早提出的"逻各斯"（logos）观念，更形成了道德情感和情感理性意义上的"终极关怀觉醒"。这种终极关怀的关键词是关怀，关怀的背后不仅是理性，更是人类深沉厚重的道德情感，而孔子之仁无疑是其中最为璀璨的明珠。

在人类文明的"轴心时代"，相比于古希腊在思辨理性意义上的"外向超越"（outward transcendence），中国古代思想家的文化"突破"所带来的"超越"则是一种"向内的超越"（inward transcendence）。这种"向内超越"的本质是对人自身生命意义

① ［古希腊］柏拉图.游叙弗伦·苏格拉底的申辩·克力同［M］.严群，译.北京：商务印书馆，1999.

与道德的关怀，是人如何做到安身立命。

学者樊浩认为："'仁'的核心是'爱人'，'爱'的哲学真谛被黑格尔诠释为'不孤立'，于是'仁'的本质便是向伦理实体回归的道德运动。"①但这里说的向"伦理实体"的回归的说法是一个过于笼而统之的抽象的说法。是否有一个固定的、静态的、先验的、给定的所谓"伦理实体"等着我们去回归？其实黑格尔所说的"不孤立"则恰到好处地说明了孔子所说的"一日克己复礼，天下归仁焉"(《论语·里仁》)的本质，即向仁者之爱的真诚的道德情感的回归。

相比于一种抽象意义上的"伦理觉悟"，我们今天更加需要的是道德情感意义上的"情感复苏与觉解"。我们今天进行的很多伦理分析都过多地强调一种西方伦理学意义上的思辨理性或理智抽象，却很少去关注人之为人的真正的具有本体性意义的"道德情感维度"。西方注重思辨理性的传统来自古希腊，而"古希腊语中甚至没有表示个人、意志或良心这些现象的词"②，相比之下，在《论语》中出现最多的词，如"仁"(109次)、"礼"(75次)等则直接关涉人的发乎于心的真诚的情感。"人而不仁，如礼何？人而不仁，如乐何？"(《论语·八佾》)没有一种真诚而温暖的道德情感作为基础，那么所谓的包括仁义礼智信，温良恭俭让等在内的整个儒家德性体系都会成为一种"失去了灵魂的卓越"③。

① 樊浩."我们"，如何在一起？[J].东南大学学报(哲学社会科学版)，2017，19(1)：5-15.

② [苏]伊谢科恩.自我论：个人与个人自我意识[M].佟景韩，等译.北京：生活·读书·新知三联书店，1987.

③ [美]哈瑞·刘易斯.失去灵魂的卓越：哈佛是如何忘记教育宗旨的[M].侯定凯，译.上海：华东师范大学出版社，2007.

道德情感的核心是一种仁爱精神，而这种爱的精神和智慧几乎成为所有伦理建构和道德教育的最初原点。人有两种理性：一种是思辨理性；一种是建立在实践维度上的情感理性。思辨理性使人在逻辑上很强大，而情感理性则使人温暖而亲切。道德情感意义上的爱的本质又是“仁”，这是一种因为道德情感意义上的“感而遂通”（《易经·咸卦》）而达到的如《庄子·齐物论》中所说的“天地与我并生，而万物与我为一”的“仁者，以天地万物为一体”（《二程遗书》）的道德情感生生不息的相连接状态。但随着工具理性对价值理性的强势碾压，造成现代社会中人的道德情感的空疏和孤独，正如萨特所说：“人的实在永远不能摆脱这种两难的困境：一个人必然要么超越别人要么让自己被别人所超越，意识与意识之间各种关系的本质不是共在，而是冲突。”①什么是仁爱精神的本质，用弗洛姆的话来说就是：“爱是人的一种主动能力，一种突破把人和其他同伴分离之围墙的能力，一种使人和他人相连接的能力，爱使他克服了孤独与分离的感觉，但也允许他成为他自己，允许他保持他的完整。”②

仁爱精神是人类道德情感的核心，作为一种情感感受能力和德性生长能力的“仁”是连接人与人之间的道德情感链接的基础，而“爱”则是由这种德性情感之“仁”的人心感受能力所引发的道德实践凝聚之集中的道德情感体现。

① ［法］保罗·萨特.存在与虚无［M］.北京：生活·读书·新知三联书店，2007.

② ［美］埃·弗洛姆.为自己的人［M］.北京：生活·读书·新知三联书店，1988.

二、道德情感共同体：孔子之仁之情感之维的现代意义

道德情感的连接是在认知意义上建构道德同理心的基础。《荀子·礼论》中说："凡生天地之间者，有血气之属必有知，有知之属莫不爱其类。"从这里可以看出，道德之知与道德之爱息息相关，紧密相连。道德意义上的知行合一之所以成为可能，一个基本的原因之一就是连接道德之知与道德之行的道德情感的存在。"故以人度人，以情度情，以类度类，以说度功，以道观尽，古今一也"（《荀子·非相》），道德情感共同体因为人同此心，心同此理的道德情感而成为可能。

儒家道德哲学的一个背后基本预设的前提之一就是"通情达理"，换言之，"通情"才能"达理"，"通情"是"达理"的基础，情理之间是不可分割的，情理交融，情在理先，合情合理，在合理之前，先要合情。不合情的往往就不合理，即使合理了，但如果不合情，往往也会被认为是不通情理。孟子说："故曰：口之于味也，有同耆焉；耳之于声也，有同听焉；目之于色也，有同美焉。至于心，独无所同然乎？心之所同然者何也？谓理也，义也。圣人先得我心之所同然耳。故理义之悦我心，犹刍豢之悦我口。"（《孟子·告子上》）

在孟子的眼中，"心之所同"在"理也，义也"，这里所说的心如果用英文来翻译，应该被翻译成感受意义上的"heart"，而不是思辨理性意义上的"mind"。"理和义"给人带来的是一种"学而时习之，不亦说乎"（《论语·学而》）的内心愉悦的道德情感或道德感受，而不是一种冰冷的理性逻辑。也就是说，即使是为了

激发一种有原则性高度的理性思考能力，也要唤醒一个人“知之者不如好之者，好之者不如乐之者”(《论语·雍也》)的道德感受能力。如果一个人麻木不仁，就不仅会导致《后汉书·班超传》所说的“衰老被病；头发无黑；两手不仁”的身体上的感觉能力的丧失，而且会导致理性思考意义上的对外界事物反应迟钝或漠不关心的一种状态。麻木不仁的一种本质就是一种道德情感意义上的“断裂”和“分离”，也就是王阳明所特别强调的一种“隔”的状态。王阳明说：“天下之人心，其始亦非有异于圣人也，特其间于有我之私，隔于物欲之蔽，大者以小，通者以塞，人各有心，至有视其父子兄弟如仇雠者。圣人有忧之，是以推其天地万物一体之仁以教天下，使之皆有以克其私，去其蔽，以复其心体之同然。”(《传习录》)这种道德情感的阻隔和分离，甚至会导致如父子兄弟这样的至浓至深的亲情出现“如仇雠者”的冷漠空疏状态。正是从这个意义上来说，孔子之仁的情感之维在今天依然体现出其发人深省的重要性。

《易传·系辞传上》说：“《易》无思也，无为也，寂然不动，感而遂通天下之故。”基于道德情感联通的“感而遂通”的生命情感共同体的状态是成就人与人和谐、人与自己内心世界和谐、人与自然和谐、人与社会和谐的一个重要基础。缺乏对于孔子之仁的情感之维的重视，就会导致关于生命之仁的教育的不足，进而导致一种如马克斯·韦伯(Max Weber)所说的“个体的进一步原子化”(further individual atomization)和尼斯贝特(Nisbett)所说“社会原子化”(social atomization)的人与人之间道德情感链接断裂的状态。

如果任由人与人之间和人与自己的内心之间原本紧密相连的道德整体情感进一步由于工具理性的宰制而式微下去，就会导致传统意义上的道德基础的坍塌。孔子认为：“君子笃于亲，则民兴于仁。”(《论语·泰伯》)孔子之仁不仅对应着“尊尊”的理性的礼的精神,也对应着“亲亲”的仁者爱人的道德情感。王阳明主张“心即理”,也就是说,人的本“心”自然而然涵摄“仁义礼智”诸理。人的心生发出这样的理,同时这些理又最终要回归到人的本心。孟子说:“学问之道无他,求其放心而已矣。”(《孟子·告子上》)陆九渊也指出:“心只是一个心。某之心、吾友之心、上而千百载圣贤的心、下而千百载复有一圣贤其心亦只如此。心之体甚大,若能尽我之心,便与天同。”①

孔子之仁的理性维度本身也不是存在于一种似乎是超然物外的所谓的纯粹客体中,而是存在于内在的心的直觉中,因为德性之源头不在“仁”的客体化的外在的“理”中,而是存在于道德主体的内在。“义理之在人心,实天之所与,而不可泯灭焉者也。”①孔子之仁的义理本身就存在于孔子之仁的情理中,也就是说,孔子之仁的情感之维与理性之维是不可分割的。在孔子之仁的内在解构中,包含着知、情、意、行的几个维度,知的维度与行的维度都被学术界所充分重视,而情的维度与意的维度,即孔子之仁的情感维度这个核心没有得到足够的重视。孔子之仁的学说是一种基于孔子“述而不作”(《论语·述而》)的理论创新和发展。孔子将“仁”的道德情感内核注入到“礼”的传承中。之所以说孔子思想的核心是仁,就是因为孔子摄礼归仁,以仁释礼,真正确立了孔子之“仁”的超越抽象理性意义的道德情感维度。

孔子之仁最终不是为了成就一种宏大的思辨理性意义上的理论架构,而是成就一种实践的“仁者爱人”的人生与人格。孔子之仁的内在结构的核心和灵魂就是其情感之维,这种情感之

① [宋]陆九渊.陆九渊集[M].北京:中华书局,2008.

维涵盖最初的基于血缘的亲情关系，进而经由“弟子入则孝，出则悌，谨而信，泛爱众，而亲仁”（《论语·学而》）的道德情感存养充扩的实践而涵盖到更广大的情感。关于孔子之仁的情感之维，《论语·阳货》中有下面一段经典的师生之间的对话：

宰我问：“三年之丧，期已久矣！君子三年不为礼，礼必坏；三年不为乐，乐必崩。旧谷既没，新谷既升，钻燧改火，期可已矣。”子曰：“食夫稻，衣夫锦，于女安乎？”曰：“安。”“女安，则为之！夫君子之居丧，食旨不甘，闻乐不乐，居处不安，故不为也。今女安，则为之！”宰我出。子曰：“予之不仁也！子生三年，然后免于父母之怀。夫三年之丧，天下之通丧也。予也有三年之爱于其父母乎？”

针对孔门弟子言语科第一的宰我的关于“三年之丧”是否合理的提问，孔子并没有像苏格拉底一样从思辨理性意义上的逻辑之理上对之进行长篇大论的回答，而是用一种生命学问意义上的启发式的语言进行一种道德情感意义上的让人拨云见日的实践智慧点拨：“食夫稻，衣夫锦，于女安乎？”（《论语·阳货》）意思就是丧期不到三年就吃稻米，穿锦缎，对你来说心安吗？“女安，则为之！”（《论语·阳货》）你如果感到心安，就那样做吧！面对弟子的理性之问，孔子的回答乍看似乎显得很突兀，因为他将其转化为关于其行为是否“合情”的生命学问之问。针对弟子“麻木不仁”的回答，孔子的感慨是“予之不仁也”（《论语·阳货》）。孔子的痛心不是因为弟子缺少思辨逻辑的理论建构能力，而是因为弟子缺少因仁而爱的生命道德情感的感受能力。

在所有的生命道德情感中，对父母的孝顺之情无疑应该是其中最自然而醇厚的，《礼记·祭义》中说：“孝子之有深爱者必有和气，有和气者必有愉色，有愉色者必有婉容。”一切道德行为的最本源基础是基于人心之“仁”的“爱”，因此，“君子务本，本立而道生。孝悌也者,其为仁之本与!"(《论语·学而》)道德不是一种康德义务论意义上的冰冷僵化的道德命令,而是基于内心自觉和真诚的道德情感之理性凝聚。孔子之仁的情感维度告诉我们,"仁者,人也",人之所以要过一种合乎于"仁"的生活,不是因为他要被动地服从神或外在道德规范所规定的心外之理,而是"从心所欲,不逾矩"(《论语·为政》),作为道德主体的人要追随自己的内心:心即理,心即矩。这是具有重大转折意义的从客观理性维度向以道德之心为本体的道德情感理性的升腾。

"礼,与其奢也,宁俭;丧,与其易也,宁戚。"(《论语·八佾》)内心真诚的道德情感不仅不是对所谓的纯粹理性的干扰,而且是建构人之"为仁"的基本维度。子曰:"今之孝者,是谓能养。至于犬马,皆能有养;不敬,何以别乎?"(《论语·为政》)不是因为外在道德规范或客观之理性规范了一个人的道德情感,而是道德主体自己内在真诚的道德情感使外在道德规范的成立成为了可能。

孔子仁学的情感维度使儒家道德教育显得亲切而有人情味,孔子的理想是"老者安之,朋友信之,少者怀之"(《论语·公冶长》)。这本身就体现了一种《易经·谦卦》中所说的"谦谦君子,卑以自牧也"的包容和谦和。孔子强调"近者悦,远者来"(《论语·子路》)和"远人不服,则修文德以来之"(《论语·季氏》),这同样体现了孔子之仁的亲切和道德情感吸引力。

三、"孔颜乐处":孔子之仁的情感维度之幸福动力

北宋周敦颐提出了关于儒家伦理重要的一个说法,即"孔颜乐处"。周敦颐曾经要求程颢、程颐去寻找"孔颜所乐为何事",

程颢说："自再见周茂叔后，吟风弄月以归，有'吾与点也'之意。"又曰："周茂叔窗前草不除去，问之，云：'与自家意思一般。'"①孔子之仁的情感维度指向的最高境界不是一般意义上的道德自律，而是"仁远乎哉？我欲仁，斯仁至矣"(《论语·述而》)的道德幸福感。

吕耀怀认为："道德需要自律，自律无疑优于他律。但自律仍然带有强制性，只不过是用内在强制取代了他律的外在强制。"②这种说法已经在道德自律的基础上将道德境界向上拔高了一层，但还是没有将其上升到一种道德主体纯然的"自觉而幸福"的道德实践状态。陆九渊也强调"不必他求，在乎自立"的道德主体的道德践履自觉，陆九渊强调："自立自重，不可随人脚跟，学人言语。"还说："收拾精神，自作主宰。"③这同样也体现了道德自律的庄重甚至是凝重，但依然缺乏一种活泼的道德幸福感意义上的精神动力意蕴。

说到道德的自律和他律，我们就必须回到康德。康德认为："每个有理性东西的意志的观念都是普遍立法意志的观念。"④康德还认为："自然哲学涉及所有实然状态的'就是如此(存在)'的东西，道德哲学则涉及那些应然状态'应当如此(存在)'的东西。"⑤康德道德哲学的一个重要前提之一就是人的

---

① [宋]程颢，程颐. 二程集[M]. 北京：中华书局，2004.

② 吕耀怀. 从道德自律到道德自然[J]. 道德与文明，2010(4)：16-20.

③ [宋]陆九渊. 陆九渊集[M]. 北京：中华书局，2008.

④ [德]康德. 道德形而上学原理[M]. 苗力田，译. 上海：上海人民出版社，1986.

⑤ [德]康德. 纯粹理性批判[M]. 邓晓芒，译. 北京：人民出版社，2004. 基于对英文版原著的自身理解，本论文在引用西方哲学原著的国内翻译版本时做出了自己的适当调整，对学术著作翻译的过程本身就会或多或少渗透翻译者本人的学术观点，以下就不一一说明。

"自由意志"的设定,康德在《道德形而上学原理》一书中说:"道德规律向我展示一个独立于动物性,以至于独立于整个感性世界的生活。道德规律向我昭示,人的存在使命决不受这个生命和条件的限制,它将伸向无限。有理性东西的一切行动都必须以道德规律为基础,正如全部现象都以自然为基础一样。"①事实上,康德"自由意志"设定的前提就是一种纯粹理性意义上对人的情感的完全屏蔽和抽离,这种做法一方面让康德的道德哲学被拔高到了一种让人颤栗的纯而又纯的高度,一方面又使其因为一种"水至清则无鱼,人至察则无徒"(《礼记·子张问入官》)的过度纯粹而导致其不真实进而使人窒息。

相比之下,我们读《论语》的时候,会感受到孔子道德哲学的一种亲切,孔子之仁从来没有脱离人真实的"情感"来讲。孔子说:"仁远乎哉?我欲仁,斯仁至矣。"(《论语·述而》)道德主体对于道德生活"心向往之"的道德向往本身就是道德理性所能成立的当然基础。脱离了"情理"的"理性"是没有灵魂的。康德还说:"一切和意志自身普遍立法不一致的准则都要被抛弃,从而,意志并不去简单地服从规律或道德法则,他之所以服从,由于他自身也是个道德法则制定者,正由于这规律,道德法则是他自己制订的,所以他才不得不服从。"①

康德这里用的词是"法则""不得不""服从"等,这就意味着康德道德哲学是建立在一种纯粹理性基础之上的,并没有达到孔子所说的"吾十有五而志于学,三十而立,四十而不惑,五十而知天命,六十而耳顺,七十而从心所欲,不逾矩"(《论语·为政》)的道德幸福之精神动力境界。有了这种在精神层面的当下

---

① [德]康德.道德形而上学原理[M].苗力田,译.上海:上海人民出版社,1986.

呈现的“德福一致”，才会有孔子“饭疏食饮水，曲肱而枕之，乐亦在其中矣。不义而富且贵，于我如浮云”（《论语·述而》）的“不勉而中，不思而得，从容中道，圣人也”（《中庸》）的道德优雅与平和，也才会有“贤哉，回也！一箪食，一瓢饮，在陋巷，人不堪其忧，回也不改其乐。贤哉，回也”（《论语·雍也》）的“孔颜乐处”之道德境界。

相比之下，“康德全部哲学的核心在于这一观念，即我们是理性存在者”①。康德这种“理性存在者”的理论设定就认定人需要通过理性自律的运用达到一种类似于朱熹所说的“存天理，灭人欲”的完全“克己”的情感维度被悬空的抽象状态。而孔子之仁不仅讲“克己”，而且讲“复礼”，并且这种“礼”又要回归到心之“仁”。因为，“人而不仁，如礼何？人而不仁，如乐何？”（《论语·八佾》）“礼云礼云，玉帛云乎哉？乐云乐云，钟鼓云乎哉？”（《论语·阳货》）孔子之仁的核心就是其情感之维，没有以真诚道德情感作为核心的仁为基础，外在的礼仪规范和道德规则本身就没有真正的道德价值。孔子之仁的情感维度使孔子的道德哲学充满生活世界的况味，这一点可以试图用现象学的观点来解释。阿伦特认为：“现象本身即是本质，具有优越性的正是现象；本质不是独立存在于现象之后的柏拉图式的理念原型，它要么不存在，要么就是现象自身。”②

孔子之仁作为道德生活的最高境界，它随时在道德主体所处的生活世界中真实地呈现，在孔子看来，真正的道德，即“仁”，是从来都不存在于一个所谓的超验的彼岸世界的。孔子说：“仁远乎哉？”（《论语·述而》）仁，从来就是离我们不远；仁，就在道

① [英]J. B. 施尼温德. 自律的发明：近代道德哲学史[M]. 张志平，译. 上海：上海三联书店，2012.

② 陈伟. 阿伦特与政治的复归[M]. 北京：法律出版社，2008.

德主体的内心。“我欲仁，斯仁至矣。”(《论语·述而》)它就是一种道德情感的真诚向往。

孔子特别指出：“为仁由己，而由乎人哉。”(《论语·颜渊》)这里说的“由己”不是一种道理自律式的刚性的道德律令，而是一种从心所欲的从容，这颗心因为有了道德情感的浸润，已经由一种自然之心升华为道德之心。从这个意义上来说，儒家伦理所重视的“学而时习之，不亦说乎”(《论语·学而》)的过程不仅是一种道德理性意义上的“知者不惑”(《论语·子罕》)的道德认知建构过程，更是一种“仁者不忧，勇者不惧”(《论语·子罕》)的道德情感形成和夯实的过程。道德情感经过一种“吾日三省吾身”(《论语·学而》)的内省训练和“非礼勿视，非礼勿听，非礼勿言，非礼勿动”(《论语·颜渊》)的自觉体悟过程，就能达到一种“其心三月不违仁”(《论语·雍也》)和“三军可夺帅也，匹夫不可夺志也”(《论语·子罕》)的“诚之者，择善而固执之者也”(《中庸》)的稳定的道德情感状态。

第三章

孔子仁学视域下的道德教育精神动力探析

【引言】

孔子仁学在伦理本质上来说是生命道德学问的实践智慧之学。关于如何做到"笃行之"的道德实践智慧构成为孔子仁学的内核。"力行近乎仁",推动道德实践需要道德之力,即道德实践意义上的精神动力,因此,围绕精神动力的理论建构又是关于孔子之仁的理论核心之一。孔子之仁重视实践之维,要重视实践之维,就必须深入探析其背后的道德践履精神动力系统。

"精神动力"是道德教育成为可能和促进道德教育有效性提升的重要范畴之一。孔子仁学思想的最终目的是帮助人立德树人,形成健全的基于仁者爱人的君子人格。孔子思想的灵魂是"仁",这不仅因为其出现在《论语》中的数量(109 次),更是因为其在孔子思想中的一以贯之的核心意义。很多学者从各个层面来看待孔子之仁的内涵,却很少有学者从精神动力的视角来看待孔子之仁。从精神动力的视角来理解和阐释孔子之仁，会给我们带来关于道德教育的重要启示。

一、生生之谓仁：孔子之仁的精神动力之哲学之源探析

关于对孔子之仁的哲学维度的理解，一般比较侧重两个方面，一个就是仁者爱人，即《论语》中的这一章：樊迟问仁，子曰："爱人。"(《论语·颜渊》)这直接关涉孔子之仁的情感之维。仁，凝聚着人之为人的道德情感感受能力，这种道德情感的感受能力将人与人之间的关系从一种原子式存在的自然关系升华为一种彼此因为道德情感连接而形成的道德情感共同体，这本身就为作为道德主体的个人提供了一种"源泉混混，不舍昼夜，盈科而后进，放乎四海。有本者如是，是之取尔"(《孟子·离娄下》)的生生不息的精神动力。另外一个侧重的方面就是"克己复礼为仁"，这是来自《论语》中另外一章：颜渊问仁。子曰："克己复礼为仁。一日克己复礼，天下归仁焉。为仁由己，而由人乎哉？"(《论语·颜渊》)这一章实质上涉及儒家伦理关注的重要方面，即人与自己的内心如何做到和谐？因为"内省不疚，夫何忧何惧？"(《论语·颜渊》)这种内省不疚的生命状态被孟子进一步发展为一种人生最高的幸福之一，即"仰不愧于天，俯不怍于人"(《孟子·尽心上》)。

这里就出现了一个学理上的问题，即"仁"究竟从何而来？"为仁由己"背后的人之为仁的精神动力是什么？同时，"仁"本身又如何为道德主体的人提供一种能使道德主体做到"君子无终食之间违仁，造次必于是，颠沛必于是"(《论语·里仁》)的精神动力的？正如《易传·系辞传上》所说："日新之谓盛德，生生

之谓易。”这些都是我们必须审慎思考的重大问题，特别是在今天，面对道德教育所遭遇的诸多困境，如何才能从中华优秀传统文化中汲取源头活水的精神力量去浸润道德主体厚德载物的深厚德性？如何才能让道德主体生命向上向善的积极动力不是植根于无根的肤浅的所谓成功励志上，而是扎根于生生不息的中华优秀传统文化，特别是儒家文化的生生之仁上？这是一个重要的道德教育的基础性问题。《中庸》说："成己，仁也。"换言之，"仁"是一种道德生命和道德情感生长的力量。人的内在生命的"仁"在潜在地推动一个人通过行仁和践仁，逐步在建构仁德的过程中使自己作为人而成为仁智双彰的完整的人。

蒙培元对儒家之"仁"有一段重要的论述："仁既有情感内容，又有理性形式，是情感与理性的统一……在天为'道'，在人为'仁'，天道之'授'于人者为命，但其核心是一个'生'字。"①正因为孔子之仁包含"情感"和"理性"的双重维度，它才具有一种生生不息的德性伦理意义上的生长力量，即一种韧性的精神动力。

"天地之大德曰生。"(《易传·系辞传下》)"一阴一阳之谓道，继之者善也，成之者性也……显诸仁，藏诸用。"(《易传·系辞传上》)"万物之生意最可观，此元者善之长也，斯所谓仁也。"(《二程遗书》)谈论生生之仁的问题，很容易陷入到一种纯哲学或纯伦理学意义上的形而上的思考当中去，却往往缺乏一种指向道德实践的切实思考。具体来说，就是生生之仁该如何被建构被培养？如何避免这样的一种对于人来说有一种本体论建构意义的生生之仁因为长期得不到必要的存养充扩和自觉践

① 蒙培元.蒙培元讲孔子[M].北京:北京大学出版社,2005.

履而蜕化成一种“麻木不仁”？这就存在一个对中华优秀传统文化进行创造性转化和创新性发展的问题。因此如何让孔子之仁与当今的现代生活相适应，如何能够让孔子之仁的智慧真正地落地和深入人心，这是当代道德教育必须面对的一个重大课题。

孔子仁学说的影响力、凝聚力、感召力要得到很好的贯彻落实，是需要我们探索一种有效的实践路径的，而从精神动力的角度去切入就是一个很好的尝试。要探索孔子之仁的精神动力维度，是离不开对孔子之仁的情感之维的探析的。

孔子说：“仁远乎哉？我欲仁，斯仁至矣。”(《论语·述而》)他还说：“唯仁者能好人，能恶人。”(《论语·里仁》)这充分说明，道德情感是构成孔子之仁的精神动力的重要维度。没有一种深沉厚重的道德情感的力量推动，是无法形成一个人绵绵不息追求美德的精神动力的，进而也就无法使人做到长久的“不违仁”，也就最终无法将人的道德行为凝聚升华为一个人稳定的德性。道德情感意义上的精神动力从两个向度确保人对一种“知及仁守”的坚持，因为“知及之，仁不能守之，虽得之，必失之”(《论语·卫灵公》)，只有做到精神意义上的“仁守之”或守仁，才能避免那种“心有余而力不足”的道德践履的遗憾。

事实上，大多数人之所以不能做到像颜回那样的“回也，其心三月不违仁”(《论语·雍也》)，不是因为他们缺少关于对德性人生意义的认识和认知，而是因为他们缺少“苟日新，日日新，又日新”(《大学》)的持久的精神动力，这才导致孔子所说的“其余，则日月至焉而已矣”(《论语·雍也》)的德性践履遗憾，俗语说“路遥知马力，日久见人心”，孔子之仁的精神动力就涉及一种“心之力”。

太多时候，之所以很多学者尽可能试图将对于孔子之仁的思考限制在一种所谓的尽可能纯粹的理性范围之内，原因就是他们担心这种情绪可能对人的道德行为造成负面作用。的确，情绪本身是中性的，所谓“君子上达，小人下达”（《论语・宪问》）。如果人的情绪能量向着负面方向下坠，就会导致人的沉沦；但如果一个人的情绪能量经由一种道德实践的升华而凝聚成一种“正气存内，邪不可干”（《黄帝内经・素问》）的道德情感，它就会成为推动人积极向上和向善的精神动力。戴震在《孟子字义疏证》中说过：“无私，仁也；不蔽，智也；非绝情欲以为仁，去心知以为智也。”“不私，则其欲皆仁也。”善与恶不是因为人的情绪，而是因为人的情绪所指向的方向，如果人的情绪被导引到向善的方向，那它就会被升华为一种仁者爱人的道德情感；反之，那么这种情绪就会变成一种使人变恶的负面能量。关键是，如何导引人的情绪能量通向正向的建构德性的向善的力量？这本身就需要有一种能够激发人的道德精神动力的道德践履方法。《说文解字》云：“生，进也。象草木生出土上。”《广韵》：“生，生长也。”这里就意味着孔子之仁的“生生之仁”的意蕴中本身就包含着一种由内向外德性力量向上生长的精神动力。

“大哉乾元，万物资始。”（《易传・彖传上》）这本身就点出：包括德性在内的万物的创生是需要有一种乾卦所代表的精神动力资源的。《中庸》中所说的“诚”的概念则揭示了这种精神动力运用的内在逻辑。《中庸》曰：“唯天下至诚，为能经纶天下之大经，立天下之大本，知天地之化育。”“故至诚无息。不息则久，久则征。征则悠远。”周敦颐曰：“无妄者，至诚也。”换言之，“天行健，君子以自强不息”（《易经・乾卦》）背后的精神动力就是一种至诚无息的道德情感推动。恩格斯也说过：“就单个人来说，他的行动的一切动力，都一定要通过他的头脑，一定要转变为他的意志的动机，才能使他行动起来。"①不仅是道德行动的发动因素需要有精神动力，要保持道德行动的持之以恒，更需要有一种来自道德情感的韧性的精神动力作为基础。孔子之仁本身就是孔子在道德哲学意义上的一种"述而不作，信而好古"(《论语·述而》)的以述为作的道德智慧创新。孔子之仁的学说直接为传统意义上的伦理之"礼"注入了一种精神动力基础和文化心理基础。

在孔子之仁的仁学体系中，"仁"不仅是作为一种"仁者人(爱人)也，亲亲为大；义者宜也，尊贤为大；亲亲之杀，尊贤之等，礼所生也"(《中庸》)的一种德性条目或所谓分德，更是作为一种所谓的总德或总体之德，这更多是从一种德性伦理之精神动力的维度来讲这样一个理念，即："仁"构成为所有其他德性条目的德性伦理情感基础。从实现仁的践履角度来说，孔子之"仁"要实现"克己复礼为仁。一日克己复礼，天下归仁焉！为仁由己，而由人乎哉?"(《论语·颜渊》)的仁的结果，也必须将推动行仁的动力从外在的"由人"即他律转向到"由己"的内在精神动力上。

二、 孔子之仁的精神动力之"何以守仁"

精神动力不仅面临一个生发的问题，更面临一个"恒其德"的持续问题。事实上，整个《论语》中，孔子一以贯之在强调保持一种为仁之精神动力的重要性，因为，正如《易经·恒卦》所说："不恒其德，或承之羞。"孔子也强调："南人有言曰：'人而无恒，不可以作巫医。'"(《论语·子路》)《孟子·告子上》也说："虽有天下

---

① 中共中央马克思恩格斯列宁斯大林著作编译局. 马克思恩格斯选集·第4卷[M]. 北京：人民出版社，1997.

易生之物也，一日暴之，十日寒之，未有能生者也。”如果一个人不能保持一种“学而时习之”（《论语·学而》）的持之以恒的德性践履状态，就无法真正体会到一种颜回“一箪食，一瓢饮，在陋巷，人不堪其忧，回也不改其乐”（《论语·雍也》）的生命幸福状态。

《易经·恒卦》上说：“天地之道，恒久而不已也。利有攸往，终则有始也。日月得天，而能久照。四时变化，而能久成。圣人久于其道，而天下化成。观其所恒，而天地万物之情可见矣。”要做到“久于其道”，而非《诗经·氓》中所说的“士也罔极，二三其德”，这就需要有恒其德的背后的精神动力的支持。《易经·恒卦》中说：“恒，久也。”“天地之道，恒久而不已也。”现代社会，人之德性何以保持，这正成为一个日益重要的问题。精神动力的不足直接导致人不能做到恒其德，因此导致诸多半途而废和功亏一篑的道德遗憾。《尚书·旅獒》上说：“为山九仞，功亏一篑。”任何一种德性的建构，都必须要有道德践履上持之以恒的坚持和恒心。所以孔子说：“譬如为山，未成一篑，止，吾止也。”（《论语·子罕》）生命德性的任何成就与建构，都离不开“笃行之”（《中庸》）的践行，而道德践行的持续性也需要有可持续的精神动力的推动。

恩格斯指出：“历史是这样创造的：最终的结果总是从许多单个的意志的相互冲突中产生出来的，而其中的每一个意志，又是由于许多特殊的生活条件，才成为它所成为的那样。这样就有无数互相交错的力量，有无数个力的平行四边形，由此就产生出一个合力，即历史结果，而这个结果又可以看作一个作为整体的、不自觉地和不自主地起着作用的力量的产物。”①毋庸置疑，

① 中共中央马克思恩格斯列宁斯大林著作编译局. 马克思恩格斯选集·第4卷[M]. 北京：人民出版社，1997.

现代道德教育要达到一种教书育人、立德树人的最佳效果，也离不开一种由生生不息的扎根于人类优秀德性的精神动力所推动的各种行动力的作用。

我们身处一个人类科技对人类生活的各个方面产生空前冲击的时代，我们也生活在一个由于各种原因导致的浮躁与焦虑中。“我是谁”“我从哪里来”“我要到哪里去”，这些直接关涉生命意义的重大问题在今天一次又一次地给我们带来反思。现代人如何在节奏越来越快的现代生活中保持追寻美德的精神动力？如何守住自己心中的“使人作为人而成为人的仁”？如何安身立命？对所有这些问题的回答，都需要我们做到返本开新，做到对一种精神动力之本源的追溯。“复，其见天地之心乎？”（《易经·复卦》）从这个意义上来说，孔子之仁是具有本源性的精神动力价值的。孔子之仁的根源就是人的本心，其所指向的精神动力之源即心之力。阳明龙场之悟，使其终于彻悟：“始知圣人之道，吾性自足，向之求理于事物者误也。”①要做到“仁守之”，做到道德心意义上的精神动力的持续，就必须做到保持道德主体的“本心”。孟子说：“仁，人心也；义，人路也。舍其路而弗由，放其心而不知求，哀哉！人有鸡犬放而知求之，有放心而不知求？学问之道无他，求其放心而已矣。”（《孟子·告子上》）精神动力的根源不是存在于可以概念化或抽象化的理性建构中，而是存在于一种基于生命直觉的使人“心安”的道德情感的积淀中。正如庄子所说：“夫道，有情有信，无为无形；可传而不可受，可得而不可见；自本自根，未有天地，自古以固存……”（《庄子·大宗师》）庄子在这里所说的“自本自根”的道之所以能够做到

① ［明］王守仁．王阳明全集［M］．吴光，钱明，董平，等编校．上海：上海古籍出版社，1992．

"生天生地"(《庄子·大宗师》),就是因为它的精神动力是自足的,是"万物皆备于我矣。反身而诚,乐莫大焉;强恕而行,求仁莫近焉"(《孟子·尽心上》)的。

要保持精神动力的元气充沛,就必须让精神动力的生成有其根脉可追溯。儒家伦理的本质可以被归结为两点,一是学以成人,二是教以成人。而教学相长的最终目的是道德主体的形成及道德主体"学而不厌,诲人不倦"(《论语·述而》)的自觉道德践履过程。"仁也者,人也。"(《孟子·尽心下》)既然人的本质是仁,那么学以成人的本质就是学以行仁,学以践仁。根据儒家伦理,道德教育的最终旨归是"修己以敬"和"修己以安人"(《论语·宪问》),这背后都是一个系统的工夫论。没有由持续的精神动力所支撑的道德践履工夫,就没有生命境界从自然境界到道德境界乃至天地境界的提升。从这个意义上来说,《论语》中的第一句话,即"学而时习之"本身就揭示了儒家德性伦理意义上的精神动力之源泉,即两个字"学"和"习"。"学如逆水行舟,不进则退。"(《增广贤文》)因为"学而不厌"的学,才能使道德主体保持一种"见贤思齐焉,见不贤而内自省也"(《论语·里仁》)的向上的精神动力,有了这种精神动力,才能做到"岁寒,然后知松柏之后凋也"(《论语·子罕》)的德性践履的韧性和坚持。儒家伦理的本质是一种合乎于德性的生活方式,儒家伦理的本质就是生活,就是去过"行仁"的生活。

事实上,孔子仁学思想中已然包含着丰富的关于体现精神动力之价值的心性工夫的思想,如孔子所说的"为仁由己"(《论语·颜渊》)、"克己复礼为仁。一日克己复礼,天下归仁焉"(《论语·颜渊》)和"修己以安百姓"(《论语·宪问》),其思想都高度凝练了基于道德主体性被建构之后的道德实践智慧。

儒家德性伦理意义上的精神动力在其本质上是内求的,"曾子曰：'吾日三省吾身，为人谋而不忠乎？与朋友交而不信乎？传不习乎？'"(《论语·学而》)没有经过反省的内心是软弱而涣散的。在孔门三千弟子中，曾子的资质其实是比较驽钝的，"柴也愚，参也鲁，师也辟，由也喭"(《论语·先进》)，但由于曾子有持之以恒、负重前行的精神动力，所以最终能够传下夫子之道。曾子说："士不可以不弘毅，任重而道远。仁以为己任，不亦重乎？死而后已，不亦远乎？"(《论语·泰伯》)章太炎在《广论语骈枝》中说："《说文》：弘，弓声也。后人借'强'为之，用之'彊'义。此'弘'字即今之'强'字。'毅'是坚毅之意。"曾子非常清楚：要实现"士志于道"的宏大志向，就必须要有凝聚为坚毅德性的韧性的精神动力。在每天自我反省的过程中，就能达到一种孟子所说的"我善养吾浩然之气"(《孟子·公孙丑上》)的内在生生不息的精神动力的成长效果。《礼记·曾子立事》也特别强调了精神动力对于君子之"守业"的重要性："君子爱日以学……日旦就业，夕而自省思，以殁其身，亦可谓守业矣。"

越是在充满浮躁和喧嚣的现代社会，越是需要积聚并养成、巩固一种由内而发的精神动力，才能帮助道德主体养正祛邪，正如《易经·乾卦》上所说："闲存其诚。"孔颖达疏："闲邪存其诚者，言防闲邪恶，当自存其诚实也。"内心没有坚定持久的精神动力，就会出现种种可能的精神涣散，甚至可能因为无所事事而导致空虚无聊，以至于出现"小人闲居为不善，无所不至，见君子而后厌然，掩其不善而著其善"(《大学》)的人生遗憾。"君子虑胜气，思而后动，论而后行。"(《礼记·曾子立事》)王聘珍解释："虑，谋思也。""气，谓血气。"(《礼记·曾子立事》)有了强健韧性的精神动力，才能做到"君子思不出其位"(《论语·宪问》)。孔子之仁为一个人的"知之者"的智慧提供精神驱动力。没有以人内在之仁的精神动力驱动，即使一个人有再多的才华，也可能会

"泯然众人矣"(《伤仲永》)。

道德行为的践履习惯是离不开客观的道德理性的,但道德理性本身是无法必然导致人的德性行为的。精神动力更多的是与人的道德情感相联系。人的心不仅有道德认识的理性的维度,更有道德感知的情感维度。"理义之悦我心,犹刍豢之悦我口。"(《孟子·告子上》)王阳明也说:"《大学》言诚其意者,如恶恶臭,如好好色,此之谓自慊。曾见有恶恶臭,好好色,而须鼓舞支持者乎?"(《传习录》)这就说明,真正激发一个人生生不息的道德自觉践履的精神动力是人心本自具足的。人之为人的本质,就在于他在其本心深处,有着向往高尚和追求美德的天然渴望,但在平时的生活状态中,这种精神动力是处在一种潜在的动力状态的。道德意义上的精神动力要得以良好运行,是离不开必要的激发精神动力的道德教育和启发机制的。如何激发并保持道德主体道德意义上的精神动力呢?这里就存在一个道德实践智慧认知意义上的"认识自我"的过程,孟子说:"万物皆备于我矣,反身而诚,乐莫大焉。"(《孟子·尽心上》)

道德意义上的精神动力要达到一种持久状态,就必须将其上升到一种志道乐道的境界。"知之者不如好之者,好之者不如乐之者"(《论语·雍也》)、"可也,未若贫而乐,富而好礼者也"(《论语·学而》),这种因为过合乎于道德情感的生活而引发的由内而发的幸福感既是神圣庄严的,又是使人心悦诚服的。这种因为践行道德行为而带来的快乐使人能够超越"一箪食,一瓢饮,在陋巷,人不堪其忧"(《论语·雍也》)和"饭疏食饮水,曲肱而枕之"(《论语·述而》)的生活在物质层面的困顿状态而依然感受到一种乐在其中的好学乐道的幸福。这种由道德践行所激发的幸福感会激发并巩固人的内在精神动力,有了这种精神动力的内在驱动,就能使人做到"造次必于是,颠沛必于是"(《论语·里仁》),即使是面对现实的种种诱惑和考验,也能做到"富贵不能淫,贫贱不能移,威武不能屈,此之谓大丈夫"(《孟子·滕文公下》)。道德理性的运用使人的道德行为走向超越他律的自觉,而道德精神动力的驱动则使人的道德行为从被动走向主动和心悦诚服的自愿。

冯契认为:"真正自由的道德行为就是出于自觉自愿,具有自觉原则与自愿原则统一,意志和理智统一的特征。一方面,道德行为合乎规范是根据理性认识来的,是自觉的;另一方面,道德行为合乎规范要出于意志的自由选择,是自愿的。只有自愿地选择和自觉地遵守规范,才是道德上真正自由的行为。这样的德行,才是以自身为目的,自身具有内在价值。这样的道德行为才是真正自律的,而不是他律的。"①这个观点对于我们进一步深入了解精神动力对于道德自觉践履的影响这个问题有很好的启示作用。自觉当然与理性的自我觉知和觉悟有密切关联,但自愿的境界与内心的心悦诚服的精神动力内在驱动的自在境界之间依然还有差距。显而易见,"子之燕居,申申如也,夭夭如也"(《论语·述而》)和孔子"七十而从心所欲,不逾矩"(《论语·为政》)的道德自在境界是远远高出这种依靠理性力量推动的自愿境界的。笔者认为,真正发乎于心的精神动力的来源不只是一种理性的自觉,更是一种基于仁者爱人的道德情怀的道德情感。

三、力行近乎仁:道德教育实践智慧之精神动力维度探析

孔子仁学的核心是道德情感所生发的由真诚的精神动力所

① 冯契.人的自由和真善美[M].上海:华东师范大学出版社,1996.

催生的自觉自愿自在的道德实践。孔子仁学涵盖了道德经验的直觉和先天理性的融摄，它是指向内在心性的道德境界提升和人的超越维度的。

天人合一的境界是人生较高的精神境界，而这背后的支撑就是一种生生不息的精神动力，这种精神动力的本质就是一种生生之德。最初的道德行动才能激发更多的道德行动，这就涉及精神动力背后的道德教育实践智慧。孟子认为人的良心和本心是“天之所与我者”(《孟子·告子上》)，那么，我们这里需要追问的问题就是：推动人的道德践履的精神动力的来源是什么？难道人的精神动力也是天所给予的吗？如果是这样的话，那么为什么颜回能够做到“不迁怒，不贰过”(《论语·雍也》)，“颜氏之子，其殆庶几乎！有不善未尝不知，知之未尝复行也”(《易传·系辞传下》)，其他人却是“乡道而行，中道而废”(《礼记·表记》)呢？孟子说：“乃若其情，则可以为善矣，乃所谓善也。若夫为不善，非才之罪也。”(《孟子·告子上》)也就是说，孟子认为，如果一个人的内在向善的潜能能够得到充分的实现和扩而充之，那么“人皆可以为尧舜”(《孟子·告子下》)。而要充分实现人的内在向善的潜能，就需要有持续的精神动力。否则的话，就会出现《孟子·告子上》所说的教育的遗憾：“虽有天下易生之物也，一日暴之，十日寒之，未有能生者也。”王船山《四书训义》曰：“夫人生而有性，感而在，不感而亦在者也。其感于物而同异得失之不齐，心为之动，而喜怒哀乐之几通焉，则谓之情。情之所向，因而为之，而耳目心思效其能以成乎事者，则谓之才。三者相因而发，而及其用之，则各自为体。”王船山在这里非常缜密地分析了在性、情、才之间的相辅相成的关联。其中，道德情感的激发是一个关键，而道德情感的激发本身就关联着人的精神动力，没有精神动力的发动，那么就无法实现人之为人的实质上的内在仁德。

《孟子·尽心下》说:“人皆有所不忍,达之于其所忍,仁也。”精神动力是实现从不忍到忍的仁道践行的关键因素。如果没有精神动力的积极运用,就会出现这样的情况,即:“耳目之官不思,而蔽于物,物交物,则引之而已矣。心之官则思,思则得之,不思则不得也。”(《孟子·告子上》)朱子注曰:“官之为言司也。”(《四书章句集注》)要实现道德本心的功能,就必须经由精神动力的推动而达到一种持之以恒的道德实践。一旦一个人的精神动力出现懈怠,就会出现人被物役的情况。

孟子还特别强调基于精神动力的一种向善的自觉道德追求的重要性:“求则得之,舍则失之,是求有益于得也,求在我者也。求之有道,得之有命,是求无益于得也,求在外者也。”(《孟子·尽心上》)没有精神动力,道德自觉的践履就无法成为可能,没有道德自觉的实践,就不会有德性的养成和建构。道德生活的本质是道德的实践,而非道德理论的空洞建构。道德实践是道德的最终旨归和目标。要让道德主体切实做到“博学之,审问之,慎思之,明辨之,笃行之”(《中庸》),就需要贯穿始终的精神动力的积淀和推动。无论是道德教育的认知之维、情感之维,还是道德教育的意志之维、践行之维,都需要一种真诚的精神动力的支持,这种精神动力的支持是使人做到《中庸》里所说的“诚之者,择善而固执之者也”和“得一善,则拳拳服膺而弗失之矣”的德性之执着和韧性。

《论语·泰伯》中有:“子曰:‘学如不及,犹恐失之。’”道德教育之艰难不仅在于德性之最初建构,更在于德性之维持和巩固。苏轼也说过:“学如不及,问道八年,寒暑不废。”立德树人的道德教育工作,不仅难在最初的立德教育,更难在德性的巩固与坚持,否则就会出现“虽得之,必失之”(《论语·卫灵公》)的得而复失的遗憾。“学好千日不足,学坏一日有余”讲的就是这个道理。

道德实践是无法孤立进行的,道德实践离不开人与人之间的人伦关系或人际关系。《荀子·王制》中说:“(人)力不若牛,走不若马,而牛马为用,何也?曰:人能群,彼不能群。”马克思在《关于费尔巴哈的提纲》中指出:“人的本质不是单个人所固有的抽象物,在其现实性上,它是一切社会关系的总和。”当我们在谈论人的精神动力的时候,我们所说的不只是一个人自身产生的精神动力,也包括因为人与人之间的道德纽带的相连而激发出的一种由人伦或人际道德实践互动所产生的交互的精神动力。“独学而无友,则孤陋而寡闻”(《礼记·学记》)、“仁者,情志好生爱人,故立字二人为仁”(《春秋元命苞》),孔子之仁德是必须在后天的德性之学中被建构的,但孔子之学是非常重视人与人之间的相互影响的,因此才会有“见贤思齐焉,见不贤而内自省也”(《论语·里仁》),“三人行,必有我师焉;择其善者而从之,其不善者而改之”(《论语·述而》)的孔子的教诲。作为道德主体的个体,其德性之止于至善的完善是无法通过纯粹的冥思苦想的思辨理性来完成的,而要通过读万卷书,行万里路的在人群中的道德践行才可能实现。而正是在对他者的担当和负责任的道德实践中,人才能成就其自身的仁德之心,也正因为此,其道德实践的精神动力才能达到老子所说的“深根固柢,长生久视”(《道德经》)之境界。

精神动力的懈怠会导致道德实践意志的涣散,进而会导致人的本心由于受到外在诱惑的干扰而遭到破坏,正如孟子所论述的那样:“其所以放其良心者,亦犹斧斤之于木也,旦旦而伐之,可以为美乎?其日夜之所息,平旦之气,其好恶与人相近也者几希,则其旦昼之所为,有梏亡之矣。梏之反覆,则其夜气不足以存；夜气不足以存，则其违禽兽不远矣。”（《孟子·告子上》）今天，充斥于青少年生活世界周围的是各种电子设备造成的诸如网络游戏和网络视频等这样的诱惑，这些诱惑造成的结果就是对青少年良知良能的“亦犹斧斤之于木也，旦旦而伐之”（《孟子·告子上》）的不间断的道德伤害，这就导致道德主体精神动力的缺失，这种精神动力的式微又进一步导致道德主体对于各种诱惑的无能为力。这就是导致当前很多人道德境界日益滑坡的重要原因之一。

孔子说“君子上达，小人下达”（《论语·宪问》），还说“君子喻于义，小人喻于利”（《论语·里仁》），“君子坦荡荡，小人长戚戚”（《论语·述而》），这就说明，人在一种道德选择的过程中，可能会成为君子，也可能成为小人，决定人会成为君子还是小人，其根本的原因之一就是道德主体是否具备足够的道德践行的精神动力。“好问近乎智，力行近乎仁，知耻近乎勇。”（《中庸》）如果说，道德教育的最终目的是实现道德主体的自觉道德践履或道德行动，那么我们需要思考的一个重要问题就是：如果要力行才能实现道德主体的内在之仁，那么这种实践的精神动力从何而来？如何才能培养并激发道德主体生生不息的精神动力？如何才能避免孔子所说的“力不足者，中道而废”（《论语·雍也》）的道德之遗憾？

要实现孔子之仁，不仅要做到“志于学”（《论语·为政》）和“志于道”（《论语·述而》），还要做到“勇者不惧”（《论语·子罕》）的德性之力，也就是说，要具有足够的道德实践意义上的精神动力。正如王安石所说：“故非有志者不能至也。有志矣，不随以止也，然力不足者，亦不能至也。有志与力，而又不随以怠，至于幽暗昏惑而无物以相之，亦不能至也。”（《游褒禅山记》）孟子也强调：“尽其心者，知其性也。知其性，则知天矣。”（《孟子·

尽心上》)道德实践意义上的尽心就是尽力,如果只是一种心有余而力不足的道德无力状态,也是道德教育的不成功。“流水之为物也,不盈科不行;君子之志于道也,不成章不达。”(《孟子·尽心上》)

“一种德性是一个人的状态或性情。比如,如果一个人是慷慨的,那么他就有一类特定的品性,他在性情上,亦即习惯地和可以信赖地,是慷慨的。德性不只是像习惯,它是为某些理由而行动的性情、禀性,因而是通过行动者的实践理性而起作用的,它由作出选择而形成,并在作出未来的选择中而运用。”①孔子之仁就是儒家德性伦理意义上的精神动力的集中凝聚和体现。这种精神动力就体现在德性主体经由一以贯之和持之以恒的道德实践凝练而成的德性生命气质上。

① 高国希.德性的结构[J].道德与文明,2008(3):37-42.

第四章

孟子性善论及其现代道德教育启示

【引言】

对孟子性善论的探讨不能仅仅限制在思辨理性意义上的形式逻辑证明上，而应该深入到生命学问意义上的生命良心良知直接体仁践仁的感悟上。孟子性善论是与孔子之仁的思想息息相关的，是直接传承自孔子之仁的。孟子性善论既包含一般意义上的义理架构，也包含其特有的情理架构。探讨孟子性善论能够切实提升现代道德教育的实效性。

要深入到具有原则性的理性高度去深入探讨如何走出现代道德教育的深层困境问题，我们就必须回归到对人性的辨析。而要谈论人性问题，一个绕不开的重要问题就是孟子的性善论的问题。朱熹说："孟子之言性善……则七篇之中，无非此理。"（《四书章句集注》）"孟子道性善，言必称尧舜。"（《孟子·滕文公上》）

人性本身并不是一个给定的客观的被研究的对象，人性本身揭示了人之为人的本质和人如何生长并实现这样的人之为人的本质的过程。要深入探讨人性问题，首先我们就需要深入探讨“何为人”或“究竟什么是人的本质”的问题。

在《关于费尔巴哈的提纲》中，马克思明确指出：“费尔巴哈把宗教的本质归结于人的本质。但是，人的本质并不是单个人所固有的抽象物，在其现实性上，它是一切社会关系的总和。”①因此，正如我们无法脱离必要的社会关系来探讨人的本质问题一样，我们也无法脱离人性所置身的社会关系来抽象地谈论人性问题。张岱年认为：“孟子将天道与人性联系起来。”②因此，孟子说：“尽其心者，知其性也，知其性则知天矣。”（《孟子·尽心上》）同时，我们无法离开道德或德性来谈论人性。事实上，德性、人性、教育三者之间是息息相关的。德性是根植于人性的，人性又构成为道德教育的可能基础之一。

所谓人性，一言以蔽之，就是“人之性”，也就是“什么成为人之为人的本质”。孔子提出：“性相近也，习相远也。”（《论语·阳货》）这是儒家德性伦理最早提出的关于人性的讨论。孔子并没有明确地界定人性善的问题，而是给关于人性的讨论提供了一个广阔的空间。这也在一定程度上揭示了道德教育的艰难。人性问题的探讨涉及关于人的德性意识的根源性的思考或起点性的哲思，有着重大的德性伦理践履意义。

一、 孟子性善论概述

关于人性的探讨是一个非常复杂的问题。因此，连孔门最

① 中共中央马克思恩格斯列宁斯大林著作编译局．马克思恩格斯选集·第1卷[M]．北京：人民出版社，1995．

② 张岱年．中国文化的基本精神[J]．齐鲁学刊，2003(5)：5-8．

优秀的弟子之一子贡也感叹说:“夫子之文章,可得而闻也;夫子之言性与天道,不可得而闻也。”(《论语·公冶长》)究竟从什么切入口来谈论人性?而且谈论人性不能在不经意间将其陷入到一种谈玄说妙的空谈心性的迂阔中,而是要通过对人性的探讨为道德教育提供一种坚实的人性基础。

毋庸置疑,孟子谈论人性的路径是从心说开去的。关于人性的探讨就是关于人之本质的探讨,这本身必然意味着它是一个涉及关于人性之思辨理性凝聚的问题。而从儒家德性伦理的视角来看,关于人性之理性维度的探讨又离不开其所必然依托的道德情感维度。因此,孟子是从“人之所不学而能者,其良能也;所不虑而知者,其良知也”(《孟子·尽心上》)和“学问之道无他,求其放心而已矣”(《孟子·告子上》)的良心本心之进路来开始探讨看似复杂玄奥的人性问题的。

人皆有不忍人之心……所以谓人皆有不忍人之心者,今人乍见孺子将入于井,皆有怵惕恻隐之心,非所以内交于孺子之父母也,非所以要誉于乡党朋友也,非恶其声而然也。由是观之,无恻隐之心,非人也;无羞恶之心,非人也;无辞让之心,非人也;无是非之心,非人也。恻隐之心,仁之端也;羞恶之心,义之端也;辞让之心,礼之端也;是非之心,智之端也。(《孟子·公孙丑上》)

乍一看,似乎孟子的性善论的论证并不像西方伦理学意义上的论证那么严谨。他并没有假定一个先验存在的人性状态预设的前提存在,而是通过一个“今人乍见孺子将入于井”(《孟子·公孙丑上》)的看似随意又极其深刻的现实例子来导出其关于不忍人之心和四端之心的著名论述。从这里也可以看出,直指人心和生活世界的实践维度是儒家德性伦理鲜明的特征。

之所以孔子和孟子在谈论人性的时候都不离开对于人心和

生活世界的观照，就是因为儒家德性伦理本身即是来自人心和生活，又在当下就立刻回归到人心和生活。这是一种德性伦理意义上的当下的良知呈现和德性践履意义上的知行合一。“人皆有所不忍，达之于其所忍，仁也。”（《孟子·尽心下》）在孟子看来，人性之善是一种自然而然的人性本自具足的善端的扩而充之的结果。具体来说，孟子从人心入手来探讨人性，而人心的最高情感理性凝聚的结果就是孔子所提出的“仁者爱人”之“仁”。① 这是在探讨孟子性善论的时候必须特别重视的问题，即当我们在注重孟子从人心谈人性的问题的时候，不能忽视孟子是将对人心的观照具体落实到孔子之“仁”的。“仁者，人也，亲亲为大。义者，宜也，尊贤为大。”（《中庸》）事实上，孔子本身也是从人心发动处来讲一个人是“仁”还是“不仁”的。

宰我问：“三年之丧，期已久矣！君子三年不为礼，礼必坏；三年不为乐，乐必崩。旧谷既没，新谷既升，钻燧改火，期可已矣。”子曰：“食夫稻，衣夫锦，于女安乎？”曰：“安。”“女安，则为之！夫君子之居丧，食旨不甘，闻乐不乐，居处不安，故不为也。今女安，则为之！”宰我出。子曰：“予之不仁也！子生三年，然后免于父母之怀。夫三年之丧，天下之通丧也。予也有三年之爱于其父母乎？”（《论语·阳货》）

针对宰我这个弟子在思辨理性意义上提出的关于“三年

① 参见《论语·颜渊》中的论述：“樊迟问仁，子曰：‘爱人。’问知，子曰：‘知人。’”《论语》中关于仁者爱人的论述是以学生和老师一问一答的方式呈现出来的，而不是一个理论意义的、直接的“仁者爱人”的界定。如果直接从“仁者爱人”的说法说开去，那么就会让人感觉到它包含着“仁者必然去爱人”的一种内在逻辑，事实上，通过孔子的回答，其所包含的内涵应该是应然意义（morally ought to）上讲的“仁者应当爱人”。这就注定了孔子之仁的实践性，即“仁”的核心维度是“行仁”或“为仁”。

之丧”的质疑，孔子并没有从逻辑理性上来进行长篇大论的论述来说明“三年之丧”的合理性，而是从“食夫稻，衣夫锦，于女安乎”(《论语·阳货》)的人性情感之根本的本心上直指宰我的良知层面进行探询。之后，针对弟子冰冷理性的回答后，孔子对其的批评也不是从道理上来讲的，而是从“仁者，人也”(《中庸》)和仁者应当爱人的情感本体去指责“予之不仁也”，这事实上已经在批评宰我这个弟子近乎于“麻木不仁”的道德冷漠了。

“孟子所讲的人性，是人之所以为人，即人之区别于其他物类的特性。”①所以孟子说：“人之所以异于禽兽者几希，庶民去之，君子存之。”(《孟子·离娄下》)人之本质一定不是因为其自然属性，而是因为其道德属性和文化属性，更重要的是，孟子通过对人性本善的特别强调，真正建立起了人之为人的德性尊严。

《诗经·烝民》有云：“天生烝民，有物有则。民之秉彝，好是懿德。”孟子在引用这首诗的时候特别指出：“孔子曰：‘为此诗者，其知道乎！’”(《孟子·告子上》)当我们读到《诗经》中这首诗的时候，油然而生一种作为人的自尊。《礼记·礼运》说：“人者，天地之心也。”因为，“唯天下至诚，为能经纶天下之大经，立天下之大本，知天地之化育”(《中庸》)，“故至诚无息。不息则久，久则征。征则悠远”(《中庸》)。孟子所重视的性善论不仅指向于德性完善意义上的善良意志的实现，也指向事业上的卓越与擅长之意。诚如《说文解字》所云：“善，吉也。从誩，从羊。此与义美同意。”从这个意义上来说，当《大学》上说：“大

---

① 李存山，等.中国文化通志·哲学志[M].上海：上海人民出版社，2002.

学之道，在明明德，在亲民，在止于至善”的时候，其本身所说明的至善就起码包含两个基本维度，即德才兼备意义上的“德”与“才”。诚如《中庸》所记载：“诚者，非自成己而已也，所以成物也。成己，仁也；成物，知也。性之德也，合外内之道也。”

《易传·文言传》上说：“夫大人者，与天地合其德，与日月合其明，与四时合其序，与鬼神合其吉凶。”这里所说的“人”已经不是冯友兰所说的处在自然境界的自然属性的人，而是处于道德境界乃至天地境界的君子或如孟子所说的“大丈夫”。既然人禽之辨告诉我们，人与动物之间的差别就是那么一点点的良知之心，那么当一个人不能通过一种存养扩充而存养好自己的“仁德之心”时，那么他就会陷入到一种麻木不仁的状态。而根据孟子性善论的观点，不仁者，“非人也，禽兽也”。孟子说：“君子以仁存心，以礼存心。仁者爱人，有礼者敬人。爱人者，人恒爱之；敬人者，人恒敬之。”（《孟子·离娄下》）决定人之所以作为人而成为人的根本标准之一就是体现为“仁爱”的“善”，人若失去了其内在之仁和善，人就不再是德性意义上的完整的人。从这个逻辑来说，人之性必须是善的，只有保持人之仁善，才能保持人之本性和本心。所以孟子强调：“尽其心者，知其性也。知其性，则知天矣。存其心，养其性，所以事天也。”（《孟子·尽心上》）

二、孟子性善论的实践品格

孔子说过：“夫仁者，己欲立而立人，己欲达而达人。能近取譬，可谓仁之方也已。”（《论语·雍也》）孔子之所以不愿意过多地谈论“性与天道”，就是因为孔子始终强调的是仁的生命学问的真实践行，而非对仁的空疏的理论建构。所谓的“仁之方”，其实质就是“践履仁之方法”。孟子性善论最终的旨归也是引领人去向善，行仁。

《礼记·学记》一开始就指出：“发虑宪，求善良……君子如欲化民成俗，其必由学乎！”即使是人性中本自具足的善良的可能性，也是需要通过“默而识之，学而不厌，诲人不倦”（《论语·述而》）的自强不息的努力才能被转化为现实层面实然意义的善之美德的。孟子一方面高度肯定人性中内在就存有所有德性的善端，但另一方面，又一而再再而三地强调只有通过学习和受教育等充分的德性践履才能实现这些善端。所以孟子说：“仁义礼智，非由外铄我也，我固有之也，弗思耳矣。”（《孟子·告子上》）故曰：“求则得之，舍则失之。”（《孟子·告子上》）“求则得之”，就意味着人之性善作为一种潜在的类似于善之德性的种子的存在可能性，它需要德性主体追寻美德的道德实践才能将其真正实现。

而且，根据孔子的观点，这种“求则得之”的过程还只是一种人性之善初步建构的阶段，也就是“知及之”的阶段。但如果只是停留在这个阶段而没有做到“学而时习之，不亦说乎”（《论语·学而》）的德性巩固和夯实，同样会遭遇到“知及之，仁不能守之，虽得之，必失之”（《论语·卫灵公》）的道德遗憾。

从道德心理的角度来剖析，孟子性善论是侧重人性的优点而非人性的弱点的。孟子性善论高扬人的向善主体之德性尊严。人，因为人性之善而走向人性层层递进的人性至善。它甚至是超越单纯意义的所谓的德性自律范畴的，换言之，孟子性善论认为，人的天性本身就是应该追求善的，不追求善或停止对善的追求，德性主体就不会感受到真正的幸福和生命之意义。孟子认为：“有天爵者，有人爵者。仁义忠信，乐善不倦，此天爵也。

公卿大夫，此人爵也。”（《孟子·告子上》）这就将人对德性和合乎于德性生活的追求上升到伦理意义上的德福一致当下呈现的高度了。这就从基于孔子之仁的道德情感理性的高度树立了人性之善作为最高的善的尊严和价值。从这个意义上来讲，孟子认为，人生最大的痛苦和悲哀不是物质意义上的贫贱，而是德性的贫困和道德的匮乏，因此，孟子说：“自暴者，不可与有言也；自弃者，不可与有为也。言非礼义，谓之自暴也；吾身不能居仁由义，谓之自弃也。仁，人之安宅也；义，人之正路也。旷安宅而弗居，舍正路而不由，哀哉！”（《孟子·离娄上》）人性之善，是每个人本自具足的，如果一个人能始终如一地坚持一种“居仁由义”（《孟子·尽心上》）的德性践履，就能达到“人皆可以为尧舜”（《孟子·告子下》）的德性圆融之境界。从这个意义上讲，孟子认为人生只有一种真正的失败，那就是德性意义上的自暴自弃。

另一方面，孟子也非常清楚人性之善的脆弱性，如果不能得到很好的存养充扩，人性之善也会因为受到过多外在的戕害而渐渐式微。《孟子·告子上》说：“牛山之木尝美矣，以其郊于大国也，斧斤伐之，可以为美乎？是其日夜之所息，雨露之所润，非无萌蘖之生焉，牛羊又从而牧之，是以若彼濯濯也。”

人性从其最初的状态来说是善的，是本来就是善的，但如果任由外在环境对人性本然之善进行无节制的破坏，就会使人之本善荡然无存。特别是今天这样一个由于现代网络通信工具如手机导致的伦理世界碎片化的时代，各种电子游戏、各种视频“五色令人目盲，五音令人耳聋”（《道德经》）的对人的内在德性世界的冲击，都在对现代意义上的德性之心灵家园重建构成了严重的挑战。

孟子性善论传承发扬了孔子之仁的德性智慧，建立了儒家德性伦理的深厚的人性本善基础。相较于西方伦理学意义上的义务论和功利论，甚至相较于西方伦理意义上的德性伦理论，由于孟子性善论的理论内核建构，这使儒家德性伦理有着其巨大的现代价值。这种现代价值集中体现在孟子性善论背后鲜明的实践品格上。

孟子说："天下之本在国，国之本在家，家之本在身。"（《孟子·离娄上》）而《大学》中则明确指出："自天子以至于庶人，壹是皆以修身为本。"修身的本质就是正心诚意，而正心诚意本身又需要通过持之以恒的德性践履来达成。"欲修其身者，先正其心；欲正其心者，先诚其意；欲诚其意者，先致其知，致知在格物。"

如果只是从一种平面的状态来研究孟子性善论，就会出现诸多的学术的争论。事实上，孟子性善论本身熔铸着鲜明的实践品格。因此，无论是从向善、行善还是本善的各个向度来探讨，都离不开对其实践品格的观照。

孟子说："君子所性，虽大行不加焉，虽穷居不损焉，分定故也。"（《孟子·尽心上》）孟子说的这种类似于《易经·乾卦》中所说的"确乎其不可拔"的人性之善之"我四十不动心"（《孟子·公孙丑上》）的稳定状态是建立在"苦其心志，劳其筋骨，饿其体肤，空乏其身，行拂乱其所为，所以动心忍性，曾益其所不能"（《孟子·告子下》）的锲而不舍的"行善"与"行仁"的德性实践基础之上的。"山径之蹊，间介然用之而成路；为间不用，则茅塞之矣。今茅塞子之心矣。"（《孟子·尽心下》）

德性教育是需要有一种基于人性之善的信念和信心的，这是真正的德性教育之正道。人性之所以会出现后天的诸多"不善"的行为，其实质不是因为德性主体不具有善的种子或人性之善的基因，而是因为其人性之善的善端没有通过足够的德性践履而被实现出来。换言之，从孟子性善论的视角来看，人之所以出现“恶”的行为，不是因为人性本恶，而是因为人性本善的被屏蔽和被遗忘。这并不意味着人性本善的缺位。人性本善的种子一直都在。因此，孔子说：“仁远乎哉？我欲仁，斯仁至矣。”（《论语·述而》）人性本善的种子或使人成为人的“仁”一直在道德主体的内心里，等着被王阳明所强调的“致良知”的德性实践的唤醒，一旦这种人性本善之种子被唤醒，就会出现如孟子所说的那样：“及其闻一善言，见一善行，若决江河，沛然莫之能御也。”（《孟子·尽心上》）无论是闻善还是见善，都是知行合一意义上的德性践履。孟子性善论为人的道德践履提供了最坚实的人性基础。

人，过德性的生活并努力通过德性之践履让自己成为一个追求德性的人，其最深刻的道德意识基础是什么？或者说，使人作为人向往最高的善或追求最高的善的最本源的精神动力是什么？是为了抑恶吗？还是为了扬善？即使抑制了一个人全部的恶，也无法说明人为什么可以成为万物之灵，正如《尚书·泰誓上》所说：“惟天地万物父母，惟人万物之灵。”孟子说：“万物皆备于我矣。反身而诚，乐莫大焉。强恕而行，求仁莫近焉。”（《孟子·尽心上》）之所以当德性主体自觉践履人性之善所要求他做的事情的时候会感到一种由衷的德性之福，就是因为人性的内在本身就与生俱来蕴藏着人性本善的德性基因。

三、孔子之仁与孟子性善论

孔子说：“今之孝者，是谓能养。至于犬马，皆能有养，不敬，何以别乎？”（《论语·为政》）孔子之仁从生命直觉的道德意识的视角直接点拨了人之为人的本质在于其真正体现人之本善的人之“仁”。这在应然层面直接指向人所应当达到的道德生命境界。因为有了人性之本善的道德生命基础，所以人在尽孝的时候，就不能仅仅是停留在动物也能做到的“能养”的层面，而是要超越到一种发自于内心之“敬”的伦理情感层面。

毋庸置疑，孟子性善论直接传承了孔子之仁的德性智慧。无论是孔子之仁还是孟子之性善论，都在德性生命的高度树立起了人之为人的道德维度的尊严。人之本性既不能离不开其必要的自然属性，更要超越这种自然属性而达到一种德性生命的高度。“仁，人心也。”(《孟子·告子上》)孟子从心讲人性，而中间的内在逻辑自然而然包含着孔子之仁的思想贯穿。无论是孔子之仁还是孟子所道之性善，都不只是一种静态意义的德性给定，更是一种生生之谓仁，或《易传·系辞传上》上所说的“生生之谓易”。也就是说，孔子之仁和孟子所谈的性善，本身都包含着一种“求仁”“为仁”的实践品格。人性本善，人性的本质就是“仁”，就是“仁者爱人”。

孔子说：“人而不仁，如礼何？人而不仁，如乐何？”(《论语·八佾》)还说：“不仁者不可以久处约，不可以长处乐。仁者安仁，知者利仁。”(《论语·里仁》)人如果失去了内在的仁德之心，那么外在的礼和乐就都失去了其人文之真精神。正是因为仁和善的守望，才使人能够始终得以保持人之为人的本质。

“乃若其情，则可以为善矣，乃所谓善也。若夫为不善，非才之罪也。”(《孟子·告子上》)“情，性也。”(《吕氏春秋·上德》)从人的本性来说，人都是可以“为善”的。“才，草木之初也。”(《说文解字》)也就是说，有的人之所以在后来的人生经历中逐渐失去了自己的善端，不是因为他本来或本心中没有善的种子或善的基因，而是因为自己没有很好地通过有效的德性践履和德性教育来使这份善端做到扩而充之。孟子说：“凡有四端于我者，

知皆扩而充之矣，若火之始然，泉之始达。苟能充之，足以保四海；苟不充之，不足以事父母。”（《孟子·公孙丑上》）

孟子性善论，通过人性之善统摄了所有的其他的德性条目，如仁义礼智等的基本人性基础，这就非常类似于孔子所说的仁，由孔子之仁引申出了其他诸多的如“温良恭俭让”和“恭宽信敏惠”的基本德性条目。孟子通过对孔子之仁的传承发展，进一步延展到了人性之善，因此孟子说：“恻隐之心，仁之端也；羞恶之心，义之端也；辞让之心，礼之端也；是非之心，智之端也。”（《孟子·告子上》）

相比于西方伦理学所注重的严密的思辨逻辑，孔子和孟子的语言都是那种凝聚生命学问的启发式语言，孔子之仁和孟子之性善论，都非基于一种纯粹理性意义上的逻辑证明，而是一种直贯生命至深道德情感的德性体悟。孔子之仁和孟子之性善论都不只是局限于书斋里对人性本身进行纯粹学理的思考，而是着眼于如何“学以成人”和“教以成人”的生命学问大问题来进行德性实践智慧的根本点拨。

人性之善的问题本来就不是可以依靠书斋式的思辨逻辑来进行严密的逻辑论证的小问题，而是关乎“人何以为人”“人如何成为人”和“因为什么，人是人并能够最终成为人”的带有终极意义的大问题。从孔子的观点来看，人心是否具备“仁”德，要问“于女安乎”（《论语·阳货》），也就是要直指人的本心良心，这种直指人之良心本心的生命学问之大发问甚至要排除一切其他过多理性的思考，它不是一个纯粹理性的问题，而是一个纯粹情感理性的问题。孟子说：“所以谓人皆有不忍人之心者，今人乍见孺子将入于井，皆有怵惕恻隐之心。非所以内交于孺子之父母也，非所以要誉于乡党朋友也，非恶其声而然也。”（《孟子·公孙丑上》）孟子也是排除一切外在考虑然后得出相对纯粹的“不忍人之心”的，也就是说“人之有是四端也，犹其有四体也。有是四端而自谓不能者，自贼者也”(《孟子·公孙丑上》)。

在涉及人性本善或仁者爱人的大问题上，所谓的形式逻辑是苍白无力的。因为即使是形式逻辑能够证明合理的东西，如果它不能向上提升起人之为人的生命道德尊严和担当，它也是没有力量的。孔子之仁和孟子之性善论都是去除掉一切所谓的形式逻辑的遮蔽之后直指人之良知之心的生命学问大启发。

“先立乎其大者，则其小者不能夺也。”(《孟子·告子上》)立定孔子之仁与孟子之性善的人性之大，那么德性主体就能做到“君子无终食之间违仁，造次必于是，颠沛必于是”(《论语·里仁》)的德性坚定，而且这种坚定是“吾道一以贯之”(《论语·里仁》)的。正因为这种基于内在之仁和性善的德性坚定，所以德性主体才能做到“居天下之广居，立天下之正位，行天下之大道。得志，与民由之；不得志，独行其道。富贵不能淫，贫贱不能移，威武不能屈，此之谓大丈夫”(《孟子·滕文公下》)。

事实上，正因为深刻地了解现实德性践履所置身的环境的复杂性，也正是因为深刻洞察了人性在遭遇现实道德挑战时的可能的脆弱性，孔子才不遗余力地要树立起人性之“仁”的神圣性①，孟子也才不遗余力地试图要确立起人性本然之善的真正的德性高度。

在孔子看来，“仁”是所有其他可能的德性之根本或根基。

---

① 从数量上来说，尽管“子罕言利，与命与仁”(《论语·子罕》)，但“仁”字在《论语》中共出现了109次。而且孔子很少认为哪个人达到了“仁”的境界，甚至他认为自己也没有达到“仁”的境界，所以他说“若圣与仁，则吾岂敢？抑为之不厌，诲人不倦，则可谓云尔已矣”(《论语·述而》)。

"仁"之所以被认为是具有一种统摄性的总德或全德，就是因为它有"下学而上达"(《论语·宪问》)的上下贯通的两个维度。从上达的义理的道德形而上学的高度来说，连孔子自己也感慨自己未能达到仁的境界。从"下学"的基础意义来说，"仁"构成为所有其他成就君子人格的德性基础。无论是从理性之情感还是从情感之理性来说，"仁"都从本体性的高度上托起其他所有的德性。从这个意义上来说，"仁"本身就是"大哉圣人之道"(《中庸》)，因为它"致广大，而尽精微，极高明，而道中庸"(《中庸》)。

《中庸》还说"仁者人也，亲亲为大"，又说"天命之谓性"。孔子之仁与孟子之性善论是不可分割的，二者一起构成了儒家伦理教育的人性论基础。有仁爱才有性善，有性善论的基础才有儒家整体之立德树人之教。

《中庸》还强调"亲亲为大""力行近乎仁"，这就进一步点出了孔子之仁与孟子之性善论背后的强烈的实践品格。孟子曰："爱人不亲，反其仁；治人不治，反其智；礼人不答，反其敬——行有不得者皆反求诸己，其身正而天下归之。"(《孟子·离娄上》)如果人性之本心没有善端，那么德性主体如何在"反求诸己"中能做到"其身正"呢？正是因为人之内在所本自具足的"仁"和"善"的存在，才能使德性主体在"吾日三省吾身"(《论语·学而》)和"反身而诚"(《孟子·尽心上》)的过程当中感受到一种"乐莫大焉"(《孟子·尽心上》)的德福一致的幸福愉悦感。

孟子之性善论是对孔子之仁学的进一步拓展和发扬，是直接传承自孔子之仁学的。孔子之仁是人性中最内核的德性之源，由人之仁发动或延展，就会自然而然地导向到人性之善，从人性之善再经由"明明德"(《大学》)的"苟日新，日日新，又日新"(《大学》)的德性持续践履，进而达到人性之善的"止于至善"(《大学》)之境。

孟子性善论对于我们今天的道德教育有着重要的启示意义。长期以来，关于孟子性善论的探讨基本仅仅限于一种纯学术意义上的学理争论，而忘记了这样的一个基本事实，即孟子之所以论性善，其根本旨归还是为了从根本上为道德教育树立积极正向的人性之善的根基。离开道德教育本身去谈孟子性善论很容易流于一种空疏。

孟子认为："可欲之谓善，有诸己之谓信，充实之谓美，充实而有光辉之谓大，大而化之之谓圣，圣而不可知之之谓神。"(《孟子·尽心下》)人因为德性之善端的不断的扩而充之，能够实现人生道德境界"善、信、美、大、圣、神"的不断跨越。从根本上来说，孟子性善论确定了德性伦理教育的人性之善的根基。这直接继承了孔子关于道德教育的基本思想，即"君子务本，本立而道生"(《论语·学而》)。《大学》中说："德者，本也；财者，末也。"孟子对此作了进一步道德教育上的发挥，他认为，教育以立德为本，立德的本质就是"先立乎其大者"(《孟子·告子上》)。这里面涉及关于中国传统儒家教育的两个关键词，即"先"和"大"。为了进一步阐明这两个关键词的深刻道德教育内涵，我们先看到《大学》里的一段经典论述："物有本末，事有终始。知所先后，则近道矣。"(《大学》)教育是有着其内在的重要逻辑的，立德为先，育才为后。儿童阶段是一个人立德培德、固本培元的最重要的阶段，一旦这个阶段错过了，就会导致"时过然后学，则勤苦而难成"(《礼记·学记》)一生的遗憾。另外就是孟子所极力推崇的"大丈夫"的"大"字，如果说庄子重视"自本自根"(《庄子·大宗师》)，那么孟子就非常重视无论是做人还是教育上的"立大根大本"的重要性。对此，孟子作了进一步论述："体有贵贱，有小大。无以小害大，无以贱害贵。养其小者为小人，养其大者为大人""从其大体为大人，从其小体为小人""先立乎其大者，则小者不能夺也”(《孟子·告子上》)。

孟子还深入探讨了关于如何“立乎其大”(《孟子·告子上》),如何扎下一个人的厚德载物之深厚的德性基础的问题,那就是要做到“养心莫善于寡欲。其为人也寡欲,虽有不存焉,寡矣;其为人也多欲,虽有存焉,寡矣”(《孟子·尽心下》)。要真正树立起人内在德性的尊严和高度,是需要做到对物质欲望的适度节制的。正如庄子所说:“嗜欲深者天机浅。”(《庄子·大宗师》)另外,孟子特别强调“浩然之气”的培养对于一个人德性扩充的重要性:“我善养吾浩然之气。”“其为气也,至大至刚,以直养而无害,则塞于天地之间。其为气也,配义与道;无是,馁也。是集义所生者,非义袭而取之也。”(《孟子·公孙丑上》)有了这种深厚的浩然之气,就能培植一个人真正的德性境界,进而使人在面对任何外在干扰和诱惑的时候做到“不动心”和“不惑”。

总之,孟子性善论从人性之善的根源确定了德性不仅可教,而且一定能教好的最重要的道德教育之根据。

第五章

儒家君子人格及其德育启示*

【引言】

儒家君子人格是儒家德性伦理在德性践履层面所追求的道德修养目标。儒家"学以成人"的伦理本质就是"学以成君子"。儒家君子人格的本质是一种德性伦理境界的不断超越并由此体现儒家伦理变化气质的德性养成意义。儒家君子人格的养成方法对现代德育有效性的提升有着较大的启示作用。

冯友兰曾经深刻地指出，孔子"讲学的目的，在于养成'人'"。① 这是非常深刻的概括。一言以蔽之，儒家德性伦理的基本旨归就是"学以成人"和"教以成人"。具体来说，儒家伦理试图培养的人不是自然属性意义上的人，也不是一般的文化意义上的人，而是形成了"理想君子人格"的"文明以止，人文也"的

---

* 原载于《济宁学院学报》，2020，41(4)：14-19。

① 冯友兰.中国哲学史[M].上海：华东师范大学出版社，2011.

"美在其中"(《易经·贲卦》)的人。

儒家德性伦理的内核就是孔子之仁学。孔子说:"人而不仁,如礼何?人而不仁,如乐何?"(《论语·八佾》)孟子说:"仁也者,人也。合而言之,道也。"(《孟子·尽心下》)换言之,"成人之道"即是"行仁践仁以建构仁"之道。经由"默而识之,学而不厌,诲人不倦"(《论语·述而》)的行仁实践之后而成就的人就是具备了君子人格的"大人"。何谓"大人"?《孟子·告子上》说:"从其大体为大人,从其小体为小人。"简言之,"大人"就是指在德性践履意义上的具备君子人格的人。从儒家德性伦理的视野来说,孔子之人格的集中凝聚就是君子人格,而君子人格的集中凝聚就是"仁者",而"君子以仁存心,以礼存心。仁者爱人,有礼者敬人"(《孟子·离娄下》)。

人,应该成为什么样的人?人,如何才能实现人之为人的根本本质?同样是人,为什么有的人是"君子上达",有的人是"小人下达"(《论语·宪问》)?为什么有人会做到"君子成人之美,不成人之恶",有人却是"小人反是"(《论语·颜渊》)?同样是人,为什么做人的道德境界会差别如此之大呢?即使同样是儒者,孔子也特别嘱咐自己的弟子子夏:"汝为君子儒,毋为小人儒。"(《论语·雍也》)其中的根本原因之一就是人是否具备君子人格。而君子人格的养成又离不开教育,因此孟子说:"人之有道也,饱食、暖衣、逸居而无教,则近于禽兽。圣人有忧之,使契为司徒,教以人伦。父子有亲,君臣有义,夫妇有别,长幼有序,朋友有信。"(《孟子·滕文公上》)

那么,孔子心中理想的君子人格究竟具备什么样的伦理特征呢?如何有效进行德性践履才能实现并成就一个人的君子人格呢?这都是本章要探讨的重点问题。

一、儒家君子人格的基本内涵诠释

为什么孔子所追求的理想人格是一种君子人格而不是所谓的圣人人格?《论语》中有这样的记载:“子曰:‘若圣与仁,则吾岂敢?抑为之不厌,诲人不倦,则可谓云尔已矣。’公西华曰:‘正唯弟子不能学也。’”(《论语·述而》)在孔子心目中,“圣人境界”即“圣与仁”的境界是自己不敢自居的。《论语·述而》也说:“子曰:‘圣人,吾不得而见之矣,得见君子者,斯可矣。’子曰:‘善人,吾不得而见之矣,得见有恒者,斯可矣。亡而为有,虚而为盈,约而为泰,难乎有恒矣。’”圣人本身是一种做人的最高境界,正如《孟子·离娄上》载:“孟子曰:‘规矩,方圆之至也;圣人,人伦之至也。’”《说文解字》曰:“圣者,通也。”圣人的境界,更多的是一种作为最高善的理想人格的目标设定。甚至孔子认为,连他非常尊崇的尧舜都没有达到圣的境界。根据《论语·雍也》的记载:“子贡曰:‘如有博施于民而能济众,何如?可谓仁乎?’子曰:‘何事于仁,必也圣乎!尧舜其犹病诸!夫仁者,己欲立而立人,己欲达而达人。能近取譬,可谓仁之方也已。’”

孔子所追求的是一种“在路上”的“行仁”状态,而不是一种好高骛远脱离现实实践理性的空洞追求。“天行健,君子以自强不息”(《易经·乾卦》),换言之,君子是一种在德性实践过程中始终处在进行时的状态。

众所周知,《论语》中出现最多的一个词就是“仁”字,共出现109次,其次是“礼”,共出现75次,而作为一个组合的词,君子这个词共出现高达107次。而谈论到“圣”或“圣人”的地方却只有5次。这样的统计告诉我们:仁学是孔子德性伦理教育的核心，而儒家德性伦理教育的旨归是使人成为“君子”，也就是具备君子人格的人，而圣或圣人作为“悬置”意义上的最高德性境界，则是作为一种君子不断进德修业所追求的目标而存在。而“君子博学于文，约之以礼，亦可以弗畔矣夫”（《论语·雍也》），“礼”作为一种自律性的自我德性行为约束，意味着一种通向君子人格的德性践履方法。关于孔子君子人格之学的这几个核心概念形成了关于君子人格从理念到方法和路径的整体的融合“知情意行”的君子人格培养架构。

“教育是一个评述用词。说某人是受过教育的人，就是在称赞他，说他具有某些可贵的品质。一个教育过程一定要成为使人产生这些可贵品质的过程。”①德性伦理教育的最终目标不是建构相应的德性品格，而是要形成具有相应德性品格的德性人格，具体到儒家德性伦理的意义来说，就是要形成一种君子人格。孔子人格思想本身就包含着一种生命道德境界的内在意蕴。无论是“君子”还是“圣贤”都贯穿着一种“仁者爱人”的精神。

孔子人格思想所内蕴的生命道德境界本身就建立在儒家德性伦理之鲜明的主体意蕴上。孔子说：“仁远乎哉？我欲仁，斯仁至矣。”（《论语·述而》）人生境界的提升归根到底是由道德主体自身的德性践履努力来决定的。只要德性主体内心对“仁”的向往在当下转化为一种切实的“行仁”的实践，“仁”就已经在心里了。

孔子也说：“古之学者为己，今之学者为人。”（《论语·宪问》）为己之学就是成己之学，《中庸》云：“诚者，非自成己而已

---

① ［英］丹尼斯·劳顿．课程研究的理论与实践［M］．张渭城，译．北京：人民教育出版社，1985．

也，所以成物也。成己，仁也；成物，知也。性之德也，合外内之道也。”无论是为己还是成己，都是在德性上实现“止于至善”（《大学》）的自我超越。而这种德性之成的主体就是承载君子人格的主体。儒家君子人格本身就浸润着德性主体的人格担当。“君子去仁，恶乎成名？君子无终食之间违仁，造次必于是，颠沛必于是。”（《论语・里仁》）“仁”是儒家君子人格的主体。儒家德性伦理所追求的“学以成人”的本质就是“学以为仁”，学以为仁才能学以成君子。

君子人格的思想贯穿《论语》智慧的始终，是孔子“吾道一以贯之”（《论语・里仁》）的伦理教育目标。从《论语》第一章“学而时习之，不亦说乎？有朋自远方来，不亦乐乎？人不知而不愠，不亦君子乎”（《论语・学而》），到最后一章“不知命，无以为君子也；不知礼，无以立也；不知言，无以知人也”（《论语・尧曰》），始终都贯穿着孔子建构君子人格的教育思想。

儒家君子人格的德性建构目标从来就不是“不食人间烟火”的抽象理论建构的产物。相反，儒家君子人格直面生活世界的现实。儒家君子人格的思想根源于儒家伦理的实践品格。

儒家君子人格更多的不是一种道德认知意义的抽象概念，而是更多蕴含着一种对于更高生命心灵境界的追求。正如辜鸿铭所言：“孔子全部的哲学体系和道德教诲可以归纳为一句，即‘君子之道’。”①儒家君子人格的思想体现的是一种德性人格。这就意味着，基于德性人格的生命境界的提升是由德性主体自身的德性意志和德性践履来决定的，而不是由其他外在的因素来决定的。这就从一种生命学问的高度确立了德性主体的尊严。

---

① 辜鸿铭.中国人的精神[M].海口：海南出版社，1996.

孟子曰："求则得之，舍则失之，是求有益于得也，求在我者也。求之有道，得之有命，是求无益于得也，求在外者也。"（《孟子·尽心上》）孟子在这里就区分了什么是儒家君子人格的真正内核。儒家君子人格或者说儒家君子之道的灵魂是德性主体自觉的对于合乎于人内在生命美德的伦理生活的实践追求。儒家君子人格从德性的根本层面确立了德性修养"乐则行之，忧则违之，确乎其不可拔"（《易经·乾卦》）的人格相对独立性和由此带来的君子人格的尊严与价值。有了这种洋溢着"其为气也，至大至刚，以直养而无害，则塞于天地之间"（《孟子·公孙丑上》）的"浩然之气"（《孟子·公孙丑上》）；有了这种君子人格，德性主体就能做到"三军可夺帅也，匹夫不可夺志也"（《论语·子罕》）；有了这种君子人格，具备内在德性的君子就能做到"一箪食，一瓢饮，在陋巷，人不堪其忧，回也不改其乐"（《论语·雍也》）。因为德性主体内在君子人格的确立，德性主体就能做到超越所谓身外之物的外在条件的束缚，进而实现其基于君子人格的精神自在。正是因为君子人格的建构是不假外求的，是"求在我者也"（《孟子·尽心上》），所以君子人格的确立有着重大的德性伦理意义。当然，这并不意味着君子不追求富贵，因为"富与贵，是人之所欲也"，但"不以其道得之，不处也"（《论语·里仁》），君子人格的确立使德性主体能做到"从心所欲，不逾矩"（《论语·为政》）。正如孔子所说："富而可求也，虽执鞭之士，吾亦为之。如不可求，从吾所好。"（《论语·述而》）

二、 儒家君子人格的养成路径探析

朱熹说过："事必有法，然后可成。师舍是则无以教，弟子舍是则无以学。"(《四书章句集注》)冯友兰也说过:"道学的主要目的是提高人的精神境界,所以道学家们都着重修养方法。"①儒家君子人格的形成是有其内在的道德实践进路或践履方法的。即使落实到一种具体的德性问题,比如说如何克制过多的欲望,也会有具体的实践路径,如朱熹所说:"众人物欲昏蔽,便是恶底心,及其复也,然后本然之善心可见。"②朱熹说的"复其本然之善心"(《四书章句集注》)本身就是养成一种儒家君子人格的实践路径。儒家君子人格的教育从总体上来说不是一种追求短期意义的被动建构式的,而是春风化雨、润物无声的积极主动养成式的。应该说,养成教育是中国整体传统文化教育的重要特点之一。

《易经·蒙卦》上说:"蒙以养正,圣功也。"好的人格,好的品格的形成是有其最佳的启蒙阶段的。只有很好地把握这个最佳的人格与品格养成的阶段,才能打下人生最重要的人格与品格基础。"其为人也孝悌,而好犯上者,鲜矣;不好犯上,而好作乱者,未之有也。君子务本,本立而道生。孝悌也者,其为仁之本与!"(《论语·学而》)这也告诉我们,儒家君子人格的养成首先是从家庭的孝悌意识的培养开始的。换言之,儒家君子人格的养成教育是有着其鲜明的固本培元的特点的。

《吕氏春秋·本生》上说:"始生之者,天也;养成之者,人也。"孟子对儒家君子人格的养成教育有着重要的论述:"存其心,养其性,所以事天也。夭寿不贰,修身以俟之,所以立命也。"(《孟子·尽心上》)尽管"孟子道性善,言必称尧舜"(《孟子·滕文公上》),但孟子也非常清楚:人性本善的善端是需要被存养扩

① 冯友兰.中国哲学史新编(下)[M].北京:人民出版社,2004.

② [宋]黎靖德.朱子语类·卷71[M].北京:中华书局,1986.

充的。“养其小者为小人，养其大者为大人。”“苟得其养，无物不长；苟失其养，无物不消。孔子曰：操则存，舍则亡；出入无时，莫知其乡，惟心之谓与？”（《孟子·告子上》）好的精神营养能涵养一个人的君子人格，而不好的精神营养，如太多的网络游戏等则会导致糟糕的小人人格。因此，孟子非常强调孩子早期德性养成教育的重要性，他强调：“心之官则思，思则得之，不思则不得也。此天之所与我者，先立乎其大者，则其小者弗能夺也。此为大人而已矣。”（《孟子·告子上》）一开始就要确立好德性教育的根本，树立了德性品格和君子人格的根本，才能让之后培养的才华与能力被德性主体用于正确的目标。因为“德者本也，财者末也。外本内末，争民施夺”（《大学》），这也正如司马光所强调的那样：“才者，德之资也；德者，才之帅也。”（《资治通鉴》）

儒家君子人格形成的集中体现就是君子之德的养成，许慎的《说文解字》是这样解释“德”的：“德，外得于人，内得于己也。”这种“内得于己”的过程就是一种德性内化过程的人格凝聚的过程。

尽管儒家君子人格形成的过程是一个整体的德性践履浸润达成的过程，但它还是有其内在的进路逻辑的。儒家君子人格的养成，首先就是要开始于“立志”。根据《说文解字》对“志”的解释：“从心，之声。志者，心之所之也。”

立志的本质，就是立定道德之心指引道德实践的方向。立志是儒家君子人格养成的最重要的基础，“志于道，据于德，依于仁，游于艺”（《论语·述而》）。孔子生命所彰显的一个儒家君子人格养成过程的第一步就是“志于学”，正如孔子所说：“吾十有五而志于学，三十而立，四十而不惑，五十而知天命，六十而耳顺，七十而从心所欲，不逾矩。”（《论语·为政》）有了“见贤思齐”（《论语·里仁》）和“三人行，必有我师焉。择其善者而从之，其不善者而改之”(《论语·述而》)的君子人格之学,才会有接下来的君子人格所昭示的人生境界的不断拓展。立志本身就意味着将人从一种人文与德性意义上的蒙昧状态中超拔出来。从立志开始,一个人就让自己超越一种所谓的小人之境而开始初登君子之境,“君子喻于义,小人喻于利”(《论语·里仁》)。因为“君子谋道不谋食。耕也,馁在其中矣;学也,禄在其中矣。君子忧道不忧贫”(《论语·卫灵公》),所以“士志于道,而耻恶衣恶食者,未足与议也”(《论语·里仁》)。

关于立志之于儒家君子人格建构的意义,王阳明有一段非常精彩的论述:“志不立,天下无可成之事,虽百工技艺,未有不本于志者。今学者旷废隳惰,玩岁愒时,而百无所成,皆由于志之未立耳。故立志而圣,则圣矣;立志而贤,则贤矣。志不立,如无舵之舟,如无衔之马,飘荡奔逸,终亦何所底乎?”(《教条示龙场诸生》)王船山则更加发人深省地指出:“人之所以异于禽兽者,唯志而已。不守其志,不充其量,则人何异于禽兽哉!”(《思问录·外篇》)对比孟子所说的“人之所以异于禽兽者几希,庶民去之,君子存之”(《孟子·离娄下》),我们就可以得出以下推论:立志使人超越自然属性意义上的自然之境而开始达到“使人作为人而成为人”的道德之境界。

儒家君子人格本身不仅意味着一种个体道德修养意义的个体人格,更意味着一种基于“人、我、万物”共在一体的道德大境界。从这个角度来说,儒家君子人格的本质就是“仁”者人格。因为“仁者爱人”,所以儒家君子人格内蕴着一种道德共同体意义上的整体人格境界。这就超越了萨特以他人为自我之地狱的狭隘观点。事实上,从儒家君子人格的视域来说,海德格尔所谓的“此在”是必须在道德共同体意义上的整体人格境界所凝聚的“共在”中才能实现的。

冯友兰说："就大同方面看，人所可能有底境界，可以分为四种：自然境界、功利境界、道德境界、天地境界。"①冯友兰认为，人生境界的不同或差异取决于人的"觉解"程度。而这种对于人生或生命的学问的"觉解"程度又开始直接凝聚成一个人的人格境界。内在的人格境界从深层意义的维度决定了一个人外在的人生境界。

关于道德境界，冯友兰说："道德境界的特征是：在此种境界中的人，其行为是'行义'的。义与利是相反亦是相成的。求自己的利的行为，是为利的行为；求社会的利的行为，是行义的行为。在此种境界中的人，对于人之性已有觉解。他了解人之性是涵蕴有社会的。在道德境界中的人，知人必于所谓'全'中，始能依其性发展。社会与个人，并不是对立的。离开社会而独立存在的个人，是有些哲学家的虚构悬想。"①这种"仁者，以天地万物为一体"(《二程遗书》)的道德境界就是一种对小我格局的超越，这是道德主体在君子人格修养之路上迈出的最关键的一步。正如《论语·子罕》所说："子绝四：毋意，毋必，毋固，毋我。"儒家君子人格养成的路径也集中体现在儒家工夫论体系上。道德实践的特点贯穿于儒家君子人格养成过程的始终，也是君子人格彰显出的德性主体所具备的最鲜明特征之一。

儒家君子人格本身就体现了一种德性人格凝聚后的德性践履自觉与儒家工夫落实。儒家仁学的精神指向，就在于针对每个德性主体之君子人格的形成。君子人格，作为儒家伦理教育之核心内涵，无可置辩。德性本体面意义上的"仁"，归根到底要通过德性主体之自觉的德性践履凝聚成"不怨天，不尤人，下学而上达"(《论语·宪问》)意义上的君子人格，才能呈现出其真实

① 冯友兰.新原人[M]//贞元六书.上海：华东师范大学出版社，1996.

的生命学问之意义。

儒家君子人格所体现的正是这种“下学而上达”的知行合一的形而上与形而下贯通的伦理实践教育成果。这种君子人格的德性践履凝聚使作为德性主体的君子达到一种感通无隔的圆融无碍之德性人生境界。正如王阳明所说:“大人之能以天地万物为一体也,非意之也,其心之仁本若是,其与天地万物而为一也。”①

儒家君子人格的主要德性体现就是“仁”之德性内化。“人而不仁,如礼何?人而不仁,如乐何?”(《论语·八佾》)如果没有内在的仁德实践精神,又何谈君子之人格?何谈彰显君子人格之君子之道?何谈“天命之谓性,率性之谓道,修道之谓教”(《中庸》)之君子使命?

儒家君子人格是一种全德之仁人格的集中体现,它所体现的是一种全幅的德性伦理之境。因此,实现儒家君子人格的实践方法本身也是“莫见乎隐,莫显乎微”(《中庸》)的上下贯通的系统的道德实践方法。其集中的德性践履体现就是“克己复礼为仁。一日克己复礼,天下归仁焉。为仁由己,而由人乎哉?”(《论语·颜渊》)。

三、儒家君子人格养成教育之现代德育启示

毋庸置疑,现代德育正在遭遇着前所未有的诸多困境。现代技术的空前发达和由此带来的现代人对于现代技术工具的日

---

① [明]王守仁.王阳明全集·卷26[M].吴光,钱明,董平,等编校.上海:上海古籍出版社,1992.

益依赖直接导致道德教育所赖以凭借的真实生活世界的虚拟化和碎片化，这就在相当程度上消解了道德教育真实的生活世界基础，而这正是造成诸多现代德育困境的一个根源所在。

儒家君子人格之养成教育从来都是重视良好的生活世界对于德性养成的重要作用的。关于儒家君子人格养成教育对生活世界的重视，《论语·先进》中有这么一段经典的话：

子路、曾皙、冉有、公西华侍坐。子曰："以吾一日长乎尔，毋吾以也。居则曰：'不吾知也。'如或知尔，则何以哉？"……"点！尔何如？"鼓瑟希，铿尔，舍瑟而作，对曰："异乎三子者之撰。"子曰："何伤乎？亦各言其志也。"曰："莫春者，春服既成，冠者五六人，童子六七人，浴乎沂，风乎舞雩，咏而归。"夫子喟然叹曰："吾与点也！"

事实上，孔子针对君子人格养成的启发式教育是可以在天地之间的大课堂来进行的。在《论语》中充满着孔子看似随意却蕴藏深意的生命学问之智慧点拨，如"岁寒，然后知松柏之后凋也"（《论语·子罕》）。在天气最冷的"岁寒"的时候，才知道什么植物是最后凋谢的。这就鼓励学生要在涵养自己君子人格的时候做到"三军可夺帅也，匹夫不可夺志也"（《论语·子罕》）的坚持，因为"南人有言曰：'人而无恒，不可以作巫医。'善夫！""不恒其德，或承之羞。"（《论语·子路》）

再比如说，当孔子在河岸上，看到奔涌向前的流水的时候，情不自禁地发出感慨："逝者如斯夫！不舍昼夜。"（《论语·子罕》）这正如王国维在《人间词话》中所说的"一切景语皆情语"。孔子通过这段话，不仅告诉学生要做到"日知其所亡，月无忘其所能，可谓好学也已矣"（《论语·子张》）的珍惜时间，也从"吾道一以贯之"（《论语·里仁》）的"志于道"的高度提醒学生要做到"道也者，不可须臾离也，可离非道也"（《中庸》）的对做人之道的

"默而识之,学而不厌"(《论语·述而》)的坚持。

人类伦理道德之精神家园为何遭遇到那么大的挑战和冲击?其根源之一就是在一种高效率的对外在功利的追逐中失去了自己的"赤子之心"(《孟子·离娄下》),在对虚拟世界慌乱的陷溺中德性主体失去了对真实道德情感世界的道德感知之"仁者之心"。当现代人对那些体现儒家君子人格的"温、良、恭、俭、让"(《论语·学而》)和"恭、宽、信、敏、惠"(《论语·阳货》)的儒家德性伦理基本范畴表现出一种道德冷漠的时候,就会出现一种使人陷入深层道德困境的道德传统断裂。这就使得现代人在以为自己拥有了越来越多的生活附属品的时候,却遗忘了生活和生命本身。

如何才能走出现代意义上的伦理教育困境?如何才能重建现代意义上的使人安身立命的伦理家园?我们必须回归一种使人"心安"的真实的基于德性主体君子人格的生活世界。

儒家君子人格的养成教育提醒我们,人之为人的道德本质必须通过一种持续的道德实践才能被体现和实现。这种道德实践必须是在一种真实的人伦关系中进行的实践。"弟子入则孝,出则悌,谨而信,泛爱众,而亲仁。行有余力,则以学文。"(《论语·学而》)正是在这样一种围绕"五伦关系"的道德实践中,处在自然境界和功利境界中的人才能逐步实现人性本善之本质进而使自己的人生境界升华到一种"道德境界"。正如孟子所说:"后稷教民稼穑,树艺五谷,五谷熟而民人育。人之有道也,饱食、暖衣、逸居而无教,则近于禽兽。圣人有忧之,使契为司徒,教以人伦:父子有亲,君臣有义,夫妇有别,长幼有序,朋友有信。"(《孟子·滕文公上》)

《中庸》上也说:"天下之达道五,所以行之者三。曰:君臣也,父子也,夫妇也,昆弟也,朋友之交也,五者天下之达道也。"朱熹说:"德者,得也,行道而有得于心者也。"(《四书章句集注》)只有能够持之以恒地行“天下之达道”(《中庸》),才能成就并养成凝聚为“知、仁、勇”三者的“天下之达德也”(《中庸》)。“道德”二字作为一个整体连在一起用,始于荀子《劝学》:“故学至乎礼而止矣,夫是之谓道德之极。”作为人之为人的本质,道德可以体现为道义和个体修身意义上的德性,正如《易传·系辞传上》所说:“成性存存,道义之门。”

随着技术日新月异的发展,传统道德所依托的传统生活世界被日益严重地侵蚀,人与人之间和人与自己的内心之间经由传统积淀而逐步形成的一种养成儒家君子人格所必需的现实意义上的生活世界图景已经变得不再完整。这就需要我们今天的道德教育重新建构一种精神和心灵意义上的德性世界的故乡来守望君子人格赖以形成所必需依托的精神沃土。

《论语·述而》有云:“德之不修,学之不讲。”诸葛亮《诫子书》上说:“夫君子之行,静以修身,俭以养德。”儒家所重视的君子人格的养成更多依托的是一种精神内涵式的心灵反省。一切德性的养成和人格的养成,其最初的起点是“修己以敬”(《论语·宪问》)。在这种“修己”的过程中实现德性力量的存养扩充,进而实现“德不孤,必有邻”(《论语·里仁》)和“故远人不服则修文德以来之,既来之,则安之”(《论语·季氏》)或“近者说(悦),远者来”(《论语·子路》)的德性格局之扩展。

儒家君子人格本身体现的就是德性主体的内在精神超越。君子人格的建构反过来又进一步强化德性主体的内在精神超越境界。儒家君子人格呈现的是“仁”与“礼”、“质”与“文”的一种平衡。这种德性范畴的平衡的实现不是通过一种形而上学意义上的思辨理性的运用,而是通过“明辨之,笃行之”(《中庸》)的生命学问落地的道德实践来达成的。

正如孔子所说:“质胜文则野,文胜质则史。文质彬彬,然后君子。”(《论语·雍也》)儒家君子人格的养成集中体现了中国传统伦理教育思想的特点。因为它不是“在社会和人世间之外提高精神修养”①,而是“在社会关系之内提高精神修养”①。

相比于《庄子·逍遥游》中所描述的“至人无己,神人无功,圣人无名”的逍遥但消极退隐的人格,儒家君子人格的最大表征就是“知其不可而为之者”(《论语·宪问》)的积极进取人格,这种体现为“士不可以不弘毅,任重而道远。仁以为己任,不亦重乎”(《论语·泰伯》)的儒家君子人格要求具备这种君子人格的人做到如《易经·乾卦》所说的“天行健,君子以自强不息”的德性持续践履。

儒家君子人格的内在意蕴就是一种君子在道德实践中的任重道远的刚强担当。《论语·子路》上说:“刚毅木讷近仁。”《论语·学而》也讲:“巧言令色,鲜矣仁。”儒家君子人格追求的是一种建立在知行合一基础之上的内在真诚的仁者爱人的力量。

总而言之,儒家君子人格本身既有基于“仁”和“质”意义上的内在道德涵养的一面,又有基于“礼”“文”意义上的外在的仁德在实践维度的拓展的一面。正如孟子所说:“古之人,得志,泽加于民;不得志,修身见于世。穷则独善其身,达则兼善天下。”(《孟子·尽心上》)

① 冯友兰.中国哲学简史[M].涂又光,译.北京:北京大学出版社,1985.

第六章

儒家"慎独"精神及其现代德育启示

【引言】

慎独是儒家德性伦理重要的修身工夫，是儒家内在德性范畴建构的德性践履基础，也是儒家反求诸己的内省德性实践的集中体现。作为德性意义上的精神生命的凝练呈现，儒家君子人格是必须通过慎独即持之以恒的内省德性实践才能被建构出来的。现代德育遭遇了诸多较大的困境，其中一个大的困境就是德性主体内在建构出来的德性如何得以保持的问题，而慎独是保持德性主体之德性和守望仁德之重要实践方法，对现代德育有重要的启示。

毋庸置疑，现代德育正在遭遇着一种深层的困境。这种困境一方面来自由于现实生活世界受到网络虚拟世界侵蚀后的德育情境空疏，另一方面也来自德育本身在现代的式微和被边缘化。现代德育遭遇的困境之一就是德性之知与德性之行的脱节，过多注重德性之知识的灌输，却无法将这种德性之知内化为一种"天行健，君子以自强不息"(《易经·乾卦》)的自觉的德性践履。

对于德性之知的内化，孔子和亚里士多德都有深刻的论述。亚里士多德明确指出：相比于所谓的思辨理性意义上的“理论知识(theoretical knowledge)，基于实践理性(practical reason)的实践知识或实践智慧更具有优先性，因为实践知识指向的不是思辨逻辑意义上的知识的增加，而是道德实践的行动”①。儒家德性伦理之践履非常注重向内的内省意义的自我修身。《大学》上说：“诚于中，形于外，故君子必慎其独也。”内在的德性伦理世界的清朗是外在的君子人格道德实践的基础。儒家修身注重知行合一，强调“博学之，审问之，慎思之，明辨之，笃行之”(《中庸》)的从德性之知到德性之践履的一以贯之的整体修身系统。

儒家修身意义上的实践，指的就是一种针对孔子所说的“食夫稻，衣夫锦，于女安乎”(《论语·阳货》)的真心诚意的内在道德心之实践。这一点，儒家之修身实践非常类似于康德所说的理性的实践运用。康德所说的理性之实践运用一样是针对道德领域的。但儒家不是在一种抽象的思辨理性意义上讲道德领域的实践的，儒家之道德领域的实践是一种直面生活世界的实践之学。所以，孔子特别强调“德之不修，学之不讲，闻义不能徙，不善不能改，是吾忧也”(《论语·述而》)，儒家伦理意义上的修身就是修德，而修德的重要路径就是内省式的慎独。从儒家德性伦理的视角来看，慎独不是一种苦思冥想式的玄想，而是一种道德修养的工夫，也是德性主体做到“知及之，仁能守之”(《论语·卫灵公》)的保持“其心三月不违仁”(《论语·雍也》)的德性存在方式。

慎独作为一种德性践履的重要路径，不仅作用于人的内在的

---

① Aristotle. The Basic Works of Aristotle：Metaphysics[M]. New York：Random House，1941.

德性世界，而且它在成就德性主体自身的内在德性世界的同时成就人外在的意义世界。诚如《中庸》所言："诚者，非自成己而已也，所以成物也。成己，仁也；成物，知也。性之德也，合外内之道也。"

一、 儒家慎独之基本内涵探析

《大学》中说："古之欲明明德于天下者，先治其国；欲治其国者，先齐其家；欲齐其家者，先修其身……身修而后家齐，家齐而后国治，国治而后天下平。"孟子也说："天下之本在国，国之本在家，家之本在身。"(《孟子·离娄上》)一言以蔽之，"自天子以至于庶人，壹是皆以修身为本"(《大学》)。而修身之本在哪里呢？儒家德性伦理的回答就是："物格而后知至，知至而后意诚，意诚而后心正，心正而后身修。"(《大学》)如何才能做到"意诚"和"心正"呢？这就离不开慎独的德性践履。

孔子说："古之学者为己，今之学者为人。"(《论语·宪问》)儒家德性伦理是"为己之学"(《论语·宪问》)，为己才能成己。而要成就自己"止于至善"的内在德性，就离不开德性主体"仁远乎哉？我欲仁，斯仁至矣"(《论语·述而》)的德性主体自动自发自觉的内在德性主体"学而时习之"的持之以恒的修养。孟子也强调："君子深造之以道，欲其自得之也。自得之，则居之安，居之安，则资之深，资之深，则取之左右逢其原，故君子欲其自得之也。"(《孟子·离娄下》)这种"自得"的德性养成状态是离不开德性践履意义上的自修的，而自修归根到底又要落实到一种慎独的道德实践工夫。

作为儒家修身养性文化中的重要的实践方法，慎独有着极其丰富的实践内涵。慎独，作为一种内在修身之道德实践的成果，指的是一种人与自己内心和谐的德性状态。人与自己内心的和谐是人与人之间和人与自然之间外在和谐的德性基础。有了基于慎独这样的一种内在德性的和谐,就能使德性主体做到:"君子素其位而行,不愿乎其外。素富贵,行乎富贵;素贫贱,行乎贫贱;素夷狄,行乎夷狄;素患难,行乎患难。君子无入而不自得焉。"(《中庸》)

同时,慎独又是作为一种修身的实践工夫而存在的。有了慎独的德性实践,才能达成《孟子》、《中庸》、北宋大儒程颢都特别强调的"自得"之学的境界。"学问思辨行"的德性践履过程集中体现在慎独的过程中。没有慎独作为基础,那么其他外在的修身养性的方法就会成为无源之水。

慎独的德性实践工夫是一个人达到"自得之"的"申申如也,夭夭如也"(《论语·述而》)的"自得之"的德性状态的道德实践基础。否则,所谓的"自得"就会蜕变成一种洋洋自得的自以为是,正如《史记》记载:"晏子为齐相,出,其御之妻从门间而窥其夫。其夫为相御,拥大盖,策驷马,意气扬扬,甚自得也。"因此,孟子特别强调:"君子深造之以道,欲其自得之也。"(《孟子·离娄下》)这种"深造"的过程就是向内挖掘的慎独工夫之实践过程。

慎独不仅意味着一种一般意义上的道德自律,更意味着一种凝聚"孔颜乐处"①之德福一致精神的德性主体幸福能力的培养智慧。慎独的前提是"慎"。张揖《广雅·释诂一》:慎,忧

① "孔颜乐处"这个说法的直接来源是:周敦颐尝令程颢、程颐寻"孔颜所乐为何事",故程颢言:"自再见周茂叔后,吟风弄月以归,有'吾与点也'之意。"又曰:"周茂叔窗前草不除去,问之,云:'与自家意思一般。'"集中体现"孔颜乐处"精神的就是《论语》中的两段话:"子曰:'饭疏食饮水,曲肱而枕之,乐亦在其中矣。不义而富且贵,于我如浮云。'"(《论语·述而》)和"子曰:'贤哉回也!一箪食,一瓢饮,在陋巷,人不堪其忧,回也不改其乐。贤哉,回也!'"(《论语·雍也》)"孔颜之乐"集中体现了作为一种德性践履工夫的"慎独"精神的深层幸福能力建构功能。

也。许慎《说文解字》：慎，谨也。《尔雅》：慎，静也。因此，只有做到了“诚、谨、忧”才能真正达到慎独的境界。换言之，有了一种“君子终日乾乾，夕惕若厉”（《易经·乾卦》）的戒慎恐惧的内在德性践履的努力才能达到“无咎”（《易传·文言传》）的慎独之境。

孔子也说过：“君子博学于文，约之以礼，亦可以弗畔矣夫。”（《论语·雍也》）这就告诉我们，首先就要通过一种“战战兢兢，如临深渊，如履薄冰”（《诗经·小旻》）的慎独的德性实践的努力使自己做到“弗畔矣夫”和“不违仁”（《论语·雍也》），然后才能上升到一种更高的“从心所欲，不逾矩”（《论语·为政》）的德性自然和自在境界。这就正如程颢在《秋日偶成二首》其二中所云：“万物静观皆自得，四时佳兴与人同。”

儒家德性伦理慎独之德性实践背后的理论基础是人性本善。《孟子·尽心上》上说：“万物皆备于我矣。反身而诚，乐莫大焉。”《孟子·告子上》又说：“仁义礼智，非由外铄我也，我固有之也，弗思耳矣。故曰：求则得之，舍则失之。”慎独的道德实践就是为了使人的本心不要“失之”，其实质就是存心养性，正如《孟子·尽心上》所说：“存其心，养其性，所以事天也。”慎独是成就儒家君子人格的必须。无论是《荀子·不苟》还是《礼记·礼器》，都提到了“慎其独”的精神，并且这种“慎其独”的精神直接指向的就是君子人格的形成和践履。

相比于一般意义上的“行仁”“践仁”，慎独的品格重视的是“守仁”，因为“学如不及，犹恐失之”（《论语·泰伯》）。要做到学以成人，首先就需要做到学以成德，做到“明明德”（《大学》），而要成就知行合一意义上的德性是非常不容易的，连孔子认为最好学的弟子颜渊也发出这样的感慨：“仰之弥高，钻之弥坚，瞻之在前，忽焉在后。夫子循循然善诱人，博我以文，约我以礼，欲罢不能，既竭吾才。如有所立卓尔。虽欲从之，末由也已。”（《论语·子罕》）正因为“守仁”的艰难，才需要德性主体做到“克慎明德”（《尚书·文侯之命》）和“慎厥身，修思永”（《尚书·皋陶谟》）。

二、慎独与内省

《礼记·礼器》说：“礼之以少为贵者，以其内心者也……故君子慎其独。”慎独是一种内省意义上的德性伦理践履。《中庸》一开始就指出：“莫见乎隐，莫显乎微，故君子慎其独也。”郑玄注曰：“慎独者，慎其闲居之所为。小人于隐者，动作言语，自以为不见睹，不见闻，则必肆尽其情也。”孔颖达疏：“‘莫见乎隐，莫显乎微’者，莫，无也。言凡在众人之中，犹知所畏，及至幽隐之处，谓人不见，便即恣情，人皆占听，察见罪状，甚于众人之中，所以恒须慎惧如此。”

慎独之所以在今天有着特别重要的德性伦理实践价值，就在于它直接关系到“人与自身”的和谐的重大问题。现代道德教育更多的是将精力投入到对各种道德规范的讲解和传播上，却忽视了德性主体的德性内省机制建构。外在人生的和谐与秩序取决于内在心灵世界的和谐和秩序，而内在心灵秩序要达到一种和谐与秩序，就需要一种基于慎独的德性践履实践。有了这种慎独的道德实践才能使人超越由于过度依赖现代技术工具等诸多原因造成的生命意义感的缺失。慎独的德性践履使人超越孔子所说的“小人长戚戚”（《论语·述而》）的状态而达到“君子坦荡荡”（《论语·述而》）的君子之境界。

现代生活在各个方面发生的深刻变化直接造成了对于仅仅

依靠外在道德规则来约束人的一般性的传统道德教育方式的巨大挑战和冲击。正如孟子所说:“徒善不足以为政。徒法不能以自行。”(《孟子·离娄上》)这也就是说,仅仅靠外在的道德规范,即使是看似最完善的道德规范,如果离开德性主体自身的基于慎独之道德实践的德性践履自觉,都是无法真正发挥其规范人的道德行为的作用的。

不仅在《中庸》里,《大学》中也特别强调了慎独作为一种德性实践的作用,它也强调“君子慎其独”,并强调:“所谓诚其意者,毋自欺也,如恶恶臭,如好好色,此之谓自谦。故君子必慎其独也。”朱熹《四书章句集注》对此的注是这样说的:“独者,人所不知而己所独知之地也。言欲自修者,知为善以去其恶,则当实用其力,而禁止其自欺。”什么是朱熹所说的“人所不知而己所独知之地也”(《四书章句集注》)? 当然指的就是人的内心世界。要做到人在内心世界的不自欺欺人,就必须要做到真正的“慎独”,在道德践行上做到严以自律,做到《易经·乾卦》所说的:“闲存其诚。”对此,孔颖达疏:“闲邪存其诚者,言防闲邪恶,当自存其诚实也。”

《大学》还深刻地指出:“小人闲居为不善,无所不至,见君子而后厌然,揜其不善而著其善。人之视己,如见其肺肝然,则何益矣? 此谓诚于中,形于外。故君子必慎其独也。”如果没有足够强大的内心自省机制或慎独能力,那么,可能就会导致孟子所说的“苟无恒心,放辟邪侈,无不为已”(《孟子·梁惠王上》)的糟糕情况。

现代德育的困境也体现在一种深层次的意义世界及所谓的人生“终极关怀”的失落。意义世界的建构是不能仅仅依赖对外在事情的追逐的,意义世界的建构或重构是必须有内心德性世界的担当和支撑的。内心德性世界是价值理性的基础,而外在的追求更多是受工具理性的支配。价值理性才能真正担当起人生命的意义追求。而作为一种德性践履的慎独本身就是一种对人之为人的德性本质的守望。没有一种慎独的德性之内省，就会出现庄子所说的人为物役的情况。正如庄子所说："一受其成形，不亡以待尽。与物相刃相靡，其行尽如驰，而莫之能止，不亦悲乎！终身役役而不见其成功，苶然疲役而不知其所归，可不哀邪！人谓之不死，奚益！其形化，其心与之然，可不谓大哀乎？人之生也，固若是芒乎？其我独芒，而人亦有不芒者乎？"（《庄子·齐物论》）

朱熹在《四书章句集注》中也明确指出："言幽暗之中，细微之事，迹虽未形而几则已动，人虽不知而己独知之，则是天下之事无有著见明显而过于此者。是以君子既常戒惧，而于此尤加谨焉，所以遏人欲于将萌，而不使其滋长于隐微之中，以至离道之远也。"现代社会，由于各种现代技术工具的发达，导致人有了越来越多的独处的时间，从以前的"日出而作，日入而息"（《庄子·让王》）的忙碌到现在人工智能时代人的空闲时间的日益增多，人如何在必须独处的时候去面对自己的心灵？人如何做到在独处的时候做到戒慎恐惧的德性慎独？如果没有一种"十目所视，十手所指，其严乎"（《大学》）的"知耻近乎勇"（《中庸》）的德性主体之内在慎独自省机制，人如何才能做到"仰不愧于天，俯不怍于人"（《孟子·尽心上》）的问心无愧？

叔本华说过："只有当一个人独处的时候，他才可以完全成为自己。谁要是不热爱独处，那他也就是不热爱内心的宁静，因为只有当一个人独处的时候，他才是真正内心宁静的。"①如果

① ［德］叔本华. 人生的智慧［M］. 韦启昌，译. 上海：上海人民出版社，2008.

一个人没有一种长期慎独的德性内在践履作为基础，独处本身会让人非常痛苦。而慎独使独处本身成了一种最好的德性内在践履方法。这种慎独的本质是德性主体与自己内心的应然状态进行的一种心灵对话。

慎独本身不仅是一种“知及之，仁不能守之，虽得之，必失之”（《论语·卫灵公》）意义上的德性守望，而且是一种庄子所说的“参日，而后能外天下；已外天下矣，吾又守之七日，而后能外物；已外物矣，吾又守之九日，而后能外生；已外生矣，而后能朝彻；朝彻而后能见独”（《庄子·大宗师》）的内在精神境界超越。慎独的本质不仅是慎其言，慎其知，慎其行，而且是“慎其德”（《大学》），“慎其德”的思想有着源远流长的传统。《大学》强调“是故君子先慎乎德。有德此有人，有人此有土，有土此有财，有财此有用。德者本也，财者末也”，《尚书·文侯之命》强调要做到“克慎明德”。

从慎独的内在理路来看，“慎其德”注重的是内在的个人之德性修养。个人德性修养的完善是使这种德性进一步做到孟子所说的“老吾老，以及人之老；幼吾幼，以及人之幼”（《孟子·梁惠王上》）的德性扩充的伦理基础。正如余英时所指出的那样：“‘德’的含义已发生了很大的变化，西周时期……外在的‘德’，逐渐转为个人化、内在化的‘德’。”①“儒者人人言慎独”②，慎独作为一种成就内在君子人格或君子德性的重要的实践工夫和德性践履方法，贯穿于一个人立德树人成长过程的始终。

与慎独密切相关的就是儒家所重视的“絜矩之道”（《大

---

① 余英时.论天人之际：中国古代思想起源试探[M].北京：中华书局，2014.

② [明清]黄宗羲.黄宗羲全集·第8册[M].杭州：浙江古籍出版社，2005.

学》)。梁启超说:"……儒家的特色,不专在知识,最要在力行,在实践。"[①]当然,儒家所重视的实践更多指的是道德实践,而慎独与"絜矩之道"都在内在德性践履层面体现了在直觉意义上的实践品格。

孔子说:"见贤思齐焉,见不贤而内自省也。"(《论语·里仁》)《礼记·乐记》说:"好恶无节于内,知诱于外,不能反躬,天理灭矣。"儒家所重视的这种反躬自省的内向式的德性践履方法对于保持一个人的仁德之心有着至关重要的意义。正如朱熹所说:"自今以往;更愿反躬自省;以择乎二者之间;察其孰缓孰急;以为先后。"(《朱文公文集·答王晋辅(其四)》)

《大学》云:"君子有絜矩之道也。所恶于上,毋以使下;所恶于下,毋以事上;所恶于前,毋以先后;所恶于后,毋以从前;所恶于右,毋以交于左;所恶于左,毋以交于右。此之谓絜矩之道。"朱熹在《四书章句集注》对此的注解是:"絜,度也。矩,所以为方也。"换言之,儒家修身的学问的起点就是自我的德性修养,而自我德性之修养的起点就是内在心灵的良知良能。正如《孟子·尽心上》所云:"所不虑而知者,其良知也。"

王阳明认为,"致知"就是致吾心内在的良知。儒家慎独德性践履指向的对象就是作为最高本体的"良知",也就是人本自具足的德性意识。慎独是阳明所说的"致良知"的基础。

三、 儒家慎独对现代德育的启示

《论语·学而》中强调:"慎终追远,民德归厚矣。"道德教育

---

① 梁启超.清代学术概论·儒家哲学[M].天津:天津古籍出版社,2003.

要面对的一个重要的挑战就是：如何保持一个人经过努力而形成的德性品格，如何做到德性践履的一以贯之的持续？即使在孔子所教的三千弟子中，孔子也认为只有一个学生，即颜回是好学的。“季康子问：‘弟子孰为好学？’孔子对曰：‘有颜回者好学，……今也则亡。’”（《论语·先进》）而且只有颜回能够做到“回也，其心三月不违仁，其余则日月至焉而已矣”（《论语·雍也》）。这就充分说明，保持一种内在德性和德性践履习惯的不容易。只有做到真正的慎独，才能使德性主体真正做到“道也者，不可须臾离也”（《中庸》）和“君子无终食之间违仁”（《论语·里仁》）的始终在行仁的状态。

这种慎独的德性内在践履使德性主体真正做到“不远复，无祇悔，元吉”（《易传·系辞传下》）。因为这种自觉的慎独之德性实践使得德性主体对心念中的念头有一种强大的感受和反馈能力，能够做到“有不善未尝不知，知之未尝复行也”（《易传·系辞传下》）。

“君子之过也，如日月之食焉。过也，人皆见之；更也，人皆仰之。”（《论语·子张》）慎独的本质是一种内在德性意义上的自我反省机制。《诗经·抑》云：“相在尔室，尚不愧于屋漏。无曰不显，莫予云觏，神之格思，不可度思，矧可射思？”德性主体的良知之心由于慎独的自觉德性践履，就能做到王阳明所说的“……有善有恶意之动，知善知恶是良知，为善去恶是格物”。中国古代有很多这样的关于慎独以修德的故事。如《后汉书·杨震列传》记载：“（王密）谒见。至夜怀金十斤以遗震。震曰：‘故人知君，君不知故人，何也？’密曰：‘暮夜无知者。’震曰：‘天知，神知，我知，子知。何谓无知！’密愧而出。”

现代生活使得人们有了越来越多的时间与自己独处，也就意味着有了越来越多的时间需要让自己面对人生的“隐微”之时间与空间。如果没有强大的内省机制和慎独工夫，由互联网带来的无穷无尽的电子诱惑和干扰就会不断侵蚀德性主体内在原本宁静的德性空间，进而导致德性主体德性实践成果的功亏一篑。《战国策·秦策五》记载："诗云：'行百里者半于九十。'此言末路之难也。"德性践履最难的并不是在一开始的时候，而是在德性践履坚持到一段时间之后。因此，孟子说："于不可已而已者，无所不已。于所厚者薄，无所不薄也。其进锐者，其退速。"(《孟子·尽心上》)《诗经·荡》也说："荡荡上帝，下民之辟。疾威上帝，其命多辟。天生烝民，其命匪谌。靡不有初，鲜克有终。"德性实践的坚持或半途而废，从根本上来说，取决于德性主体内在的德性意志。所以孔子说："力不足者，中道而废，今女画。"(《论语·雍也》)孔子还说："譬如为山，未成一篑，止，吾止也；譬如平地，虽覆一篑，进，吾往也。"(《论语·子罕》)无论是德性践履意义上的功亏一篑还是持之以恒，都从根本上取决于德性主体是否能够做到"恒其德"。

一种道德自我内在反省的文化是一种道德教育带有共性的践履径路。苏格拉底说过："未经反省的人生是不值得过的。"曾子也说过："吾日三省吾身：为人谋而不忠乎？与朋友交而不信乎？传不习乎？"(《论语·学而》)

慎独既是本体意义上的内省基本方法，又是内省之后达到的一种德性之宁静与和谐状态。无论是孟子的"存心"还是"求放心"，抑或宋明理学家所说的"诚敬""致和""集义"的自我德性修养方法，还是阳明所主张的"致良知"，都是儒家内省德性践履机制的不同体现，也是慎独精神一以贯之的落实和体现。内省的"省"，《说文解字》意"视也"，《尔雅》曰"察也"。换言之，内省就是向内观察或审查自己的内心并以慎独的最高的德性要求来审视自己内心之德性状况。

“内省不疚，夫何忧何惧？”（《论语·颜渊》）内省是慎独作为一种儒家德性内向超越的德性践履的第一步。如果说德性是最高的善，那么衡量德性主体是否达到了一种真正的德性之状态，其最终标准就是德性主体反观自身之后的问心无愧。

慎独意味着将道德评价的外在标准经由一种德性内省机制回归到了德性主体自身的反躬自省，“躬自厚而薄责于人”“君子求诸己，小人求诸人”（《论语·卫灵公》），“不怨天，不尤人”（《论语·里仁》）。最高的“知”是孟子所说的“是非之心，智也”，而这种“是非之心”是“人皆有之”（《孟子·告子上》）的。这就是王阳明所说知善知恶是良知的道理。

慎独是一种看似平常但最不容易达到的德性境界，因此，孔子说：“已矣乎！吾未见能见其过而内讼者也。”（《论语·公冶长》）在孔子看来，外在的即使是最规范的“礼”和“乐”，如果不能和基于德性慎独之境的人的内在之“仁”结合到一起，就只不过是一种空疏的没有灵魂的外在规范而已，因为“人而不仁，如礼何？人而不仁，如乐何？”（《论语·八佾》）。

儒家慎独的德性践履精神集中体现了孔子仁学的思想精髓。儒家重视发自内心的真诚情感对于所有外在德性条目的基础作用。从这个意义上来说，内在德性才是外在道德规范的伦理基础。外在道德实践最终的结果必须是内化了的德性，这种内在德性进一步强化和扩充了德性主体本自具足的良知良能，这就使德性主体“七十而从心所欲，不逾矩”（《论语·为政》）的“不逾矩”的道德评判标准回归到了德性主体的良心本体。德性主体自觉不逾的“矩”，不是外在人为制定的道德规范，而是内心崇高的道德法则或是“内心之矩”。

孟子进一步阐述了儒家体现慎独的内省之德性践履智慧。孟子说：“可欲之谓善，有诸己之谓信，充实之谓美。”汉赵岐注：

“充实善信，使之不虚，是为美人，美德之人也。”（《孟子·尽心下》）慎独本身就是内在美德充实和扩充的过程。慎独是修养儒家君子人格的必需的实践工夫。“司马牛问君子。子曰：‘君子不忧不惧。’曰：‘不忧不惧，斯谓之君子已乎？’子曰：‘内省不疚，夫何忧何惧？’”（《论语·颜渊》）针对弟子司马牛的关于“何谓君子”的提问，孔子的回答是“不忧不惧”（《论语·颜渊》），这种不忧不惧不是针对外在的事情的反应，而是反省内心之后的道德感受。反省自己的内心，发现自己没有什么让自己内疚的，这就是一种问心无愧的君子人格。孔子还说：“见贤思齐焉，见不贤而内自省也。”（《论语·里仁》）这句话充分说明了儒家修身养德的两个重要向度。

无论是外在好的榜样还是不好的情况，都因为有内在德性主体慎独的实践机理而能够被转化为使德性主体内在德性成长的精神营养。慎独是儒家君子人格得以建构的德性起点或原点，也是君子人格成功建构后的落脚点。从慎独出发，才能扩充德性主体的各项德性范畴，回到慎独，才能做到“守德”或“守仁”，进而成就德性主体的德性之坚固。正如孟子所说：“凡有四端于我者，知皆扩而充之矣，若火之始然、泉之始达。苟能充之，足以保四海；苟不充之，不足以事父母。”（《孟子·公孙丑上》）

有了德性主体自觉自律的慎独的德性践履，就能始终使德性主体成为实然意义上的真正的名副其实、知行合一的德性主体，并且使德性主体始终做到自己对德性成长的担当。正如孟子所说：“仁者如射：射者正己而后发，发而不中，不怨胜己者，反求诸己而已矣。”《孟子·公孙丑上》王阳明也强调：“学须反己。若徒责人，只见得人不是，不见自己非。若能反己，方见自己有许多未尽处，奚暇责人？”（《传习录》）

总之，儒家“行有不得，反求诸己”（《孟子·离娄上》）的内省德性实践集中体现在其慎独的德性践履工夫上。

第七章

“仁”与“敬”——孔子与康德的道德教育思想比较及其现代启示*

【引言】

孔子仁学是孔子道德教育思想的核心，它贯穿于孔子道德教育思想的各个方面。无论是孔子所主张的因材施教还是“有教无类”的教育思想，都深刻体现着孔子仁者爱人的教育智慧。康德所强调的敬重感也深刻体现了康德的教育思想。康德同样重视要启发人的凝聚为敬重感的理性之本质，进而形成道德实践主体的自觉的基于道德敬重感的道德自律。在仁与敬的核心概念视域下比较孔子和康德的教育思想，有利于提升现代德育的有效性。

毋庸置疑，孔子道德教育思想的核心就是一个“仁”字，作为孔子“吾道一以贯之”(《论语·里仁》)的“仁”字，总共在《论语》中出现了 109 次。无论在其深刻的德性伦理内涵上还是在其对

* 原载于《皖西学院学报》，2021，37(1)：150-156。

"仁"的"诲人不倦"(《论语·述而》)的强调和提醒上,都体现出"仁"的思想在孔子道德教育思想中的重要作用。孔子言"夫仁者,己欲立而立人,己欲达而达人""己所不欲,勿施于人"(《论语·雍也》),孔子是从道德心的意义上树立"仁"在儒家道德哲学中的本体地位的。从德性践履实践的维度来看,孔子强调:"仁远乎哉?我欲仁,斯仁至矣!"(《论语·述而》)这就突出了德性主体自觉自动自发的行仁践仁中的自主性。

"形而上者谓之道,形而下者谓之器。"(《易传·系辞传上》)孔子之"仁"作为儒家德性伦理的核心概念,它揭示了使人作为人而成为人的德性之本源和本体。"诚于中,形于外"(《大学》),所有体现在德性主体之生活世界的德性实践现象的根源都是德性主体的内在之仁。"仁"统摄儒家德性伦理的诸多德性范畴与德性分支。对于儒家德性伦理来说,仁即"一体之仁",正如王阳明所说:"大人者,与天地万物为一体也。夫然后,能以天地万物为一体。"①

孟子在孔子之仁的基础之上进一步扩充,得出其性善论。贯穿孔子之仁精神的孟子性善论构成为儒家德性伦理之拱心石。与之相对应的就是康德的善良意志论(good will)。康德指出:"在世界之中,一般地,甚至在世界之外,除了善良意志,不可能设想一个无条件善的东西。"②换言之,康德所说的善良意志可以类比于孔子之仁,康德的善良意志也构成为道德形而上学进一步追问的原初始基。而且,当康德说到善良意志的时候,他用的词是"无条件善",这就直接将康德的道德哲学指向让人"敬

① [明]王守仁.王阳明全集[M].吴光,钱明,董平,等编校.上海:上海古籍出版社,1992.

② [德]康德.道德形而上学原理[M].苗力田,译.上海:上海人民出版社,2002.

畏”的理性的高度。

康德的道德哲学一般被称为义务论，这本身就传递着一种敬畏和责任。康德道德哲学为了建立道德的纯粹性和神圣感，甚至试图要摒弃感性意义上的德性践履之目的，换言之，按照康德的观点，实践道德不是为了幸福，也不是为了任何其他的所谓的外在功利，而只是为了道德义务本身。康德认为："关于自然规律的学问称为物理学，关于自由规律的学问称为伦理学。前者是自然学说，后者是道德学说。"①

从形而上学或所谓的"士志于道，而耻恶衣恶食者，未足与议也"(《论语・里仁》)的"道"的高度来说，康德所说的自由就不是一种外在意义上自由，而是"由自"或"由己"，是孔子所说的"为仁由己，而由人乎哉"(《论语・颜渊》)的生命内在道德学问意义上的道德自由，这是本体论意义上的道德行为自主的自由。这种道德自由超越外在的诸多条件的束缚或限制，这种道德自由使道德主体能够做到孔子所说的"君子无终食之间违仁，造次必于是，颠沛必于是"(《论语・里仁》)。诚如康德所言："善良意志，并不因它所促成的事物而善，并不因它期望的事物而善，也不因它善于达到预定的目标而善，而仅仅由于意愿而善，他是自在的善。"①因此，康德道德哲学思想与孔子的仁学思想有着内在的相通之处，对二者进行比较研究，对提升现代道德教育的有效性有较大的意义。

一、 仁与敬的德性内涵探析

孔子仁学的本质就是儒家的学以成人的立德树人的成德之

---

① [德]康德. 道德形而上学原理[M]. 苗力田，译. 上海：上海人民出版社，2002.

教，而“持敬”和“诚敬”则是使儒家成德之教成为可能的至关重要的工夫，作为道德实践的深层次的源头活水的精神动力，诚敬绝非无源之水的涵养，而是真实的道德实践之精神动力。康德道德哲学同样非常重视“敬”。尽管康德承认“敬”作为崇高的道德情感是超越一般意义上的经验层面的，但“敬”本身作为一种道德情感的产生又离不开生活世界在经验层面的建构。即使是所谓的先验的概念预设，也是无法摆脱经验层面的道德实践凝聚的。而且，康德本身重视由一种内在诚敬之心所引发的人的类似于孟子所说的“羞恶之心，义也”（《孟子·告子上》）的知耻和谦卑之心。

康德强调：“既然这个法则毕竟还是某种就自身而言肯定的东西，也就是一种理智的因果性的形式，亦即自由的形式，所以，由于它与主观上的对立物，亦即我们心中的偏好相反在削弱自大，它同时就是敬重的一个对象，而且由于它甚至击毁自大，亦即使之谦卑，它就是最大的敬重的对象，因而也是一种肯定的情感的根据，这种情感没有经验性的起源，是被先天地认识的。因此，对道德法则的敬重是一种通过一个理智根据造成的情感，而这种情感是我们惟一能够完全先天地认识的，我们能够看出其必然性的情感。”①

“敬”是儒家德性伦理传统的一个重要的德性范畴。从儒家德性伦理的视角来看，“敬”本身就源于其“仁者爱人”（《孟子·离娄下》）的伦理之社会属性，并且“敬”本身有着源远流长的德性范畴发展的历史。《尚书·尧典》上说：“乃命羲和，钦若昊天，历象日月星辰，敬授人时。”事实上，《尚书》中充满了关于“敬天”

---

① ［德］康德．实践理性批判（注释本）［M］．李秋零，译注．北京：中国人民大学出版社，2011．

和“敬德”的论述，因为只有做到“敬天爱人”才能做到因为敬畏和感恩而带来的“唯德是辅”(《尚书·蔡仲之命》)和“天道无亲，常与善人”(《道德经》)。

《诗经·民劳》也强调：“敬慎威仪，以近有德。”《尔雅》上说：“穆穆肃肃，敬也。”《说文》中说：“敬，肃也，从攴、苟。”儒家德性伦理中的“敬”包含着“肃穆”的意思，也包含着孟子所说的“恭敬之心，人皆有之”(《孟子·告子上》)的恭敬之意。之后，“敬”慢慢延伸出“尊敬”的意思，《论语·先进》记载：“门人不敬子路。”《论语·八佾》也记载：“祭如在，祭神如神在。子曰：‘吾不与祭，如不祭。’”这也体现了一种虔诚恭敬之心在行使儒家之礼时的重要性。也就是说，儒家德性伦理在谈论作为一种德性范畴的“敬”的时候，是直接针对德性主体所置身其中的生活世界的真实的生活经验世界的，这就真正具有一种基于儒家德性伦理实践品格的现实德性人生的指导意义。

正是基于儒家德性伦理的实践品格，儒家在讲“敬”的时候不会走向一种“过犹不及”(《论语·先进》)的极端，而是遵循一种中庸之道。孔子说：“中庸之为德也，其至矣乎！民鲜能久矣。”(《中庸》)孔子还强调：“君使臣以礼，臣事君以忠。”(《论语·八佾》)这就体现了孔子“以仁换仁、以心换心”的从伦理关系两方面看待伦理实践的中庸之道的原则。“敬”的基础就是“仁”，事实上，“仁”在本体的高度成为所有其他儒家德性伦理德性范畴的共同德性基础，从这个意义上，“仁”是儒家德性伦理范畴体系的总德或全德。“上下相亲谓之仁”(《礼记·经解》)，“仁”本身最重要的内涵就是德性主体要有道德情感意义上的对他者感受的“感觉能力”。没有这种“己所不欲，勿施于人”(《论语·颜渊》)的对他者的道德情感的感受能力，就会导致一种“麻木不仁”的德性冷漠状态。针对这种“不仁”的状态，孟子不禁感

慨："不仁哉梁惠王也！仁者以其所爱及其所不爱，不仁者以其所不爱及其所爱。"（《孟子·尽心下》）

相比之下，康德是这样来看待"敬"的，他认为："它们是道德情感、良知、对邻人的爱和对自己的敬重……对它们的意识不具有经验性的起源，而只能是作为道德法则对心灵的作用，在一种道德法则的意识之后发生。"①康德否认"敬"作为一种道德情感的经验性的来源，而将其归结于一种预设的抽象的道德法则。这一方面使"敬"有了一种基于纯粹思辨理性的让人敬畏的崇高感，另一方面又因为其抽离了生活世界的经验维度而变得让人感到高不可攀，于是使人感到可敬而不可亲。儒家德性伦理的传统是常常将"敬"和"爱"连在一起来用的，正如《战国策·秦策三》所记载："质仁秉义，行道施德于天下，天下怀乐敬爱。"

要说明"敬"在儒家文化中的特点，就必须结合中国传统儒家文化的总体注重实践智慧的特点来讲。儒家实践智慧本身有着极其丰富的内涵。孔子说："知及之，仁不能守之，虽得之，必失之；知及之，仁能守之，不庄以莅之，则民不敬；知及之，仁能守之，庄以莅之，动之不以礼，未善也。"（《论语·卫灵公》）光有所谓的德性之知，或者说光是在理论理性上知道了什么是一个仁者应该过的生活，是远远不够的，还需要做到"仁守之"。除了一般意义上的仁智双彰或知及仁守，还需要做到"庄"和"礼"，才是真正的完整的对儒家实践智慧的理解和运用。相比于思辨理性，儒家显然更加重视道德实践实用理性意义上的实践理性。孔子说"今吾于人也，听其言而观其行"（《论语·公冶长》），"德

① [德]康德．康德著作全集·第6卷[M]．李秋零，译．北京：中国人民大学出版社，2007．

之不修，学之不讲，闻义不能徙，不善不能改，是吾忧也”（《论语·述而》），孔子所担忧的不是自己的学生不知道什么是“德”或者什么是“仁”，孔子担心的是学生不去实践“仁”，不去行“仁”。儒家德性伦理不会抽象地谈论抽象概念意义上的“敬”，而是结合在中国儒家德性伦理传统中特别重视的“孝”的伦理实践中，“孝”和“敬”连在一起成为孝敬，贯穿于儒家德性伦理德性践履的始终。《诗大序》有云：“先王以是经夫妇，成孝敬，厚人伦，美教化，移风俗。”《左传·文公十八年》亦云：“孝敬忠信为吉德。”孔子更是将“敬”视为孝的灵魂和核心，孔子指出：“今之孝者，是谓能养。至于犬马，皆能有养；不敬，何以别乎。”（《论语·为政》）有了孝敬的发自内心真诚的尊敬和敬意作为基础，孝才成为真正的孝，这种敬使得人的孝有了一种让人敬重的德性高度。

二、仁与敬的内在逻辑关联及其伦理意蕴

在儒家德性伦理的视野中，道德情感与实践理性是不可分割的一个整体。甚至可以说，从儒家德性伦理的观点来看，道德情感就是最高的道德理性。总体来说，在康德道德哲学的视域里，康德是重理性而轻情感的。尽管康德说过：“善是被敬重的、被赞叹的东西，换言之，是我们赋予其相当程度上的客观价值的东西。”①但康德所说的道德之“敬重”情感更多的还是从纯粹理性的视角来说的，这种崇高到让人颤栗的“敬重”情感使人感受

① Immanuel Kant. Critique of Judgment[M]. Trans, Werner S. Pluhar. Indianapolis / Cambridge: Hackett Publishing Company, 1987.

到是一种敬而不亲的道德敬畏感。

而孔子所说的“敬”是与德性主体所具备之道德心紧密相连的。说到儒家德性伦理视域下的“敬”，我们要注意到《论语·阳货》中的一段经典对话：

宰我问：“三年之丧，期已久矣！君子三年不为礼，礼必坏；三年不为乐，乐必崩。旧谷既没，新谷既升，钻燧改火，期可已矣。”子曰：“食夫稻，衣夫锦，于女安乎？”曰：“安。”“女安，则为之！夫君子之居丧，食旨不甘，闻乐不乐，居处不安，故不为也。今女安，则为之！”宰我出。子曰：“予之不仁也！子生三年，然后免于父母之怀。夫三年之丧，天下之通丧也。予也有三年之爱于其父母乎？”

针对学生宰我理性到冰冷无情的关于“三年之丧”的提问，孔子并没有用同样的思辨理性意义的逻辑概念来回答，因为孔子非常清楚，宰我这个学生缺乏的不是所谓的思辨理性能力①，而是从人的道德良心出发的德性践履能力。换言之，在孔子的眼中，所谓的“心安理得”，“心安”比“理得”更重要，更具有实践逻辑的优先性。同时孔子强调“予也有三年之爱于其父母乎”（《论语·阳货》），孔子以爱说仁，由仁讲孝敬。这是典型的情理

① 事实上，宰我这个学生不仅不缺少所谓的理性意义上的思辨逻辑推理能力，而且应该是孔门弟子中在这方面最优秀的学生之一。根据《论语·先进》记载：“德行：颜渊，闵子骞，冉伯牛，仲弓。言语：宰我，子贡。政事：冉有，季路。文学：子游，子夏。”宰我在言语科方面甚至超过了辩才无碍的子贡，排名第一。但宰我在《论语》中也是被孔子批评最多的和最严厉的。“宰予昼寝，子曰：‘朽木不可雕也，粪土之墙不可杇也，于予与何诛？’”（《论语·公冶长》）甚至可以说，孔子所说的“巧言令色，鲜矣仁”（《论语·学而》）也是针对宰我这样的学生的。这也从侧面说明了儒家伦理对实践理性的重视。儒家伦理甚至认为，思辨理性过度的发达会阻碍一个人在道德实践意义上的实践理性的运用。

融合的儒家德性伦理意义上的道德实践智慧。儒家德性伦理重视的是德性之行，而不是德性之知。“博学之，审问之，慎思之，明辨之，笃行之。”（《中庸》）德性之知意义上的“博学之”最终要落实到“笃行之”的德性践履中去，这才成为知行合一意义上的真正的德性之知。

康德在《道德形而上学奠基》中指出：“义务就是出自对法则的敬重的一个行为的必然性。”[①]同时，康德还说：“我直接认作对我是法则的东西，我亦以敬重认识之，敬重仅仅意味着我的意志无须对我的感官的其他影响的中介就服从一个法则的意识。”[①]为了保持敬重的纯粹性，康德一直试图在纯粹理性的意义上来界定何谓敬重，这一方面使人感受到敬重作为一种道德情感的高尚感，另一方面又让人感受到对于敬重这种道德情感的望而生畏的距离感。

从儒家德性伦理的视角来看，当德性主体在遭遇到一种德性考验的现实处境的时候，它首先想到的不是抽象思辨理性意义上的崇高道德法则，而是回归到自己的本心的直觉，换言之，就是看自己是否心安。康德则认为，尽管敬重作为一种道德情感是来自经验层面的生活世界，但产生敬重之道德情感的根源则是在纯粹实践理性中。这种理论建构意义上的曲折和诘屈，尽管在表层理论建构的精密性上显得特别严谨，但却缺少一种直指人心的德性践履指导力。

孔子关注的是“于女安乎”（《论语・阳货》），孟子则指出：“心之所同然者何也？谓理也，义也。圣人先得我心之所同然耳。”（《孟子・告子上》）换言之，儒家德性伦理是直接以心说理，

---

① ［德］康德．康德著作全集・第 4 卷［M］．李秋零，译．北京：中国人民大学出版社，2005．

心即理，理即心，即心即理，理心合一。这就实现了道德理性和道德情感的通透圆融，在现实道德生活的实践中也能真正起到对于德性主体的道德生活的实践指导作用。孟子还强调："故曰：口之于味也，有同嗜焉；耳之于声也，有同听焉；目之于色也，有同美焉。至于心，独无所同然乎？心之所同然者，何也？谓理也，义也。圣人先得我心之所同然耳。故理义之悦我心，犹刍豢之悦我口。"(《孟子·告子上》)孟子在这里指出了关于儒家德性伦理的重要特色，那就是打通了一般意义上的理智与情感的分隔。这样的话，理义不再只是给人一种可敬而不可亲的敬畏感或神圣感，而是给人一种可敬又可亲的真实感。

作为儒家伦理人格体现的孔子，就以其人格特质体现了这种情感与理性融合的特点。"君子有三变：望之俨然，即之也温，听其言也厉。"(《论语·子张》)"子温而厉，威而不猛，恭而安。"(《论语·述而》)尽管"自有生民以来，未有孔子也"(《孟子·公孙丑上》)，但孔子给弟子的感觉依然是温润而亲切的，正如孔子弟子子贡所说："夫子温良恭俭让以得之。夫子之求之也，其诸异乎人之求之与？"(《论语·学而》)换言之，孔子身上所体现的君子人格或圣贤人格其实就集中体现了儒家德性伦理所追求的理智与情感的平衡，而非对立。孔子弟子对于老师的情感不仅是基于理性的敬重，更是基于道德情感的敬爱。孔子也忍不住发出这样的感慨："回也视予犹父也，予不得视犹子也。非我也，夫二三子也！"(《论语·先进》)根据《孟子》的记载："昔者孔子没，三年之外，门人治任将归，入揖于子贡，相向而哭，皆失声，然后归。子贡反，筑室于场，独居三年，然后归。"(《孟子·滕文公上》)从这一段的述说，我们也可以看出孔门弟子对孔子的这份至诚感人的敬爱之情。

康德道德哲学的一个重要特点就是所谓的道德自律。道德自律这个词本身就包含着一种英文中“self-discipline”的道德律令的含义。这种道德律令是尽可能要排除人之感性或情感的影响的。康德所主张的道德自律就是要求道德主体根据纯粹的思辨理性意义的道德律令来进行相应的道德行为，为了确保这种道德律令让人敬重的神圣性，就必须摒除一切人为的主观情感的影响。即使康德讲幸福，他也不是从儒家所注重的“孔颜乐处”意义上来讲真实的生活世界的幸福的，而是从所谓的幸福律令角度来讲的。

康德认为：“道德律客观地、直接地在理性判断中规定意志；但只有通过法则才能规定其原因性的自由却正在于，它把一切爱好、因而把个人的自尊都限制在对自身纯粹法则的遵守这一条件上。这一限制于是就对情感发生作用，并产生出能够出于道德律先天地认识到的不愉快的感觉。”①康德是在所谓的“道德律”意义上来讲作为一种崇高道德情感的敬重的，而相比于康德所说的道德律，儒家德性伦理更多重视的是“道德心”。

儒家道德心熔铸着儒家的重要思想——中庸之道。而遗憾的是，伦理学的发展往往容易在一种对于纯粹理性或纯粹情感的极端追求中摇摆。“对于伦理学来说，由此导致的结果在于：它在其历史上或者被构建为一门绝对先天的伦理学，而后是理性的伦理学，或者被构建为相对经验的和情感的伦理学。几乎没有人问过：是否就不存在一门绝对的并且情感的伦理学。”②休谟更是将情感的作用推向了一个极端，他说：“理性是，且应当只是情感（passions）的奴隶，而且除了服侍和服从情感，

① ［德］康德．实践理性批判［M］．邓晓芒，译．北京：人民出版社，2004．

② ［德］马克斯·舍勒．伦理学中的形式主义与质料的价值伦理学［M］．倪梁康，译．北京：生活·读书·新知三联书店，2004．

理性不得自称有任何其他的职责。”①休谟这个论断显然是一种矫枉过正的说法，为了限制理性的宰制作用，将情感的作用推向了极致。这又导致了另一个维度上的过犹不及。当然，休谟这里用的英文单词是“passions”，这个词本身还不仅仅是一般意义讲的道德情感（moral emotions）的情感之意。“passion”这个词本身就表示一种极其强烈的情感。孔子强调要对情感进行适度的节制，他说：“《关雎》，乐而不淫，哀而不伤。”（《论语·八佾》）孔子从来都主张要节制，因此他说：“礼，与其奢也，宁俭；丧，与其易也，宁戚。”（《论语·八佾》）最重要的是内心的真诚的情感，而不是一种过度的表达。“喜怒哀乐之未发，谓之中；发而皆中节，谓之和。中也者，天下之大本也；和也者，天下之达道也。致中和，天地位焉，万物育焉。”（《中庸》）

儒家所追求的情感理性就是追求一种情感与理性的和谐统一的符合中庸之道的德性状态。从这个意义上来说，从儒家德性伦理的视角来看，纯粹思辨理性意义上的道德先验和实践理性意义上的道德经验二者是统一的，包括敬重在内的道德先验之崇高律令是来自真实生活世界之大量道德实践经验的凝聚，而道德实践之经验则是道德理性之先验观念在生活世界的具体体现。孟子说：“孩提之童，无不知爱其亲，及其长也，无不知敬其兄。”（《孟子·尽心上》）

对于孔子来说，“仁”不仅是一种客观的评价人的德性境界的静态标准，更是“夫仁者，己欲立而立人，己欲达而达人。能近取譬，可谓仁之方也已”（《论语·雍也》）的“居之无倦，行之以忠”（《论语·颜渊》）的生命学问的持之以恒、锲而不舍的道德实

① Hume. A Treatise of Human Nature [M]. Hertfordshire: Wordsworth Editions Limited, 2011.

践。所以孔子也说："人能弘道，非道弘人。"（《论语·卫灵公》）孔子充分肯定德性主体的自觉对于德性建构的作用。"为仁由己，而由人乎哉？"（《论语·颜渊》）无论是自我德性的日臻完善或止于至善，还是外在人生事业的"苟日新，日日新，又日新"（《大学》）的成长，都需要通过从德性主体自身出发的自觉的自强不息的"弘道"实践才能成为可能。曾子也说："士不可以不弘毅，任重而道远。仁以为己任，不亦重乎？"（《论语·泰伯》）根据《说文解字》：弘，弓声也。后人借"强"为之，用之"彊"义。此"弘"字即今之"强"字。"毅"是坚毅之意。"弘毅"指的就是一种对宏大志向的奋力担当和坚忍践行。

康德是将道德情感意义上的敬重感视为一种所谓的特殊的情感的。尽管这种敬重感是不能离开感性意义上的经验世界的，但其根本动力则是来自康德所说的"物自体"，也就是一种道德形而上学意义的超越界。

这就造成了人的情感和理性的分隔，也造成了德性践履无法做到孔子所说的"不怨天，不尤人，下学而上达"（《论语·宪问》）的"吾道一以贯之"（《论语·里仁》）的德性伦理意义上的"知情意行"的通透贯穿。从儒家德性伦理的视野来看，德性主体的德性践履动力不是来自一个所谓超越生活现象界的"物自体领域"内的崇高的抽象的道德律令，而是来自自己的本心和良知。

三、 仁与敬的现代德育启示

康德说过："由德性的法则对意志所作的一切规定的本质在于：意志作为自由意志，因而并非仅仅是没有感性冲动参与的意志，而是甚至拒绝一切感性冲动并在一切爱好有可能违背这法则时终止这些爱好的意志。”①在康德看来，敬重感更多的是指一种神圣的对德性主体来说的约束作用。而且康德认为它是一种悬置在感性之上的理性宰制人的道德意志。有了一种崇高的基于道德律令的敬重感，德性主体就能超越一种充满变化的感性现象的干扰进而做到对于崇高道德律令的忠诚。康德认为，只有摒弃充满变化的德性主体情感性的因素，才能保持道德法则的纯粹崇高。正是从这个意义上来说，康德是在敬重感的意义上来框定人必须去进行相应道德实践的道德意志。崇高的道德法则激发人对道德律令的敬重之情，这份崇高的敬重之情又使德性主体在面对这些道德律令的时候产生一种澄明诚敬的谦卑，而这份谦卑进而使人去服从这些崇高的道德律令。因此，康德说：“其表象作为我们的意志的规定根据而在我们的自我意识中使我们谦卑的东西，就其是肯定的、是规定根据而言，独自就唤起敬重。因此，道德法则即便在主观上也是敬重的一个根据。”①这就正如康德在《实践理性批判》中所指出的那样：“世界上唯有两样东西能让我们的内心受到深深的震撼，一是我们头顶浩瀚灿烂的星空，一是我们心中崇高的道德法则。”换言之，在康德的道德世界里，激发德性主体道德实践的动力是来自神圣的道德律令，这种道德律令因其崇高神圣而让人心生敬重和震撼，进而因为这种敬重和震撼而使德性主体去进行具有真正道德价值的纯粹的道德实践活动。

儒家德性伦理超越了这种“水至清则无鱼，人至察则无徒”（《汉书·东方朔传》）的极端化的对于道德实践的理性思考。儒

① ［德］康德．康德著作全集·第5卷［M］．李秋零，译．北京：中国人民大学出版社，2013．

家德性伦理是“尊德性而道问学。致广大而尽精微。极高明而道中庸”(《中庸》)的。

针对道德实践之精神动力,《孟子·公孙丑上》有一段脍炙人口的经典论述:

所以谓人皆有不忍人之心者,今人乍见孺子将入于井,皆有怵惕恻隐之心——非所以内交于孺子之父母也,非所以要誉于乡党朋友也,非恶其声而然也。由是观之,无恻隐之心,非人也;无羞恶之心,非人也;无辞让之心,非人也;无是非之心,非人也。恻隐之心,仁之端也;羞恶之心,义之端也;辞让之心,礼之端也;是非之心,智之端也。人之有是四端也,犹其有四体也……苟能充之,足以保四海;苟不充之,不足以事父母。

在孟子举的这个经典例子中,孟子指出:德性主体要救“将入于井”的“孺子”的时候,要自觉排除一切外在的感性考虑,只是去无条件地遵循自己的道德本心和良知。这本身同样体现了人之为人的道德境界超越性,但这种超越性是“不离日用伦常”的,是不与真实的生活世界相阻隔的。是从德性主体的本心直接发出来的,是不假思索的。德性主体的本心就蕴含恻隐、羞恶、辞让、是非的“四端之心”,这种四端之心本身就浸润着康德所说的敬重感。这种敬重感不是基于一种抽象的道德律令,而是基于道德本心对于生命的敬重。

孟子强调:“万物皆备于我矣。反身而诚,乐莫大焉。强恕而行,求仁莫近焉。”(《孟子·尽心上》)道德情感意义上的敬重感同样应该是感知于身,发乎于心而践之于行的。从儒家德性伦理的角度来说,这种道德敬重感是建立在对于人之为人的本质的敬重的基础之上的。

尽管康德在《实践理性批判》中高度强调“人是目的”的思想,但康德依然认为:“人虽然是够不神圣的了,但在其个人中的人性对人来说却必然是神圣的。在全部造物中，人们所想要的和能够支配的一切也都只能作为手段来运用；只有人及连同人在内所有的有理性的造物才是自在的目的本身。因为他凭借其自由的自律而那本身神圣的道德的主体。”①在康德眼中，人的神圣不是因为人之为人的本身，而是因为其被抽象出来的道德自由和自律，而在儒家伦理中，人之为人的可贵是在人之“知情意行”各个维度的全幅呈现。“厩焚，子退朝，曰：‘伤人乎？’不问马。”(《论语·乡党》)这就直接体现出孔子把人的生命放在首位的思想。

“仁者，人也。”(《中庸》)人是具备仁德之心的。人是可以通过不断地“止于至善”和自强不息的努力使自己实现人之为人的境界的不断提升的。正如孔子所说：“若臧武仲之知，公绰之不欲，卞庄子之勇，冉求之艺，文之以礼乐，亦可以为成人矣。”(《论语·宪问》)人可以在知、勇、礼乐等各个方面实现自身“日知其所亡，月无忘其所能”(《论语·子张》)的生命成长的。孟子也指出：“可欲之谓善，有诸己之谓信，充实之谓美，充实而有光辉之谓大，大而化之谓圣，圣而不可知之谓神。”(《孟子·尽心下》)

作为康德道德形而上学中唯一被强调的道德情感，敬重感遵循的依然不是一种儒家德性伦理意义上的真切真实的道德情感，而是基于纯粹道德律令的设定。换言之，康德注重的不是作为德性主体的人本身，而是德性主体纯粹出于道德义务的道德实践。但是，康德并没有说清楚为什么德性主体要关切而且必须关切在他看来神圣的道德法则本身而不是人本身。而在儒家德性伦理的视角下，不存在抽象的超越于真实人心的所谓纯粹道德法则。即使是有这样的先验意义上的道德法则，也是发端

① [德]康德.实践理性批判[M].邓晓芒，译.北京：人民出版社，2004.

于人真实的人心世界和道德情感的。

在儒家德性伦理的视角看来，“敬”作为一种真诚的道德情感，是经过后天的修身养性的德性践履才能达成的。而且，这种“敬重”之道德心是外在德性延伸的基础。根据《论语·宪问》的记载：“子路问君子，子曰：‘修己以敬。’曰：‘如斯而已乎？’曰：‘修己以安人。’曰：‘如斯而已乎？’曰：‘修己以安百姓。修己以安百姓，尧舜其犹病诸！’”《论语》里提到“仁”是109次，提到“礼”是70多次，而提到“敬”是20多次。如“敬事而信”（《论语·学而》），“居处恭，执事敬”（《论语·子路》），“务民之义，敬鬼神而远之，可谓知矣”（《论语·雍也》）。

《易经·坤卦》也记载：“君子敬以直内，义以方外。”总的来说，从《诗经》“雅”“颂”部分开始，“敬”的含义主要就是严肃、恭敬。有了发自内心的诚敬之心和敬重之意，方才能有足够的面对内在良知的敬畏与戒慎恐惧。这种发自内心的谦卑与诚敬是建构和培养一切其他德性范畴的基础所在。

“敬”本身是既作为本体又作为工夫而存在的。也就是本体即工夫，工夫即本体。相比于康德的道德哲学，具体来说，相比于康德关于敬重感的论述，儒家德性伦理传统注重对生命学问视域下的整体德性观照。它不仅注重一种知行合一的实践性，也注重内在心性超越性的深层德性架构之建构。正如王阳明所强调的那样：“知是行的主意，行是知的功夫。”“知者行之始，行者知之成，圣学只一个功夫，知行不可分作两事”“知之真切笃实处即是行，行之明觉精察处即是知。”（《传习录》）

从以上论述可以看出，王阳明非常注重本体和功夫的统合。他强调：“功夫不离本体，本体原无内外。”（《传习录》）黄宗羲指出：“心无本体，工夫所至，即是本体。”（《明儒学案》）这就意味着儒家德性伦理将本体和工夫本身熔铸成了一个整体，而不像康德一般意义上的在本体与工夫之间的隔绝。正因为此，孔子指出："仁远乎哉，我欲仁，斯仁至矣。"（《论语·述而》）后来，二程以《易经·坤卦》里的"敬以直内，义以方外"为基本的理据，明确将"主敬"作为儒家德性伦理之重要的修养践履路径。

朱熹明确指出："圣人言语，当初未曾关聚。……到程子始关聚说出一个敬来教人。"[1]朱熹在这里明确指出"敬"是圣人教人的方法。只有通过敬重的道德情感的道德动力凝聚，才能实现孟子所说的"使弈秋诲二人弈，其一人专心致志"（《孟子·告子上》）的收摄心性的目标，进而达到孟子所说的"是集义所生者，非义袭而取之也"（《孟子·公孙丑上》）的"集义"的目标和"学问之道无他，求其放心而已矣"（《孟子·告子上》）的"放心"和"养吾浩然之气"（《孟子·公孙丑上》）的修养身心的德性践履目标。只有这样，才能做到孟子所说的"寡欲"，因为"养心莫善于寡欲。其为人也寡欲，虽有不存焉者，寡矣；其为人也多欲，虽有存焉者，寡矣"（《孟子·尽心下》）。

总之，儒家"仁"学思想超越了一种思辨理性意义上的逻辑概念分析的理性宰制，直指人之为人的情感理性本质。"仁"不仅是人之为人的本质，而且体现着生生之谓仁的儒家德性伦理之教育精神，即仁者爱人和有教无类。"仁"是道德敬重的基础。

敬重感是康德道德哲学一个重要概念，它将人的内心之道德律令或道德法则提升到了让人颤栗的止于至善的高度，这种道德情感意义上的敬重感推动人的自觉的道德实践并且使道德实践具有真正的道德价值。孔子之仁与康德之敬，分别体现了

① ［宋］黎靖德.朱子语类·卷12［M］.北京：中华书局，1986.

道德情感与道德理性二者分别对于德性主体德性践履的重要的指导意义。通过对比孔子之仁的思想和康德之敬重感的思想，可以帮助我们更好地提升现代德育的有效性。

第八章

仁爱与兼爱:儒墨视域下生命意义的道德追问

【引言】

无论是儒家的仁爱思想还是墨家的兼爱思想,都从哲学本体的深层维度彰显着其对于生命的关怀和生命意义世界建构的人文关切。人的内在的仁爱或兼爱精神具有一种在一定生命处境中寻找并创造生命意义的实践智慧。基于仁爱与兼爱之道德情感的自觉的道德践履是生命意义世界持久建构的根基。

随着人类对于现代技术依赖的日益加深,人在不知不觉中被自己所创造的技术所役使。但随着机器的出现,"人类灵魂已变得面目全非,造成这个现象的原因就是隐藏在社会和文化名义背后的技术:进化使人不断地远离自己的根源"①。查尔斯·

① [法]贝尔纳·斯蒂格勒.技术与时间[M].裴程,译.南京:译林出版社,2000.

泰勒也曾深刻地指出现代性存在三个隐忧，即个人主义、世界的去幻和工具主义理性的膨胀及由此带来的价值理性的式微。换言之，第一个隐忧涉及意义的丧失、道德视野的褪色；第二个隐忧涉及在工具理性猖獗面前德性价值的晦暗；第三个隐忧涉及个体主体性的丧失。① 而这一切都在导致现代人生命意义的危机。生命意义危机的背后是道德教育面临的情感维度缺失和由此导致的现代人心灵的空疏和冷漠。

随着人工智能、大数据等现代科技的发展，人类越来越需要思考孟子所指出的“人之异于禽兽者几希”（《孟子·离娄下》）的人禽之辨问题和“人与机器之辨”的基本伦理问题。动物有其本能，机器有其智能，而且是越来越发达的智能，那么，人的尊严是什么呢？人之为人的本质究竟是什么呢？当然是人的道德情感与生命智慧。尽管儒家的仁爱思想与墨家的兼爱思想在学理上有其和而不同的差异，但二者背后蕴藏的深厚的道德情感昭示着人类超越心灵失范并追求生命意义的重要实践智慧。

一、 道德情感的回归：追寻生命意义的人文进路

如何去面对生命意义的缺失？生命意义的危机将是在生存问题之物质维度满足之后人们面对的最严峻的危机。随着人工智能时代的到来，随着人类越来越沉迷于虚拟世界，随着人类道德情感淡漠的日益严重，那些已有的人生道德秩序面

---

① [加]查尔斯·泰勒．现代性之隐忧[M]．程炼，译．北京：中央编译出版社，2001．

临着现实的挑战，而新的重要的道德秩序还没有形成或尚未被成功建构，因此人面对着生命无法承受之轻的道德危机和意义危机。“对有意义的存在的关切是做人所固有的——它是强大的、基本的、发人深思的，存在于每个人的内心。”①人需要寻找生命意义的存在。这种对于生命意义的追寻体现在人的使命感的确立上的。孔子说：“不知命，无以为君子也；不知礼，无以立也；不知言，无以知人也。”（《论语·尧曰》）知命才能立命，修德才能真正立命，从个体意义上的“三十而立”（《论语·为政》）到大我意义上的张载所说的“为天地立心，为生民立命，为往圣继绝学，为万世开太平”②，这都是在确立人之为人的使命意义上讲人如何才能寻找并创造人之为人的生命意义支撑。

人是“被抛入”到一个广大而陌生的世界的。人必须通过一种持续的对于生命意义的追求来超越一种生命存在的虚无和孤独感。对种种技术工具的日益依赖导致了现代人精神浮躁的加剧。尼采就存在主义提出过这样的问题：“倘若人丧失了此前他赖以生存的锚链”，“他会不会漂移到一个无尽的虚空中去呢”？生命的意义不是给定的，也不是被动地由外在的环境所赐予的，生命的意义归根到底必须由德性主体自身通过一种“天行健，君子以自强不息”（《易经·乾卦》）的道德实践来创造出来。由于生命意义世界的缺失，越来越多的现代人试图通过逃避到由现代技术所构建的网络虚拟世界中去找到所谓的生命的意义，结果却发现，满世界都是海水，结果却没有一滴水可以帮他解渴，他陷入一种恶性循环的更深的孤独与虚无中，因为他发现这样

---

① ［美］赫舍尔．人是谁［M］．隗仁莲，译．贵阳：贵州人民出版社，1994．
② ［宋］张载．张载集［M］．北京：中华书局，1978．

一个事实，即萨特在《存在与虚无》中所说的："如果以为我已经抓住它，那么，相反地，它倒抓住我。"生命意义的弱化或缺失正在造成很多人严重的伦理困境。

弗兰克尔在《追寻生命的意义》一书中用到了一个针对追求生命意义的伦理问题的一个重要术语，即"意义疗法（logotherapy）"，这个词中所包含的 Logos（逻各斯）的本义就是生命应当追求的意义（meaning）。弗兰克尔认为"人对意义的追寻是其生命的初级动机，而不是本能驱力的'二次合理化'。这一意义是唯一的、特定的，它必须而且可以被人独自地实现。只有当这个意义实现时，个人追寻生命的意义的愿望才能够得到满足"①。如何才能超越对于很多人来说越来越严重的意义的失落和存在的空虚？如何才能在未来的人工智能时代确立人有意义的奋斗目标？现代人日益增多地沉溺于网络所构成的虚拟世界中不能自拔，人自己创造的科技正在反过来开始奴役人，甚至很多人成为自己所创造的工具的奴隶，正如马克思所言："在现代，物的关系对个人的统治、偶然性对个性的压抑，已具有最尖锐最普遍的形式，这样就给现有的个人提出了十分明确的任务。"②现代人生命意义危机的背后是深层次的价值虚无主义的危机，"价值虚无主义是现代社会最深刻的精神危机"③。

马克思曾将人与物的关系区分为三个阶段，即"人的依赖关系""以物的依赖性为基础的人的独立性""建立在个人全面发展

---

① ［奥］弗兰克尔．追寻生命的意义［M］．何忠强，杨凤池，译．北京：新华出版社，2003．

② 中共中央马克思恩格斯列宁斯大林著作编译局．马克思恩格斯全集·第3卷［M］．北京：人民出版社，1960．

③ 刘宇，秦小兵．论现代社会的价值虚无主义及其扬弃［J］．江汉论坛，2015(4)：62-67．

和他们共同的社会生产能力成为他们的社会财富这一基础上的自由个性”①。如何摆脱人对物的依赖性,进而重建人之为人在存在之维上的意义之链?我们需要有一种精神文化的回归。包括儒家和墨家在内的中华优秀传统文化是中华文化的精髓,它凝聚着源远流长、生生不息的中华传统美德,蕴含着厚重深沉的生命意义成长所赖以依托的精神资源,积淀了铸魂育人所需要不断汲取的生命意义建构泉源。仁爱与兼爱分别作为儒家和墨家伦理的核心概念之一,包含着深沉厚重的德性伦理道德情感资源,对在现代社会帮助人实现生命意义的道德追问有着重要的启迪价值。

二、儒家“仁者爱人”的现代意蕴及其人生意义启示

仁爱精神的背后是孔子特别强调的“仁”。孔子说:“人而不仁,如礼何?人而不仁,如乐何?”(《论语·八佾》)仁爱之精神是所有其他德性条目的基础,在儒家德性伦理的体系中,仁爱精神无疑具有一种总体意义上的本体性。“仁”的基本含义是一种对于他人感受的真切的感受能力(sensitive),在这个基础之上,才能进而达到仁者爱人的境界。对应到英文中,作为一种内心的感受能力的“仁”,指的就是“sensitive”,这个词的中文意思就是体贴的、体恤的、善解人意的、感觉敏锐的。只有对别人所感受到的痛苦有一种感同身受深层的感受能力,才会激发一个人真

① 中共中央马克思恩格斯列宁斯大林著作编译局.马克思恩格斯全集·第46卷[M].北京:人民出版社,1979.

诚的仁者爱人的能力。

在中医里，麻木不仁是一种病态，《医案·总论》上说："一日皮死麻木不仁。"《庄子·田子方》也说："夫哀莫大于心死，而人死亦次之。"生命的意义不是仅仅为自己而活就可以找到的，人，必须超越小我走向一种大我的"仁者，以天地万物为一体"(《二程遗书》)的境界，才能真正体会到"仁者爱人"的生命大境界。

在儒家德性伦理学中，"仁"被称为"元德"，《易经·乾卦》说："元者，善之长也。"朱熹在《周易本义》中说："元者，万物之始，天地之德，莫先于此，故于时为春，于人则为仁，而众善之长也。""生生之谓易"(《易传·系辞传上》)，"生生，不绝之辞。阴阳变转，后生次于前生，是万物恒生，谓之易也"(《周易正义》)。"仁"不仅是一种静态意义的德性状态，更是一种创生的道德能量和道德情感。经由仁德之情感的生发，能够生成立身行道的生命意义。《易传·彖传下》说："观其所感，而天地万物之情可见矣。"作为一种元德，仁德是生生之德。《易传·文言传》曰："元者善之长也，……君子体仁，足以长人。"生命的意义不是给定的，而是因为将生命扎根于仁者爱人的道德使命而逐渐生长出来的。仁，不仅是儒家伦理中的本体之仁，也是具有创生人生无限道德意义的生生之仁。

生命意义的重建在本质上来说是一种人与人之间道德情感的重新相连接。"上下相亲谓之仁。"(《礼记·经解》)"仁者，可以观其爱焉。"(《礼记·丧服四制》)"夫仁者，己欲立而立人，己欲达而达人。"(《论语·雍也》)《庄子·在宥》也说："亲而不可不广者，仁也。""仁，从人，从二"(《说文解字》)，"仁，亲也"(《说文解字》)。"仁"本身就意味着自我与他者之间不可分割的道德情感链接。作为德性主体的人，当其具备了深植于心的仁爱之心的时候，他就能做到这份道德情感的扩而充之。“仁者，谓其中心欣然爱人也”（《韩非子·解老》），进而做到孟子所说的“老吾老，以及人之老；幼吾幼，以及人之幼”（《孟子·梁惠王上》）。

儒家所说的“仁”所包含的道德感受（moral feelings），其对应的英文是“sensitive”，它是一种道德情感（moral emotions）的感同身受的能力，而不是“sensible”，即“明智的，合乎理性”的理智能力（make good judgements，reason）。

亚当·斯密在其著作《道德情感论》中一开始就开宗明义地指出：“无论一个人被在多大程度上假定为是自私自利的动物，毋庸置疑，在人之为人的本性上，都存在着一些基本的道德律令或原则，这种道德原则会以一种感同身受的方式使他因为他者的幸福而产生幸福的共鸣，同时也使其认为对方的幸福也是一种对自己来说的必须。尽管他自己无法从他者的幸福那里获得一丝一毫的所谓的利益回报——恻隐之心或一种深切的同情之心就属于这样的一种生命原则，这种基于同情和悲悯的道德情感是因为道德主体感受到他者的痛苦而被自然激发的，甚至不需要道德主体亲眼见到别人的痛苦，哪怕只要道德主体去清晰地想象别人遭遇的痛苦，也会在其心中激发出类似的道德同情。我们会因为切身感受到他者的痛苦而引发自己的人同此心，心同此理的痛苦的感受，这是不证自明，显而易见的，这种道德情感，正如人性中本自具足的原初情感一样，是绝不仅仅限制于被公认为有美德的人身上才有的，尽管追寻美德的人会感受得更为彰显一些。”①

“宋代儒学更明确地把仁与生联系起来，与生生的宇宙观联系起来，与宇宙的内在的生机、生意联系起来，从而使之与仁，与一体关联在一起，以生论仁成为此后儒家仁学的主要传统。”②而从“仁”生长出的最重要的生命道德价值就是生命意

---

① 这是《道德情感论》在一开始就出现的关键论述，中文部分是本文作者自己翻译的，为帮助大家更好地进行比较理解，特将亚当·斯密的英文原文收录如下：How selfish so ever man may be supposed, there are evidently some principles in his nature, which interest him in the fortune of others, and render their happiness necessary to him, though he derives nothing from it except the pleasure of seeing it. Of this kind is pity or compassion, the emotion which we feel for the misery of others, when we either see it, or are made to conceive it in a very lively manner. That we often derive sorrow from the sorrow of others, is a matter of fact too obvious to require any instances to prove it; for this sentiment, like all the others original passions of human nature, is by no means confined to the virtuous and humane, though they perhaps may feel it with the most exquisite sensibility. The greatest ruffian, the most hardened violator of the laws of society, is not altogether without it. 见 Adam Smith. The Theory of Moral Sentiments. NY: Penguin Classics, 2009, Part Ⅰ, Sect. Ⅰ, Chap. Ⅰ, Page 13. 亚当·斯密所说的这种怜悯与同情之心，非常类似于孟子所强调的“不忍人之心”，正如《孟子·公孙丑上》所论述的一样：“人皆有不忍人之心。先王有不忍人之心，斯有不忍人之政矣……所以谓人皆有不忍人之心者，今人乍见孺子将入于井，皆有怵惕恻隐之心……”同时，需要指出的是，亚当·斯密这本书的书名，大多数将其译为《道德情操论》，情操指情感和操守的结合。本文作者以为亚当·斯密更多强调的是人的最初的类似于孟子所说的“四端之心”的道德情感萌芽状态，而不是经由自觉德性践履之后被建构成的稳定的道德情感能力状态，故此文将其翻译为《道德情感论》。

② 陈来. 仁学本体论[J]. 文史哲，2014(4)：41-63.

义。周敦颐说过“生，仁也；成，义也”(《周子通书》)，谢良佐也认为“仁”是“言有生之意”(《上蔡语录》)，有了使人作为人、成为人的“仁”的感受能力，人作为道德主体才能去做到仁爱，仁爱本身就会激发出生生不息的生命活力，并将这种生命有尊严的存在感凝聚为一种实存的生命意义。生命意义是不能在一种孤陋寡闻的状态中孤立形成的，而是要在一种仁者爱人的道德实践中才能被生发出来的。

人生意义的问题可以具体化为“人为什么而活着”的实践维度的问题，这就进一步延伸出孔子所说的“不知命，无以为君子也”(《论语·尧曰》)的人生的使命问题，即“作为人，什么生活是有意义的?”和“作为人，什么样的生活是正确的生活?”“人的一生应该怎样度过，才能实现在有限人生里无限的生命意义?”

生命的意义不是在书斋里冥思苦想可以出来的，生命的意义必须在一种道德主体投入到对他者的有担当的奉献中，才能被实现。生命的意义追求离不开基于仁者爱人之道德意识的自觉的道德实践。

杨国荣认为：“理想的追求以‘人可以期望什么’或‘人应当期望什么’为指向，使命的意识则展开为‘人应当承担什么’的追问，二者与‘人为何而在’的自我反思紧密联系，体现了对人自身存在意义的深沉关切。”①生命意义的建构涉及生命道德使命的担当。有了生命道德使命的担当，孔子的志向“老者安之，朋友信之，少者怀之”(《论语·公冶长》)才能激发他那种“发愤忘食，乐以忘忧，不知老之将至云尔”(《论语·述而》)的生命状态，有了这样的道德使命的担当，张载才能立志：“为天地立心，为生民

---

① 杨国荣.论意义世界[J].中国社会科学，2009(4)：15-26.

立命，为往圣继绝学，为万世开太平。”①儒家仁爱之学是一种生命道德意义的“感而遂通”(《易经·咸卦》)之立德树人之学。学以成人的内在逻辑就是学以践仁，有了仁者爱人的道德意义上的感同身受，才能真正建构挺立人性光辉的生命意义。

三、墨家“兼爱”思想的现代意蕴及其人生意义启示

梁启超认为：“墨学所标纲领，虽有十条，其实只从一个根本观念出来，就是兼爱。”②从人生意义的现代建构来说，墨家“兼爱”思想也有着重要的现代价值。墨子兼爱思想的现代价值，常常因为孟子的这一句话而遭到质疑：“杨氏为我，是无君也；墨氏兼爱，是无父也。无父无君，是禽兽也。”(《孟子·滕文公下》)其实儒家仁爱思想与墨家兼爱思想都有着基于情感理性意义的深厚的道德情感价值，二者都对今天生命意义的道德建构有着重要启示。韩愈说：“孔子泛爱亲仁，以博施济众为圣，不兼爱哉！”③明代思想家李贽也说过：“兼爱者，相爱之谓也。使人相爱，何说害仁？”④仁与爱二者是不可分割的。事实上，正因为墨子能心存“兼相爱，交相利”(《墨子·兼爱下》)的思想，才能做到“墨子兼爱，摩顶放踵利天下，为之”(《孟子·尽心上》)。在这一点上，相信孟子本身也是对墨子敬佩有加的。

什么是“兼爱”？墨子认为：“仁人之事者，必务求兴天下之

---

① [宋]张载.张载集[M].北京：中华书局，1978.

② 梁启超.墨子学案[M]//饮冰室合集.北京：中华书局，1989.

③ [唐]韩愈.读墨子[M]//韩愈全集.钱仲联，马茂元，校.上海：上海古籍出版社，1997.

④ [明]李贽.墨子批选[M]//墨子大全.北京：国家图书馆出版社，2002.

利，除天下之害。”（《墨子·兼爱下》）“兼爱”思想意味着“天下之博大也，譬之日月，兼照天下之无有私也”（《墨子·兼爱下》）。墨子的兼爱思想实现了一种道德实践意义上的“知、情、意、行”的高度统一，他真正做到了以“自苦为极”（《庄子·天下》），他说：“今天下莫为义，子独自苦而为义。”（《贵义》）墨子通过践行这种兼爱的思想，用一种勇者不惧的道德践履担当起了一种壮丽的生命意义。

通过一种“先天下之忧而忧，后天下之乐而乐”（范仲淹《岳阳楼记》）的道德奉献，自觉地将“小我”融入“大我”之中，才能建构持久的生命意义。包括墨家思想在内的中国哲学的特点就是“道德哲学”和“实践哲学”，真诚的道德情感是建构人的自觉的道德践履的关键资源。郭店竹简《五行篇》说：“仁形于内谓之德之行，不形于内谓之行；义形于内谓之德之行，不形于内谓之行。”①所谓“形于内”，指的是一个人的道德行为是发自于道德主体的真诚的道德情感，是属于孔子所说的“仁远乎哉？我欲仁，斯仁至矣”（《论语·述而》）的道德自律范畴，这种道德自律赋予了一个人的道德行为以真正的道德价值。因此《性自命出篇》特别强调“虽能其事，不能其心，不贵”①。

墨子博大深沉的兼爱思想确定了其道德自律的自主伦理基础，而道德自律的墨家伦理又为其建构生命的意义系统提供了真实的道德基础。人为什么要追求生命的意义呢？赫舍尔说过：“人的存在从来就不是纯粹的存在，它总是牵涉到意义。意义的向度是做人所固有的……他可能创造意义，也可能破坏意义；但他不能脱离意义而生存……对意义的关注，即全部创造性活动的目的，不是自我输入，它是人的存在的必然性。”②与其说

---

① 荆门博物馆．郭店楚墓竹简[M]．北京：文物出版社，1998．

② [美]赫舍尔．人是谁[M]．隗仁莲，译．贵阳：贵州人民出版社，1994．

人需要寻找生命的意义或追求生命的意义，还不如说，人需要创造自己生命的意义。生命本来没有意义，所有的意义都是人通过自己的自觉的道德实践努力创造出来的。赫舍尔还说过："正是人的意义照亮了人的存在。"①

墨子的兼爱思想是有其独特的系统和整体性的，背后体现了人与自然的和谐思想和天人合一的整体道德情感。"民吾同胞，物吾与也"(《西铭》)，这一点与墨子兼爱思想有内在的相通性，清人孙诒让指出："墨子思想最具代表性的观点是'兼爱'，即一视同仁地爱一切人。"②墨子的这种思想有着深刻的生态伦理的现代价值，也启示着人对追求生命意义的新的更宽广的维度。海德格尔所说的西方传统哲学的主体形而上学导致了单向度的人与自然关系中的人类中心主义。在这样的解释框架下，"自然"是被人所宰制的。这就造成了人与自然的对抗，也进而膨胀了人的贪婪的欲望，而这种欲望的膨胀就会从深层次消解人之为人的高尚的意义感。

包括儒家和墨家在内的中国哲学思想，在其本质上就是一种生的哲学，是关注生命、关爱生命及生命意义的哲学，是成就生命意义的哲学，是追求生命意义的人生哲学。这种生命哲学本身当然不仅包含对于基于人的生命的哲学，而且包含一种总体生命意义上的生态哲学。"一阴一阳之谓道""生生之谓易"(《易传·系辞传上》)。既然墨家哲学的本质维度包含生命哲学，当然其生命哲学的核心之一就是其体现情感维度的兼爱思想。情感理性问题也是墨家伦理关注的重要问题。像"天""命""道""生""性""情""心"等概念都是儒、墨、道各家都非常重视的

① ［美］赫舍尔.人是谁［M］.隗仁莲，译.贵阳：贵州人民出版社，1994.
② ［清］孙诒让.墨子间诂［M］.孙启治，点校.北京：中华书局，2001.

概念，而这些概念本身就包含着深刻的情感理性维度。人之为人，怎能无情？无情，又怎能生成或建构人生之意义？“西洋人是要用理智的，中国人主要用直觉的——情感的；西洋人是有我的，中国人是不要我的。”①梁启超鲜明地指出情感对于人生意义的重要性，他认为生命之情感才是“生活的原动力”，“人类生活，固然离不了理智；但不能说理智包括人类生活的全内容。此外还有极重要一部分——或者可以说是生活的原动力，就是‘情感’。情感表现出来的方向很多。内中最少有两件的的确确带有神秘性的，就是‘爱’和‘美’”②。

凝聚成仁爱或兼爱的道德情感是具有孔子所说的“下学上达”(《论语·宪问》)的统摄人生意义的整体生发与后天建构功能的。道德情感经过道德实践的凝聚可以向上实现理论的升腾进而成为一种融合理智与情感的情感理性，同时，它又可以下贯到实然意义的生活世界的道德生活实践层面，成为推动人自觉进行道德践履的精神动力。理性与情感在包括墨家思想在内的中国哲学的语境中是不可分割的，它有着鲜活的生命意义创造的厚重性。生命意义的现代建构无法离开一种基于道德主体自觉的道德实践，而道德实践“知情意行”的内在逻辑就决定了道德实践不能离开厚德载物的深厚凝聚为道德情感的道德心理基础。经由一种克己复礼的道德实践才能将人的自然境界意义上的一般情绪升华为一种洋溢着孟子所说的“浩然之气”(《孟子·公孙丑上》)的道德情感，这种生命境界的提升过程本身也昭示着生命意义的实现过程。

现代人日益面对着严重的由于生命意义缺失所造成的各种

---

① 梁漱溟.梁漱溟全集·第1卷[M].济南：山东人民出版社，1989.

② 张君劢.科学与人生观[M].济南：山东人民出版社，1997.

精神危机。由于无法通过仁爱或兼爱的道德情感将自己与他者之间建立起一个意义世界的道德情感共同体，导致越来越多的人在心灵深处在走向表面的喧嚣与浮躁所遮蔽下的内心的孤独和空虚。面对当代社会如海德格尔所说现代人的无家可归状态，如何通过汲取蕴藏在儒家仁爱和墨家兼爱中的深沉厚重的道德情感来帮助现代人克服精神的虚无并建构生命高尚的意义世界，这是道德教育必须面对的时代课题。

从传统社会到现代社会的转变过程中，一方面是传统意义上的意义之链在断裂，另一方面是现代意义的生命意义世界没有完成建构，这就导致了现代性意义上的很多人的精神伦理困境。马克思在《共产党宣言》中指出："一切固定的僵化的关系以及与之适应的素被尊崇的观念和见解都被消除了，一切新形成的关系等不到固定下来就陈旧了，一切等级的和固定的东西都烟消云散了，一切神圣的东西都被亵渎了……人们不得不用冷静的眼光来看他们的生活地位、他们的相互关系。"①无论时代如何变迁，人们对于更高生命境界的追求和对于生命意义的心灵追求之旅从未中断过。王国维就认为情感教育的目的在于培养"完全之人物"，他说："教育之宗旨何在？在使人为完全之人物而已……完全之人物，不可不备真善美三德。"②墨家兼爱思想体现着情感教育的重要旨归，有了完整的生命道德情感才能衍生出完整的生命人格，有了完整的生命人格，才能创造完整的生命意义。

李约瑟对墨子的兼爱思想有着极高的评价："(墨子)宣扬兼

---

① 中共中央马克思恩格斯列宁斯大林著作编译局.马克思恩格斯选集·第1卷[M].北京:人民出版社,1995.

② 王国维.论教育之宗旨[A]//傅杰.王国维论学集.北京:中国社会科学出版社,1997.

爱学说，人们对之皆愿致其崇高敬意。”①墨子的兼爱思想闪耀着人性的光辉，他的观点如“视人之国若视其国，视人之家若视其家，视人之身若视其身”（《墨子·兼爱上》）、“饥则食之，寒则衣之，疾病侍养之，死伤葬埋之”（《墨子·兼爱下》）、“有力者疾以助人，有财者勉以分人，有道者劝以教人”（《墨子·尚贤下》），直到今天依然给我们带来深深的感动。

当今社会，太多人由于受到消费主义的影响，导致精神生命的荒芜和生命意义世界的荒漠化，回到墨子的兼爱思想，能够使人升华自己的生命境界，进而让自己在追求“达则兼善天下”（《孟子·尽心上》）的过程中重建生命道德意义的精神家园。朱熹也客观指出墨子兼爱思想的意义：“墨氏见世间人自私自利，不能及人，故欲兼天下之人人而尽爱之。”②相比于一般意义上讲的对于人的爱的道德情感的重视，墨子兼爱思想是将“爱”的伦理高度拔高到了一个让人震撼的崇高高度，这是一种彻底的道德之爱，他说：“必为其友之身，若为其身；为其友之亲，若为其亲。”（《墨子·兼爱下》）墨子将这种爱的道德原则升华到了一个崇高的道德原则的高度，经由这样的道德情感高度，墨子也将人们对于追求生命意义的视野扩展到了一种让人震撼的精神高度。

墨子兼爱的观点让我们“学会了尊重人”③，并且真正明白了什么是康德所说的人是目的的伦理内涵，这本身就是追求生命意义在道德情感升华维度上的体现。墨子兼爱的道德情感与康德所说的“敬重”的道德情感有其相通之处，因为道德情感意

① [英]李约瑟.中国古代科学思想史[M].陈立夫，等译.南昌：江西人民出版社，1990.

② [宋]黎靖德.朱子语类·卷55[M].北京：中华书局，1986.

③ Immanuel Kant. Notes and Fragments[M]. Paul Guyer, ed. Cambridge: Cambridge University Press, 2005.

义上的“敬重”，它“不是通过受影响而接受到的情感，而是通过一个理性概念自己造成的情感”①。这样的一种敬重的道德情感才能生发出真正的人生意义。

四、 仁爱与兼爱：走向激发生命意义的共同的道德情感实践

无论是儒家的仁爱还是墨家的兼爱，二者都是以道德情感意义的“爱”作为其旨归。二者之间尽管有一些差异，但在其道德情感对人的道德呵护方面是有其相通性的。作为先秦儒家代表之一的荀子，他干脆就直接将“兼爱”概念运用到自己的论述中。“尧让贤，以为民，泛利兼爱德施均。辨治上下，贵贱有等明君臣。”(《荀子·成相》)作为一种体现人性之善的道德情感的爱，原本应该就是一种发乎于情的完整的爱，而不应该被人为地甚至是泾渭分明地将其区分为所谓的仁爱与兼爱。在由于现代技术发展导致人与人之间情感日益疏离的今天，我们更需要在道德伦理实践中整合道德情感中的爱的精神资源。

在这一点上，庄子为我们做出了示范：面对“何谓仁义”的问题，庄子借孔子之口说“中心物恺，兼爱无私，此仁义之情也”(《庄子·天道》)，仁爱与兼爱二者可以说是殊途而同归，二者都是为了达到客观意义上的“爱人”(《论语·颜渊》)、“节用而爱人”(《论语·学而》)、“泛爱众，而亲仁”(《论语·学而》)和陆游所说的“但能交相爱，余亦何足论”(陆游《书戒》)的人与人之间相亲相爱的道德境界。

---

① [德]康德. 道德形而上学奠基[M]. 杨云飞，译. 北京：人民出版社，2013.

“樊迟问仁。子曰：‘爱人。’”(《论语·颜渊》)仁爱精神是儒家德性伦理的核心精神。但这种仁爱不仅仅限于家庭内部，而且需要扩而充之，推而广之到“弟子入则孝，出则悌，谨而信，泛爱众，而亲仁”(《论语·学而》)的更宽广的爱的境界。“泛，博也。”①无论是仁爱还是兼爱，最终都要渐次朝着博爱的方向发展。道德情感的广度和深度影响着人生境界的高度，而人生境界的高度则决定着人生意义所能达到的高度。

墨子的兼爱主张追求一种类似于一种一视同仁的平等的爱。因此他提出“兼以易别”的原则。墨子说：“……此天下之害与？天下之利与？即必曰天下之利也。……天下爱人而利人者，别与？兼与？即必曰兼也。然即之交兼者，果生天下之大利者与？是故子墨子曰兼是也。”(《墨子·兼爱下》)墨子的这种观点已经暗合了人类命运共同体的智慧。个体的生命意义归根到底必须超越个体才能实现。马克思认为，脱离了共同体，人的自由全面发展和人的生命意义都是无法实现的。马克思认为：“只有在共同体中，个人才能获得全面发展其才能的手段，也就是说，只有在共同体中才可能有个人自由。”②

而建构道德伦理意义的命运共同体，其最重要的纽带一定是基于彼此相爱的情感纽带。没有以仁爱和兼爱为基础的情感的纽带的连接，这种所谓的共同体也就会成为一种虚幻的共同体或名不副实的共同体，这种虚幻的共同体是无法承载生命的意义追求的。在现代社会，墨子兼爱思想可以成为构建人与人之间和谐、人与自己内心世界的和谐的重要道德情感基础。兼爱思想能够很好地协调好爱己和爱人之间的关系。

---

① [清]刘宝楠.论语正义[M].北京：中华书局，1990.

② 中共中央马克思恩格斯列宁斯大林著作编译局.马克思恩格斯文集·第1卷[M].北京：人民出版社，2009.

仁爱与兼爱，乃至于西方文化所谓的博爱思想，其基本内涵都是基于一种爱的道德情感。要更好地理解作为道德情感的仁爱与兼爱对现代人追求生命意义的启发，我们有必要了解马丁·布伯的对话伦理及其关系本体论（relational ontology）。布伯说："起初就是关系。"①生命的意义总是只能在一种"己所不欲，勿施于人"（《论语·颜渊》）和"己欲立而立人，己欲达而达人"（《论语·雍也》）的人与人之间的人际或人伦关系中才可能被建构出来。没有所谓的抽象玄想式的生命意义与关系——特别是人与人之间的伦理情感关系就是生命意义赖以存在的道德情感本体基础。"人通过'你'而成为'我'"①，真正的能够实现生命意义的道德主体仅在进入与他人形成的互爱互助的伦理关系中才会出现。

尽管儒家仁爱伦理重视"人伦秩序"对于人的道德情感建构的意义，但儒家所主张的仁爱是有一种由近及远、由内到外的生长性和扩充性的，儒家的仁爱和墨家的兼爱思想一样，其最终旨归是实现道德情感之爱的整体性，这体现在《礼记·礼运》中"不独亲其亲"的"天下为公"的思想当中。这里既体现了儒家仁爱思想扩充之后的最高境界，又直接体现了墨家兼爱的道德情感智慧。对生命意义的追求同样要到最后扩充到一种"仁者，以天地万物为一体"（《二程遗书》）和"故圣人耐以天下为一家，以中国为一人者，非意之也"（《礼记·礼运》）将天地人融贯一体的整体生命意义境界。孟子说："形色，天性也；惟圣人，然后可以践形。"（《孟子·尽心上》）追求人生的意义的一个重要维度就是体现人所天赋的品质。孟子曰："可欲之谓善，有诸己之谓信，充实

① Martin Buber. I and thou［M］. trans. Ronald Gregor Smith. Edinburgh：T&T. Clark，1950.

之谓美,充实而有光辉之谓大,大而化之之谓圣,圣而不可知之之谓神。"(《孟子·尽心下》)由于道德情感经由仁爱和兼爱的扩充,生命的境界与生命意义实现的广度与深度也相应地得到提升和扩展。孟子也说过:"圣人,人伦之至也。"(《孟子·离娄上》)换言之,圣人只不过是在最高境界上实现人之为人的全部本质的人,也就是全面深刻地实现了人之为人的生命的意义的人。而所有这一切都是离不开人的仁爱与兼爱的道德情感实践的。

儒家仁爱和墨家兼爱的思想都追求一种终极意义上的人文关怀。仁爱与兼爱的道德情感是生命意义的源头活水,由这种仁爱精神和兼爱精神所生长出来的道德实践才能真正实现人生的意义,进而帮助人类走出诸多当前所面临的困境。当今人类"意义世界"的建构必须从包括仁爱和兼爱在内的人类珍贵的道德情感资源中去吸收生生之谓仁的爱的力量。

仁爱与兼爱都凝聚着一种真诚的真情实感。孔子说:"仁者,人也。"(《中庸》)如果没有"仁",没有"爱",没有"兼爱",人,何以为人?从这个意义上讲,所谓的"学以成人"的本质含义之一就是一个"复"字,"复,其见天地之心乎"(《易经·复卦》)。人要通过自觉的持续的道德情感的实践做到守仁,恢复并在守望相助中保持人的道德意义上的相亲相爱的能力,因为"人的维度"的本质就是"道德情感的维度"。

儒家强调"继善成性",墨子强调"兼相爱,交相利"(《墨子·兼爱下》)。无论是仁爱还是兼爱,作为一种崇高的道德情感,其根本意义在于"生",自强不息才能生生不息,而生生不息的基础是道德情感意义上的厚德载物。追求生命意义的道德践履本身就包含着一种生命的志向性,即向着生命意义完整性的不断生成。

第九章

《易经》德性智慧及其对高校思想政治教育的启示*

【引言】

《易经》中自强不息、厚德载物的德性实践智慧已经成为中国优秀传统文化中的重要内涵。要切实提升高校思想政治教育的有效性和可接受性，就必须从《易经》这样的中国传统文化经典中去汲取智慧，进而使高校思想政治教育做到厚积薄发、本立道生。《易经》中充满着重视道德教育的智慧，这对思想政治教育实现培养人的目标有着重要的借鉴意义。

《周易》哲学中浸润着深厚的生命学问之内蕴。《庄子·天下》说“易以道阴阳”，这本身就体现着《周易》哲学中内蕴的深沉厚重的生命哲学关怀。要从实质上提升高校思想政治教育的有效性，就必须深入到对于生命本体和生命道德情感的探讨中去。

---

* 原载于《济宁学院学报》，2021，42(1)：6-11。

思想政治教育是有其人文精神意义上的文化维度的。而这种文化维度的基本内核就是其所内蕴的中国优秀传统文化。思想政治教育之实践有效性最终需要有扎根于中国优秀传统文化的经典文化底蕴支撑。

返本才能开新，正如孔子所说："君子务本，本立而道生。孝悌也者，其为仁之本与！"（《论语·学而》）思想政治教育要做到如苏轼所说的"博观而约取，厚积而薄发"的境界，就需要深入到传统文化的深层，通过系统艰辛的努力，进而来建构能够实现思想政治教育培养人的目标的教学实践有效路径。

思想政治教育不仅要帮助学生面对生活世界中那些具体的人生困惑，这是具体层面上的解惑，而且要帮助学生面对人类在今天所遭遇的哲学深层意义上的生存困境。这就需要帮助学生去获得那种如孔子所说的能使人做到"知者不惑，仁者不忧，勇者不惧"（《论语·子罕》）的生命之深层智慧。以移动互联网、人工智能、大数据等为代表的当代技术突破已经在事实上造成了今天的思想政治教育学生主体所遭遇的特殊的生存困境和伦理困境。一方面是网络虚拟世界对作为德性基础的真实生活世界的日益蚕食，另一方面是青少年对技术工具的日益依赖所造成的空心化问题。当然，还有从文化心理层面上所体现出来的人的"物化"问题。

毋庸置疑，"德"是贯穿于《易经》哲学系统的主要概念之一。甚至可以说，《易经》中的"元亨利贞"对应的就是孟子所说的仁义礼智，这体现在孟子所说的这一句话中："君子所性，虽大行不加焉，虽穷居不损焉，分定故也。君子所性，仁义礼智根于心，其生色也睟然，见于面，盎于背，施于四体，四体不言而喻。"（《孟子·尽心上》）事实上，《易经》中蕴含着一套完整的具有鲜明中国哲学特色的道德哲学体系。这种道德哲学体系既有总体意义上的德性纲要，又有从属于这种德性纲要的分德。纲举目张，条分缕析，具有对现代思想政治教育重要的启示意义。一言以蔽之，《易经》中所蕴含的道德哲学，其本质是一种圆融而通透的生命之学。《易传·系辞传上》中强调“生生之谓易”。道德提供的生命之动力是道德实践之力量的来源。在《易经》表层的自然哲学论述中，蕴含着深厚的德性意蕴。

一、《易经》之道德哲学内蕴探微

《易经》生命哲学中包含着浓厚的生命人文关怀意识。思想政治教育本身是需要关注人类的生存境遇的。无论是人与自然之间，还是人与人之间，人与社会之间，乃至于人与自己的内心之间都需要做到一种动态的和谐，这是人之为人的存在目标。任何德性的成长和道德品格的后天建构都是需要有一个从知到行的逐渐止于至善的过程的。鉴于德性的内省特点和内化规律，人的内在德性品格的成长也是有其生成、发展和完善的规律的。

《易经》中蕴含的生命哲学不仅有其内蕴的生存维度，也有其内蕴的生命主体之内在德性生长之道德教育维度。《易经》一方面强调“生生之谓易”，另一方面又指出“天地之大德曰生”（《易传·系辞传上》），这就把“生生”与德性之维的“德”链接在一起了。而这里所说的“德”是包含着天德与人德之双重意蕴的。正如孔子所说：“不怨天，不尤人，下学而上达。”《论语·宪问》天德是与人德相贯通的，下学学人事，上达达天德，“夫君子所过者化，所存者神，上下与天地同流”（《孟子·尽心上》），在德性主体自身的道德修养扩而充之、止于至善的过程中，就在实现生命境界不断的提升。正如孟子所说:“可欲之谓善,有诸己之谓信,充实之谓美,充实而有光辉之谓大,大而化之之谓圣,圣而不可知之之谓神。”(《孟子·尽心下》)

一般来说,以孔子为代表的儒家伦理思想被认为是中国传统道德教育和道德哲学的主流。但毫无疑问,儒家伦理思想是有一种继往开来的对过去伦理思想的衍生与发展关系的。孔子道德教育思想的源头之一无疑包括其从《易经》智慧中获得的启发。它集中体现着中国文化的人文精神。《易经》由于有了《易传》的进一步完善,这就进一步使儒家道德教育的思想实践系统得以完善。《易经》的智慧不离德性主体的生活世界,对德性主体的现实道德人生有着重要的启示作用。正如《易传·系辞传上》所说:“百姓日用而不知,君子之道鲜矣。”朱熹也认为要成就君子人格或君子之道,就必须将君子之学与日用之常的道德切实实践相结合。戴震也强调:“人伦日用,其物也,曰仁、曰义、曰礼,其则也。”(《孟子字义疏证》)

同时,《易经》中的《谦》《恒》《复》等卦,都直接包含着重要的关于道德教育的思想内涵,至今依然有着对于思想政治教育重要的启示。《易传》所折射的关于人生道德智慧启示的内容体现在其对《易经》的详细阐述中。作为公认的中华民族传统文化的源头,《易经》中所包含的深厚的道德文化智慧中本身就蕴含着对现代思想政治教育颇具启发性的伦理实践智慧。比如说,《易经》中所蕴含的“自强不息”的精神对于思想政治教育建构德性主体勤勉努力的德性实践自觉意识就有着深刻的启示。《易经·乾卦》:“天行健,君子以自强不息。”这种自强不息的精神渗透到思想政治教育所需要建构的德性主体生命素质的各个方面。

《易传·系辞传下》言:“古者包牺氏之王天下也,仰则观象于天，俯则观法于地，观鸟兽之文，与地之宜，近取诸身，远取诸物，于是始作八卦，以通神明之德，以类万物之情。”这就开始揭示了足以贯通人心之道的天道的智慧。《易经》中“进德修业、崇德进业”的德性践履智慧对当前的高校思想政治教育无疑有着重要的德性启示意义。通过鼓励学生对以《易经》为代表的中国优秀传统文化经典的学习，能够极大地帮助学生形成其整体的生命学问架构和对生命智慧的思考意识，这就为提升思想政治教育课的有效性打下了扎实的文化积淀之基础。

要提升高校思想政治教育的有效性，其关键之一就是要提升思政课教师的传统文化底蕴。《易经·坎卦》：“水洊至，习坎；君子以常德行，习教事。”榜样的力量是无穷的。思想政治教育要从实质上提升其润物细无声的育人效果，不仅需要言传，也需要身教。正如孔子所说：“其身正，不令而行；其身不正，虽令不从。”(《论语·子路》)榜样教育是高校思想政治教育实践所需要自觉运用的路径和方法。榜样的力量是无穷的。生命学问实践中所体现出的鲜活的道德践履榜样能够在一种潜移默化的过程中对大学生产生无形的品格塑造作用。

孟子也说过：“尧舜之道，孝悌而已矣。子服尧之服，诵尧之言，行尧之行，是尧而已矣。子服桀之服，诵桀之言，行桀之行，是桀而已矣。”(《孟子·告子下》)当然，作为思想政治教育的教师，必须理解的一个事实就是：老师树立好的榜样尽管很重要，但还是远远不够的。从榜样的良好的示范性作用到榜样作用在思想政治教育意义上的深入人心是需要一种有效的内化建构过程的。这就涉及思想政治教育受教育者对思政课内容的接受性。《易经》中本身就充满着关于如何融摄德性之知与德性之行的知行合一的生命学问之智慧，这对思政课教师如何做好学生道德践履之榜样会起到很好的启示作用。

《易经》中的道德教育智慧是体现在一种"天人合一"的整体生命伦理智慧基础之上的。同时，《易经》中充满着关于具体之德性践履智慧的德性教化思想，其集中体现就是贯穿于《易经》整体智慧的"中庸之道"。朱熹说："中者，不偏不倚，无过不及之名。庸，常也。"（《四书章句集注》）当然，在先秦儒家中，"中庸"作为一种整体的道德教育目标和生命学问之践履目标概念，最早是由孔子提出来的。孔子指出："中庸之为德也，其至矣乎，民鲜久矣。"（《论语·雍也》）

事实上，中庸之道只是包含在《易经》中的重要智慧之一，正是因为《易经》中包含着深厚的人生哲理和道德教育启示，所以孔子到了晚年"晚而喜《易》""老而好《易》"，孔子读《易经》的态度甚至是到了废寝忘食的程度，"居则在席，行则在囊"（《帛书要》）甚至读到"韦编三绝"（《史记·孔子世家》）的止于至善的程度。这种对《易经》的"知之者不如好之者，好之者不如乐之者"（《论语·雍也》）的"发愤忘食，乐以忘忧，不知老之将至云尔"（《论语·述而》）的热爱使孔子达到了"五十而知天命，六十而耳顺，七十而从心所欲，不逾矩"（《论语·为政》）的人生境界。因此，孔子感慨"假我数年，五十以学《易》，可以无大过矣"（《论语·述而》），及时的知过改过正是儒家伦理重要的德性践履方法和德性成长之路径。孔子强调"先有司，赦小过，举贤才"（《论语·颜渊》），并且对学生强调"君子不重则不威，学则不固。主忠信，无友不如己者。过则勿惮改"（《论语·学而》），因为"君子之过也，如日月之食焉。过也，人皆见之；更也，人皆仰之"（《论语·子张》）。

二、《易经》内蕴之道德主体意识及其思政课启示

《易经》中的哲学智慧折射着强烈的“不知命，无以为君子也”(《论语·尧曰》)和“知其不可而为之”(《论语·宪问》)的浓厚的道德主体意识和自觉践履意识。《易经》中本身就体现着中国传统哲学的一个重要特征，即强调对德性主体内在自觉德性主体意识的培养。这种注重德性主体自觉道德意识培养的特点充分体现在孔子的仁学思想中，如“仁远乎哉，我欲仁，斯仁至矣”(《论语·述而》)和“克己复礼为仁。一日克己复礼，天下归仁焉。为仁由己，而由人乎哉”(《论语·述而》)的为仁或行仁，实践仁德的主体是德性主体自身。《易经》中的德性主体思想体现着一种重要的类似于康德所说的人是目的的思想。正如康德所说：“人，一般来说，每个理性存在者，都自在地作为目的而实存着，他不单纯是这个或那个意志所随意使用的工具。在他的一切行为中，不论对于自己还是对其他理性存在者，任何时候都必须被当作目的。”①康德“人是目的”的思想高扬人的道德主体性。《易经》中的道德主体思想有着源远流长的历史。《汉书·艺文志》曰：“《易》道深矣，人更三圣，世历三古。”《周易乾凿度》也说：“垂皇策者羲，益卦德者文，成名者孔也。”

《易经》中浸润着深厚的忧患意识，这种忧患意识同样折射着德性主体的德性担当和德性主体责任意识。《易经》的源头可以追溯到殷商时期，最初，它只是被人们看作为所谓的卜筮之

① [德]康德. 道德形而上学[M]. 张荣，李秋零，译. 北京：中国人民大学出版社，2013.

书。正如《易传·系辞传上》所说:“《易》有圣人之道四焉:以言者尚其辞,以动者尚其变,以制器者尚其象,以卜筮者尚其占。”苏辙、朱熹说过“《易》者,卜筮之书也”(《苏辙集·易论》)和“圣人作《易》,专为卜筮”(《周易本义》),后来,随着中国古代人文精神和道德理性意识的发展,《易经》中越来越体现出一种浓厚的基于德性主体自觉性的敬德意识。

正如《易传·系辞传下》所说:“《易》之兴也,其当殷之末世、周之盛德邪?当文王与纣之事邪?”这就表明,《易经》本身的思想发展在当时已经开始浸润着一种厚重的德性主体意识。而且,这种德性主体的道德担当意识本身也体现出一种“然后知生于忧患”(《孟子·告子下》)的道德忧患意识。

有了德性主体意识的确立,才会有对于德性建构来说重要的德性反思能力的形成。根据《论语》记载:“曾子曰:‘吾日三省吾身——为人谋而不忠乎?与朋友交而不信乎?传不习乎?’”(《论语·学而》)《易经》的爻辞中多次提到了“德”,比如:“恒卦九三:不恒其德,或承之羞,贞吝。”(《易经·恒卦》)尽管《易经》的主体内容可以分为卜筮和基于伦理的哲理,但毋庸置疑,作为生命学问之经典的《易经》所包含着的对于我们今天来说最重要的德育启示就是其中意蕴的深刻的道德实践智慧。

道德实践之所以会遭遇到实践中的艰难,如道德意志之软弱的问题,就是因为德性主体并没有真正被建构出来。孟子说:“徒善不足以为政,徒法不能以自行。”(《孟子·离娄上》)所有的德性知识或道德认知,包括所有的道德教育或德育养成,最终都是需要落实到德性主体的自觉的德性践履中,才能在这种一以贯之的德性践履中建构并成就知行合一的德性主体。要走出现代意义上的道德困境,就必须充分考虑到现实生活世界的复杂性和由此带来的道德实践的复杂性。道德实践需要回归生活世界，需要强化道德主体的实践智慧和实践能力，既要充分尊重道德原则的自律性和约束性，又要充分考虑到德性主体在面对现实道德选择处境时候的艰难。

《易经》中的“易”，本身就包含着简易、变易、不易三个重要智慧。德性主体所面对的生活世界是充满变化的，正如孔子所说：“逝者如斯夫，不舍昼夜。”（《论语·子罕》）我们今天身处一个充满变化的时代，在这样一个信息爆炸的时代，各种观念的冲突与碰撞一方面给大家创造了一个深刻的德性反思的机会，另一方面，又造成了内心因为缺少传统文化之根基而导致的道德焦虑与困顿。

《易经》所蕴藏的智慧正是一种源头性的智慧。孔子说：“君子务本，本立而道生。孝悌也者，其为仁之本与！”（《论语·学而》）回归生命学问之智慧根本，做到“致虚极，守静笃，万物并作，吾以观其复。夫物芸芸，各复归其根。归根曰静，是谓复命”（《道德经》），更要做到如《易经·复卦》中所说的“复，其见天地之心乎”。因为只有做到《易经·复卦》中所说的“初九，不远复，无祇悔，元吉”，才能做到防患于未然，做到及时改过，进而在改过中增进自己的德性涵养和道德内蓄。《易经》所包含的道德实践智慧启示我们既要做到对中国传统文化的传承传播，又要做到海纳百川的对现代智慧的吸收和运用，因为《易经》中蕴含着关于德育或道德教化智慧的最初的文化溯源。

从思政课的德育之维度来看，《易经》中包含着极其深厚的生命哲学之况味，这是一种深刻的德性内在规定性。在《易传》对《易经》的阐释过程中，就注入了儒家基本的德性教育思想和实践智慧。《易传·系辞传上》讲：“生生之谓易。”德性本身不仅有生命内在的生长性，也有德性相互之间的催生性。比如说，从儒家所重视之仁德，就能够生长出仁义礼智信、温良恭俭让或礼义廉耻、智仁勇等诸多德性条目。

在《易经》中所内蕴的生命的学问中，人的主体性和基于人的道德主体性的人的道德尊严被抬高到了一个让人感到颤栗的高度。《易传》中说："立天之道曰阴与阳，立地之道曰柔与刚，立人之道曰仁与义，兼三才而两之。"因为这种崇高德性所塑造的人之为人的道德的尊严，人可以做到"赞天地之化育"(《中庸》)。因为，正如《中庸》所说："惟天下至诚，为能尽其性；能尽其性，则能尽人之性；能尽人之性，则能尽物之性；能尽物之性，则可以赞天地之化育；可以赞天地之化育，则可以与天地参矣。"人是有一种自觉的道德践履主体性的，经由一种自觉的修身养性的道德践履，人就可以做到张载所说的"为天地立心，为生民立命，为往圣继绝学，为万世开太平"①。

现代社会，受西方伦理学的影响，当前的伦理学的主流是义务论(deontology)和后果论(consequentialism)，而且，所谓的功利主义(utilitarianism)的思想在很多时候成为了人们在现实生活世界中的生活指导。而事实上，在《易经》中所呈现的德性主体思想本身还体现着一种更重要的道德教育传统，即德性伦理(virtue ethics)的传统。这种可以从源头上追溯到《易经》文化的德性伦理传统的本质就是《易经》内蕴之君子人格之学。孔子对这种君子人格进一步加以阐述。孔子说："圣人，吾不得而见之矣，得见君子者，斯可矣。善人，吾不得而见之矣，得见有恒者，斯可矣。"(《论语·述而》)这就说明，在孔子心中，注重德性内涵的君子人格是一个人通过"学而时习之"(《论语·学而》)的道德践履而可以达到的道德境界。如《易传·系辞传上》说："一阴一阳之谓道，继之者善也，成之者性也。仁者见之谓之仁，知

① [宋]张载.张载集[M].北京：中华书局，1978.

者见之谓之知，百姓日用而不知，故君子之道鲜矣。”孔子强调君子人格是可以学而成之的。

《易经》中内蕴着人之为人的德性主体意识，彰显着有着古老传统的德性践履精神，形塑了一种浓厚的生命学问之生命伦理观念，建构了以“生生”为特点的中国传统儒家德性伦理原则。这对从德性伦理之基本层面来提升思想政治教育的有效性有着重要的启示作用。

三、《易经》道德实践智慧融入思想政治教育实践的路径探析

蒙培元指出：“从《易经》到《易传》，是中国文化的一次自觉。经过这次自觉，《易经》中的宗教神学的成分，大大减少了，代之以人文主义色彩很浓厚的天人之学。”①《易传》十篇（《十翼》）的出现完成了《易经》作为一本儒家伦理学经典的哲学飞跃。《易传》十翼中充满着儒家伦理讲道德、说仁义的道德教育智慧。

由《彖传（上下）》《象传（上下）》《系辞传（上下）》《文言传》《说卦传》《序卦传》和《杂卦传》共十篇构成了《易传》的十翼。这就类似于为作为一本哲学经典的《易经》插上了道德实践智慧意义上的飞翔的翅膀。《易经》中的道德实践智慧是一个熔铸了知情意行德性结构的完整的道德理论与实践体系，体现着深厚的人文教化思想和道德教育智慧。

郑玄在《易赞》《易论》中曰：“易一名而含三义：易简一也，变易二也，不易三也。”《易传·系辞传上》曰：“乾以易知，坤以简能；易则易知，简则易从……易简，而天下之理得矣；天下之理

① 刘大钧.大易集释（上）[M].上海：上海古籍出版社，2007.

得，而成位乎其中矣。”所谓的大道至简，思想政治教育的教学艺术本身也不应该追求过于繁复的表面的热闹，而是需要在一种有深度的理论诉求中做到德性智慧春风化雨般地对学生德性的养成浸润。

《易经》哲学的智慧，一言以蔽之，就是“生”的智慧，就是关于有生命智慧的哲学。生生之为易，正是在一种生生不息的变化中，彰显出生命自强不息的韧性和厚德载物的厚重。思想政治教育本身的重要旨归之一就是要帮助学生形成蕴育在《易经》中的这种遵循天地运行之道而实现的熔铸天人合一之境界的奋斗精神。正如庄子所说：“夫道……自本自根，未有天地，自古以固存，神鬼神帝，生天生地。”(《庄子·大宗师》)有了德性主体内在之因为追求德性意义上的止于至善而激发的自强不息的德性践履精神，就会生长出德性主体其他的各种美德。

《易传·彖传上》曰：“至哉坤元，万物资生，乃顺承天。坤厚载物，德合无疆；含弘光大，品物咸亨。”《易经·坤卦》曰：“地势坤；君子以厚德载物。”《易经》中所阐发的这种“厚德载物”的生命智慧，揭示了个体思想道德修养所具有的重要的意义。厚重的德性是人生的根本，根深才能叶茂，厚积才能薄发，源远才能流长。《中庸》强调“仁者，人也”，从儒家德性伦理的视野来看，厚德的具体体现就是经过道德教化之后所体现的仁者爱人之心，即“仁德”。

康德曾将人心的能力明确区别为认识、意欲和愉悦的机能。① 这体现了道德行为之知情意的三个有机环节，无论是德性之知，还是德性之情感与意志，都构成为最终的德性自觉践履

---

① Immanuel Kant. Critiqueof Judgment[M]. New York：Hafner Publishing Co.，1951.

之厚重的内在伦理基础。也就是说，它们构成了整体的厚德建构的过程。建立在《易经》基础之上的易学与以孔子为代表的儒学有着在德性伦理意义上的内在的紧密关联。易学构成了儒学在德性伦理或道德教育上的义理源头之一。有了《易传》在伦理义理方面的阐发后，《易经》就越来越彰显出其在道德人生意义上的实践智慧。

《汉书・艺文志》载："易道深矣，人更三世，世历三古。"《四库全书提要》说："《易》道广大，无所不包。"关于如何将人培养成真正的人的道德教育智慧无疑是《易经》中本自内蕴的重要内容。根据《说苑・敬慎》的记载："孔子读《易》，至于《损》《益》，则喟然而叹。子夏避席而问曰：'夫子何为叹？'孔子曰：'夫自损者益，自益者缺，吾是以叹也。'"孔子读《易》读到"韦编三绝"的境界，孔子也正是通过《易经》的深度研究更进一步完善了其有教无类、因材施教的道德教育思想。

《易经・乾卦》卦辞曰："元亨利贞。"《易传・文言传》解释曰"元者善之长也"，正是因为相信人性之本善，所以孔子才能做到深入到人性深层的启发式教育。"不愤不启，不悱不发，举一隅不以三隅反，则不复也。"（《论语・述而》）孔子重视道德教育，重视要回归到教育育人的根本，所以，在孔子的教学中，关于德性的教育是放在最重要的位置的，根据《论语・先进》的记载："德行：颜渊，闵子骞，冉伯牛，仲弓。言语：宰我，子贡。政事：冉有，季路。文学：子游，子夏。"

基于德性主体德性培养的道德教育被放在孔子教育中的第一位。《易传・彖传上》曰："谦亨，天道下济而光明，地道卑而上行。天道亏盈而益谦，地道变盈而流谦……谦尊而光，卑而不可逾，君子之终也。"思想政治教育的育人目标要实现，就离不开对学生基本个人品德的培养，这种包括谦德在内的个人品德的培养是建构学生所有其他重要德育素质的基础。《尚书·大禹谟》云:"满招损,谦受益,时乃天道。"

儒学进一步发展了《易经》中的道德教育智慧和思想,并进一步将其发展为孔子所强调的仁学。孔子仁学本身是同时包含着一种中国传统文化意义上的情感维度和理性维度的。换言之,孔子仁学凝聚了一种基于德性情感的德性理性和基于德性理性的德性情感。德性情感是实现从德性之知到德性践履过程中的关键环节,自觉厚重的德性情感是无法自然形成的,德性情感的形成,离不开自觉的道德践履和道德教育。

《易经》中充满了厚重的人生哲理,这种人生哲理具体就体现在其所传递的道德智慧阐述上。《易经》之所以对于今天的思想政治教育有着重要的现代启示,最重要的原因就是因为有了《易传》,正是因为有了《易传》对《易经》的义理的挖掘,才揭示出其内蕴的深刻伦理和哲理。

《易传·系辞传上》云:"蓍之德圆而神,卦之德方以知,六爻之义易以贡。"马王堆出土的帛书《易传》中有这样的记载:"子曰:《易》,我后其祝卜矣,我观其德义耳也。幽赞而达乎数,明数而达乎德,又仁守而义行之耳。"孔子重视的是《易经》中的德义,也就是英文中所说的德性,即"virtue"或"morality"(道德)。陈来也认为这里说的德义指的就是儒家后来多推崇的道德仁义:"'求其德'就是指仁义德行。"①

思想政治教育归根到底是一种道德教育的实践活动,它需要遵循客观道德实践教育活动的客观规律。要很好地提升思想政治教育的有效性,就必须切实做到思想政治教育在理论和实践上的一以贯之。同时,这种"知行合一"的贯通又必须有深刻

---

① 陈来.帛书易传与先秦儒家易学之分派[J].周易研究,1999(4):6-13.

的优秀传统文化的根基作为基础。《易经》不仅为高校思想政治教育的有效性提升提供了取之不竭的道德文化资源，而且直接为当前的思想政治教育提供了可以借鉴运用的道德践履方法和德性养成方法。基于一种文化自觉意识，积极主动地运用《易经》中的道德教育智慧去将优秀传统文化的道德实践智慧融入高校思想政治教育的教学实践中，这是提升高校思想政治教育有效性的重要路径。

第十章
儒家伦理之实践精神及其思政课启示

【引言】

儒家伦理的本质是一种基于规范的德性伦理学，儒家伦理的鲜明特点之一就是其注重德性主体德性践履的实践智慧，这种实践智慧解决的问题是作为人如何做合乎于德性的正确的事情。儒家伦理注重的仁的概念在本质上就是行仁和践仁，这对今天的思政课有效性的提升有着重要的现代启示。

思政课的有效性提升最终要落实到思政课在实践维度上的效果彰显上，而儒家伦理之实践智慧能从这个角度给思政课有效性的提升提供在实践维度上的较大的精神镜鉴作用。

究竟什么是儒家伦理真正的实践精神？儒家伦理实践精神的基本指向是什么？“实践理性是人类对自身与世界的关系‘应如何’和人‘应当怎么做’问题的观念掌握与解答，它是人类理性观念掌握世界的最高方式。”①显而易见，儒家伦理视域下的实践更多的是指德性建构意义上的具有道德价值的道德实践。

---

① 王炳书，高剑. 十年来实践理性问题研究述要[J]. 探索，2009(3)：188-191.

毋庸置疑，儒家实践智慧的集中体现就是围绕着孔子强调的“仁”之德性的实践而展开的。孔子仁学的本质就是如何“行仁”和“实践仁”的生命的学问，这种基于孔子之仁的德性实践精神正是现代思想政治教育要提升其实践有效性所必须参考的重要的传统文化资源。自觉地实现儒家伦理实践精神的当代创造性转化与创新性发展，将极大地推动思政课德育育人深入人心的有效性。

一、 儒家伦理实践智慧之内涵及其思政课内蕴

“孔子贵仁”(《吕氏春秋 · 不二》)，《说文解字》对“仁”的解释是“从人从二”，同时，“仁者，人也，亲亲为大。义者，宜也，尊贤为大”(《中庸》)。儒家之仁学不是抽象地谈论仁，而是从行仁、实践仁的实践智慧的角度来说明“仁”之实践对于学以成人和教以成人的意义。

儒家伦理的本质是一种注重伦理行动的人生哲学，只有通过“己欲立而立人，己欲达而达人”(《论语 · 雍也》)、“弟子入则孝，出则悌，谨而信，泛爱众，而亲仁。行有余力，则以学文”(《论语 · 学而》)的德性践履，才能实现德性主体个体道德在“止于至善”(《大学》)意义上的“大畜，刚健笃实辉光，日新其德”(《易经 · 大畜卦》)的道德完善。

儒家的实践智慧很大程度上体现在凝聚内在之仁的“礼”的学问上。“克己复礼为仁。一日克己复礼，天下归仁焉!”(《论语 · 颜渊》)如何达到一种义理意义上的仁的生命境界？如何切实做到“君子以仁存心，以礼存心。仁者爱人，有礼者敬人”(《孟子 · 离娄下》)的真正道德境界？

这就需要在行为上自觉地通过一种道德内省来约束自我。“君子博学于文，约之以礼，亦可以弗畔矣夫”(《论语·雍也》)，这里强调的“克己”本身就意蕴着战胜自己的伦理内涵。克己才能成己，而且这种克己是一种“天行健，君子以自强不息”(《易经·乾卦》)的持续的生命道德实践过程。

思政课德育是包含知情意行的内在整体结构的，这种内在德性结构有着深厚的儒家实践精神底蕴作为基础。孔子说：“知及之，仁不能守之，虽得之，必失之。”(《论语·卫灵公》)尽管这里孔子特意强调“仁”对于德性建构的本体作用，但同样也没有忽视德性之知对于德性主体内在德性建构的意义。“十室之邑，必有忠信如丘者焉，不如丘之好学也”(《论语·公治长》)，尽管孔子强调“忠信”之德性对于个体道德完善的重要性，“子以四教：文、行、忠、信”(《论语·述而》)，但孔子同样非常重视德性认知意义上的“好学”对于德性内化的意义。

事实上，德性之知的成长本身就是知行合一意义上的德性自觉践履的重要的一部分。孔子本身就是学习德性之知的榜样——“吾尝终日不食，终夜不寝。以思，无益，不如学也”(《论语·卫灵公》)，以及“若圣与仁，则吾岂敢？抑为之不厌，诲人不倦，则可谓云尔已矣”(《论语·述而》)。

孟子也强调：“人之所以异于禽兽者几希，庶民去之，君子存之。舜明于庶物，察于人伦，由仁义行，非行仁义也。”(《孟子·离娄下》)人与动物的差别是非常小的，或者说，决定人之所以为人而非禽兽的根本的东西就是那么“几希”(《孟子·离娄下》)、那么微乎其微的一点，但正是在道德实践意义上的这么一点点的不同决定了人可以作为人而成为人。德性实践因为有了这种恻隐之心的善端，这就使德性的内在建构有了先天意义的可能，同时，这种“几希”的容易失去的人性之善端又提醒德性主体要有一种德性建构意义上的忧患意识，正如孔子所说“学如不及，犹恐失之”(《论语·泰伯》)。

儒家伦理意义的“学”本身指向的维度就是学以成人意义上的实践之学或生命学问的实践之学，如果不能对学到的生命实践智慧做到及时的“学而时习之”(《论语·学而》)和“温故而知新”(《论语·为政》)的道德践履，就很容易导致人的道德意义上的本心的丢失。因此，孟子才强调：“仁，人心也；义，人路也。舍其路而弗由，放其心而不知求，哀哉！人有鸡犬放，则知求之；有放心而不知求。学问之道无他，求其放心而已矣。”(《孟子·告子上》)德性实践是保持德性的最好的方法。“博学之，审问之，慎思之，明辨之，笃行之”(《中庸》)，只有经过一种持之以恒的德性实践达到德性之知与德性之行的知行合一的融合，才能使德性践履上升到一种“七十而从心所欲，不逾矩”(《论语·为政》)的自觉德性实践的境界。

《隋书·经籍志》所载：“夫经籍也者，机神之妙旨，圣哲之能事……温柔敦厚，《诗》教也；疏通知远，《书》教也；广博易良，《乐》教也；洁静精微，《易》教也；恭俭庄敬，《礼》教也；属辞比事，《春秋》教也……其教有适，其用无穷。”对儒家经典的学习，最终养成的是一种良好的性格并经由这种好的性格进一步凝聚成优秀的德性品格。

从德性到德行，从德行到仁德，这是一个经由德性主体的持续实践之后逐渐形成的德性主体之道德境界逐步提升的过程。德性实践意义上的实践智慧是德性主体自觉行仁践德的前提，正如孔子所说“知及之，仁不能守之；虽得之，必失之”(《论语·卫灵公》)，孔子这里所说的“知及之”的过程不是一般思辨理性意义上的静态知识积累的过程，而是一种凝聚道德判断与道德选择能力的实践智慧或德性实践之知逐步形成的过程。尽管孔子强调“仁守之”的重要性，但孔子同样没有忽视“知及之”的德性实践智慧形成过程的重要性。

孟子也强调：“智，譬则巧也；圣，譬则力也。由射于百步之外也，其至，尔力也；其中，非尔力也。”（《孟子·万章下》）孟子同样重视实践理性对于德性内在养成的重要意义。首先要明确何谓正确的人生之道，然后才能真正走好人生之道。这也就是为什么在思政课德育育人的内在知情意行的结构中，“知”这个环节放在第一位的原因。

当然，实践智慧不是一般意义上狭隘的所谓做好一件事情的具体经验总结，在德性伦理的视野中，实践智慧是有着其存在论和本体论意义上的内蕴的，如同孔子所说的“吾道一以贯之”（《论语·里仁》）的整体生命学问之关怀的。

同时，德性伦理意义上的实践智慧又是非常精微的，正如《尚书·大禹谟》所说：“人心惟危，道心惟微，唯精唯一，允执厥中。”《中庸》也说“喜怒哀乐之未发，谓之中”，儒家伦理意义上的实践智慧集中体现在孔子弟子颜回的身上，颜回能够做到“回也其心三月不违仁”（《论语·雍也》）、“有不善未尝不知，知之未尝复行也”（《易传·系辞传下》）和“不远复，无祗悔，元吉”（《易传·系辞传下》），就是因为他已经将这种德性践履意义上的实践智慧融会贯通了。

从德性伦理实践的视角来看，道德实践是无法凭空产生的，它本身就凝聚和彰显着实践理性的认知，同时又与道德价值的意识及与之相关的道德情感、道德意志相互交融。道德实践背后是德性伦理之知情意行各个向度综合作用的结果。

从广度上来看，道德实践不仅包括个体道德完善意义的德性个体自身的道德完善，也包括儒家伦理中“己欲立而立人，己欲达而达人”（《论语·雍也》）意义的社会道德实践。即使是动物或禽兽也有为了生存所需要进行的相关的活动，但只有人才具有基于实践理性或实践智慧的道德实践活动。人的生活之所以能够成为本质意义的人的生活，就是因为人的生活本身包含着鲜明的“仁者，人也，亲亲为大。义者，宜也，尊贤为大”(《中庸》)的伦理实践维度。儒家伦理的本质是一种使人作为人而成为人的生活方式，是一种基于德性主体内在德性的道德实践。

儒家伦理的学问实质是一种生命道德的学问，具体来说，就是一种生命学问的道德实践。这种生命学问对应的目标一定是一种凝聚君子人格的作为人而“成为人”的实践的生命的道德学问。

儒家伦理之实践精神的背后是一种形而上学意义的天人合一的思想，而这种天人合一思想的集中体现就是“天人合德”，正如《易传・文言传》所云：“与天地合其德，与日月合其明，与四时合其序。”但这种天人合德绝不是自然而然就能形成的，他必须通过德性主体“不怨天，不尤人，下学而上达，知我者其天乎”(《论语・宪问》)的自觉的发乎于心的德性持续实践努力才能达成。

二、 学以成人：儒家实践智慧的学之维度探析

孔子说：“古之学者为己，今之学者为人。”(《论语・宪问》)儒家实践的基本维度是道德实践，而道德实践的志向是使人成人，具体来说，就是使人成为具有仁智双彰的凝聚君子人格的德性健全的人。儒家实践，即使是“默而识之，学而不厌，诲人不倦，何有于我哉”(《论语・述而》)的知识学习的实践，最终指

向的也是一种彰显伦理之维的伦理道德实践，是为了成就德性主体的君子之德。儒家凝聚道德实践的君子人格无疑是包含知情意行各个维度的道德实践向度的。

有了基于实践智慧的德性之知，才能使德性主体的德性实践具有真正的德性伦理价值。事实上，没有实践智慧的基本德性之知的前提，就无法真正形成德性主体的德性条目。这也就是为什么儒家伦理如此重视关于德性伦理学习的原因。

儒家伦理之学显而易见不是思辨理性意义上的纯粹的知识论意义上的学，而是一种“百工居肆以成其事，君子学以致其道”（《论语·子张》）意义上的“志于道”（《论语·述而》）的生命道德实践的学问。

儒家成德之学的本质就是仁学之实践，正如孔子所说：“人而不仁，如礼何？人而不仁，如乐何？”（《论语·里仁》）

德性主体的内在德性建构是必须落实到德性内在道德实践主体性的确立的。只有当德性内在的实践主体被确立了之后，德性主体才能做到“君子无终食之间违仁，造次必于是，颠沛必于是”（《论语·里仁》）的德性实践的持续和恒心。

正如荀子所说：“君子之学也，入乎耳，着乎心，布乎四体，形乎动静。端而言，蝡而动，一可以为法则。小人之学也，入乎耳，出乎口；口耳之间，则四寸耳，曷足以美七尺之躯哉？古之学者为己，今之学者为人。君子之学也，以美其身；小人之学也，以为禽犊。”（《荀子·劝学》）简而言之，君子之学不是为了学习之外的东西，而是为了成就一种君子人格，所谓为己之学就是成己之学。“诚者，非自成己而已也。所以成物也。成己，仁也；成物，知也。性之德也，合外内之道也，故时措之宜也。”（《中庸》）《大学》中也说：“富润屋，德润身。”在经过了德性之学的实践之后，首先德性主体要成就其君子人格，进而还要做到“大学之道，在明明德，在亲民，在止于至善”（《大学》）的德性之境界朝向更高境界的德性成长：“‘学也者，固学止之也，恶乎止之？’曰：‘止诸至足。’曷谓至足？曰：‘圣也。’”（《荀子·解蔽》）

道德实践不仅涉及道德认知和道德情感动力的积累，也涉及道德意志的问题：“道德意志是指道德主体的个人在具体的道德情境中，做出道德决断，并使之付诸实践的能力。”①即使德性主体积累了足够的德性知识，也有了对于美德生活真诚的向往之精神动力，同时也有了关于符合美德之人生的完整的思考，但依然可能出现这种“心有余而力不足”的在道德意志层面上的德性力量匮乏的情况。持续的道德实践是需要有“笃行之”（《中庸》）的基于道德意志的德性力量来作为基础的。只是将对于道德的研究停留在对抽象的道德之心的探索层面是远远不够的。要实现德性主体从道德之心到道德之行的超越和飞跃，就必须将道德实践切实落实到德性主体日常的德性践履中去。

从儒家伦理实践智慧的视角来考察，实践的精神是贯穿于知情意行的各个维度的，而不仅仅是在最后的行的维度。德性之知的确证本身就意味着德性主体已然通过一种自觉的德性实践做到了这种知行合一的德性之知在伦理实践意义上的圆融。正是从这个角度来说，由于儒家伦理实践智慧的贯通，儒家伦理的德性之知已经被注入了一种德性实践能力的内蕴。换言之，由于实践智慧的注入，孔子所说的“知及之，仁不能守之，虽得之，必失之；知及之，仁能守之，不庄以莅之，则民不敬；知及之，仁能守之，庄以莅之，动之不以礼，未善也”（《论语·卫灵公》）里面的“知及之”，本身就不仅意味着道德认知知识意义上的达到，

---

① 魏英敏．新伦理学教程[M]．北京：北京大学出版社，2003．

还意味着道德实践能力的达到。德性实践本身的知本身浸润着德性之行动能力的能力之知的维度。同时,这种德性实践的"知"贯通着孔子所说的"不怨天,不尤人。下学而上达,知我者其天乎"(《论语·宪问》)的"下学而上达"的德性之知与德性之行的贯通。另一方面,由于儒家伦理实践理性的特点,这就使其关于道德实践的观点既有着"形而下者谓之器"(《易传·系辞传上》)的具体切实的思政课育人道德实践的现代指导意义,而且有着"形而上者谓之道"(《易传·系辞传上》)意义上的对于思政课德育育人的伦理境界启示。

当然,儒家伦理的道德实践思想在今天也必然遭遇到了现实中的诸多困境和挑战。但儒家伦理中本身意蕴的生命学问的实践智慧对今天的思政课的德育育人依然有着重要的启示,关键是如何做到儒家伦理实践智慧的现代转化。无论是在什么样的生活境遇中,人始终要作为人而实现其人之为人的本质属性,这一点无论是在什么样的时空情境中都会体现出来。儒家伦理注重德性主体自身之个体道德修养,无论是谁,都要做到"壹是皆以修身为本"(《大学》)经由德性主体个体意义上的自我道德修身,实现其与自身内心的和谐,进而将这种内在的"诚于中"的道德和谐扩展到"形于外"的人与人之间和人与社会之间的外在和谐,"诚于中,形于外,故君子必慎其独也"(《大学》)。

"君子求诸己,小人求诸人。"(《论语·卫灵公》)儒家道德实践强调自我的道德反思和道德自觉的内省意识对于德性主体内在德性建构的意义。德性主体自我对于德性生活实践的自我担当,这本身就体现出了德性主体的道德实践勇气。

"尊德性而道问学。"(《中庸》)德性是人之为人在道德维度的本质之一,"尊德性"的重要内涵就是真正挺立起人之为人的道德尊严和道德担当。越是在工具理性肆虐的今天,越是在工具理性对道德价值理性日益宰制的今天，越是需要高扬人之为人的道德主体性和道德自律，做到如孟子所说的“于此有人焉，入则孝，出则悌，守先王之道，以待后之学者”（《孟子・滕文公下》）。而道德主体性的后天建构是需要建立在德性主体持之以恒的道德实践的基础之上的。无论是入则孝还是出则悌，都是对应到具体的儒家德性条目的亲力亲为的道德实践的。

“履，德之基也”（《易传・系辞传下》），荀子也强调：“不闻不若闻之；闻之不如见之；见之不若知之；知之不若行之。学至于行之而止矣。”（《荀子・儒效》）除非到了德性的自觉践履阶段，德性的建构就很难说是已经完成的。即使是德性完成了其最初的建构过程，也还需要在一种道德实践意义上的“温故而知新，可以为师矣”（《论语・为政》）的德性持续实践中做到德性品格的夯实和巩固。特别是在今天这样一个充满浮躁和德性干扰的时代，要形成稳定的德性实践品格，是需要经过一种持续精进的德性践履实践过程的。甚至，即使是德性实践的习惯已经形成，也可能因为外在心理压力的影响而出现德性的退转，这个时候，更加需要坚定德性实践教育的信心，继续思政课德育实践的努力，进而一步一步地推动德性建构看似艰难却充满内心光明的内在完善。

三、儒家伦理实践智慧在思政课育人中的实践路径探析

毋庸置疑，德性主体所置身的环境对于其后天之德性建构是有着重要的实践意义的。对这一点，儒家伦理视野下的道德教育也是非常重视的。孔子强调：“里仁为美，择不处仁，焉得

知?”(《论语·里仁》)孟子也强调:“居移气,养移体。大哉居乎!”(《孟子·尽心上》)思政课德育育人环境也有了相比于以前很大的不同。特别是随着虚拟网络环境在学生生活世界中所占的比例越来越大的时候,如何应对这种思政课实践环境的变化本身就是如何提升思政课有效性的重要课题之一。

对思政课环境的思考,一方面要着眼于如何充分发挥现有的思政课环境中的积极因素,进而积极地发挥现有思政课环境对于德性主体内在德性建构的建设性的推动作用,同时,又要深入研究如何避免和转化当前由网络虚拟环境带来的环境挑战对于德性主体内在德性形成可能带来的不利影响。

儒家伦理实践智慧对思政课教学之实践智慧的形成有着重要的启示。不仅是从思政课的教师主体来说,实践智慧的形成对于思政课教师更好地践行其思政课的教学实践有着重要的推动作用,同时,思政课德育育人的目标之一也是培养学生主体的道德实践智慧。不仅要帮助学生知道作为人何为正确,而且要教会学生有一种坚定的道德勇气去切实实践作为人何为正确的生命道德智慧。

要走出现代社会道德养成教育所遭遇到的诸多困境,就必须重视对于道德实践智慧的研究。儒家伦理的实践智慧集中体现在诸如“孝”的伦理实践和“吾日三省吾身:为人谋而不忠乎?与朋友交而不信乎?传不习乎”(《论语·学而》)的具体的人际关系与人伦关系的人伦实践之中。事实上,儒家伦理最重要的伦理智慧就是贯穿儒家伦理始终的伦理实践智慧。因此,孔子说“十室之邑,必有忠信如丘者焉,不如丘之好学也”(《论语·公冶长》),忠信本身作为一种本然质朴状态的德性状态,还是不够完善的,还需要在进一步的实践智慧的形成和努力的过程中去使其达到止于至善的德性圆满之境界。这就离不开基于儒家伦理实践智慧的学习。显而易见，儒家伦理所重视的学习，是“学而时习之，不亦说乎”（《论语·学而》）的融入生命道德情感的生命学问的学习，是深切融通实践智慧的道德生命的学问。从关于孝的学习角度来说，孔子就强调：“事父母几谏，见志不从，又敬不违，劳而不怨。”（《论语·里仁》）这就充分说明，儒家伦理所强调的孝，不仅是一种让自己心安的内心的对父母孝顺的态度，而且是一种凝聚深层道德情感的道德实践智慧，其所涉及的关于如何孝顺父母的实践智慧是极其细腻而真切的。

从儒家伦理的实践智慧来说，关于伦理道德的教育，最重要的不仅是要让德性主体理解什么行为是具有德性价值的道德实践行为，而且要使德性主体在实践智慧的意义上明白在具体的纷繁复杂的道德实践情境中究竟该如何做到道德实践的恰到好处。因为，如果不能把握一种恰到好处的分寸，即使是原本具有道德价值的行为，也会因为其超过了一定程度而导致孔子所说的“过犹不及”（《论语·先进》）的糟糕结果。

根据《论语·先进》的记载：“子贡问：‘师与商也孰贤？’子曰：‘师也过，商也不及。’曰：‘然则师愈与？’子曰：‘过犹不及。’”实践智慧的基础是基于道德实践和道德学习的实践理性，理性能起到一种对于德性主体的道德行为的很好的节制和克制作用。这种实践理性的成长因为德性主体学而不厌的学习而成长。根据《论语·阳货》的记载：“子曰：‘由也！女闻六言六蔽矣乎？’对曰：‘未也。’”“居！吾语女。好仁不好学，其蔽也愚；好直不好学，其蔽也荡；好信不好学，其蔽也贼；好直不好学，其蔽也绞；好勇不好学，其蔽也乱；好刚不好学，其蔽也狂。”即使是被孔子认为如此重要的仁，即使是德性主体达到了一种好仁的境界，也还是需要有一种持续的学习进而不断提升自身的德性实践智慧，才会使行仁做到恰到好处。可见，浸润着实践理性成长的德性实践之学对于儒家德性伦理的意义所在，而这对于今天的思政课德育育人的教学实践同样有着重要的启示意义。

儒家伦理的实践智慧不仅意味着要督促德性主体去积极主动地进行一种德性担当和德性实践，而且意味着要通过很好的德性实践教育帮助德性主体去更好地实践好的德性实践行为。

根据《论语·先进》的记载，子路问："闻斯行诸?"子曰："有父兄在，如之何其闻斯行之?"冉有问："闻斯行诸?"子曰："闻斯行之。"公西华曰："由也问：'闻斯行诸?'子曰：'有父兄在。'求也问：'闻斯行诸?'子曰：'闻斯行之。'赤也惑，敢问。"子曰："求也退，故进之；由也兼人，故退之。"

对这一章的理解，过去一般都是从孔子因材施教的教学艺术或方法角度来探讨，却没有从更深层次的儒家伦理对于道德实践之实践智慧的培养的维度来探讨。听到了什么是在道德上对的事情，是立刻去做还是在经过冷静审慎的思考之后再去采取必要的道德行动？怎样的道德实践行动是恰到好处的并能够起到最好的道德实践效果的？这一切指向的都是德性主体实践智慧的培养。比如说子路，在孔子弟子中，子路是不缺乏德性实践的意志和行动能力的，但子路缺乏必要的道德实践智慧，因此，孔子反复提醒他要做到"必也临事而惧，好谋而成者也"(《论语·述而》)。

而且，道德实践智慧的培养和提升是需要持之以恒努力的，而绝非可以速成的。因此，孔子强调学生要做到"默而识之，学而不厌，诲人不倦，何有于我哉"(《论语·述而》)。这对今天的思政课德育育人的教学实践的启示是非常大的，思政课德育育人要起到很好的效果，就必须做到常态化。

儒家伦理的实践理性本身就综合考虑到了德性主体道德实践的动机和德性主体道德实践的意志等各种因素。儒家伦理的实践智慧，不仅体现在德性实践行为的道德实践的终端，而且体现在思想情感层面上无形的道德实践智慧。在这一点上，王阳明知行合一的观点对我们更好地理解儒家伦理的实践智慧有很好的启发。根据《传习录拾遗》的记载：

门人有疑知行合一之说者。直曰："知行自是合一。如今人能行孝，方谓之知孝。能行弟，方谓之知弟。不是只晓得个孝字弟字，遽谓之知。"先生曰："尔说固是。但要晓得一念动处，便是知，亦便是行。"

长期以来，在思政课德育育人的实践过程中，确实存在着一种将德性之知与德性之实践相分离的误区，事实上，德性之知在德性主体内在心灵的逐渐形成过程同样也是一种真实道德实践智慧的凝聚和升华过程。

面向实践并导向实践的哲学，这正是儒家伦理深刻的特点，而这种注重面向生活世界的实践理性建构特点正是当前的思政课要提升其有效性所必须密切关注的向度。德性建构的知情意行四个方面只有在德性主体实践智慧形成后，才能真正被融会贯通成一个知行合一的整体。

很多学者认为"仁"是儒家伦理中的一个最重要的概念，但当孔子谈论"仁"的时候，他并不是从思辨理性的角度来静态、孤立地谈论什么是仁的确定的定义，而是从实践理性的角度谈人应当如何"实践仁"、如何"行仁"、如何做到符合实践智慧的具体的仁。《论语·颜渊》中有一段关于"如何行仁"的经常被引用的记录："樊迟问仁。子曰：'爱人。'问知。子曰：'知人。'樊迟未达。"显而易见，孔子在回答什么是仁的如此重大的关于生命学问的问题的时候，并没有从一个抽象思辨的角度来给究竟什么是仁的问题下一个精确而严密的定义，而是以一种因材施教的态度来以一种实践智慧的方式告诉他的学生所谓仁，就是行动哲学意义上的“爱人”，爱人是一种德性真切的实践和践行。当然，之所以孔子的学生当时还“未达”，不是因为他不理解爱人字面的知识意义上的含义，而是不知如何从实践智慧的角度来具体践行爱人这个伦理原则，因此，孔子后面的回答就进一步举了一个基于实践智慧运用爱人伦理原则的例子。孔子说“举直错诸枉，能使枉者直”（《论语·颜渊》），孔子在这里还是没有从思辨理性意义上给“何为仁”这个问题下一个所谓的精确定义，而是给了一个具体的爱人伦理实践的例子，希望学生能够经由这样的一个具体例子而达到举一反三的实践智慧教育效果。

总之，儒家伦理中的实践智慧蕴含着深厚的可供思政课德育课堂加以借鉴的关于如何培养人的良好品德的教育智慧，通过积极主动地汲取儒家伦理中的实践智慧，能够极大地推动思政课实践有效性的提升。

第十一章

儒家之学的现代意蕴及其对建构终身学习理念的思政课启示

【引言】

尽管终身学习的现代概念出现时间并不久，但作为一种生命学问的实践，终身学习在儒家之学的精神传统中早已是源远流长的。儒家之学的终身学习内蕴对今天建构和完善终身学习的意识有着重要的思政课启示。经由一种追根溯源的关于终身学习意识的儒家文化梳理，能够促进今天的现代思想政治教育经由终身学习意识的倡导而提升其教学实践的有效性。

《论语》中的第一章就强调："学而时习之，不亦说乎？有朋自远方来，不亦乐乎？人不知而不愠，不亦君子乎？"可以说，"学"的精神贯穿整个儒家伦理和教育智慧的始终。要实现孔子所说的"吾道一以贯之"(《论语·里仁》)的仁德精神，就必须做到孔子所说的"默而识之，学而不厌，诲人不倦，何有于我哉"

(《论语·述而》)。

现在学术界达成的共识就是儒家之学追求的是一种学以成人的目标,而成人就要为仁,“君子务本,本立而道生。孝悌也者,其为仁之本与!”(《论语·学而》)“仁者,人也,亲亲为大。”(《中庸》)人之为人的本质,一言以蔽之,就是内聚仁德之心,就是自觉的知仁,行仁,实践仁,为仁,因为“人而不仁,如礼何?人而不仁,如乐何?”(《论语·八佾》)而尽管《论语》中100多次地讲到仁,而且仁德原则被公认为是孔子的“一以贯之”之道,但孔子在《论语》的一开篇,首先说的不是“仁”,也不像苏格拉底一样,首先试图去界定“仁”的定义,而是从“学”这个字入手来切入整个儒家仁学或儒家德性伦理的整体架构。换言之,学以成人的内在德性本质就是学以成仁,学以为仁,学以践仁。

儒家本身就蕴含着深厚的学之统序,儒家之学既包括认知意义上的见闻之知的维度,更包括德性之知的维度。儒家之学的本质是偏重立德树人意义的德性之学的,因此,从这个意义上来说,儒家之学是离不开儒家之“习”的,学与习在建构儒家学习的知行合一的整体系统中是不可或缺的一个整体。

一、 儒家之学的现代意蕴探析

今天,要全面推动终身学习的理念并完善终身学习的系统,就是要将儒家之学的“学而时习之”的好学乐学精神发扬光大,因为儒家好学乐学的精神体现和凝聚了一种文化基因意义的通往人之为人的德性之根本路径之一。儒家之学的实践智慧集中呈现了中华民族的文化自信和文化生命力与创造力,这也正是深度提升思政课有效性的重要维度。

儒家之学从总体上来说包括两个维度，一个是试图建构内在之“仁”的维度，一个是外在形成“礼”的维度。因此，孔子说：“君子博学于文，约之以礼，亦可以弗畔矣夫。”（《论语·雍也》）这对建构终身学习理念和提升今天的思政课教学有效性本身就有着重要的启示作用。

终身学习既需要有一种“仁远乎哉？我欲仁，斯仁至矣”（《论语·述而》）的内在学习驱动力，也需要有一种“孟母三迁”或“里仁为美，择不处仁，焉得知”（《论语·里仁》）意义上的外在环境的约束力或推动力。换言之，终身学习的自觉实践习惯既需要学习主体内在的主体自觉性，也需要有外部的促进终身学习的良好环境或氛围推动。

儒家之学的精神包括“仁”和“礼”的两个内核概念。这对现代社会终身学习理念的有效建构都有着重要的镜鉴价值。“学以成人”不是一个孤立的范畴，而是关涉使人在现代社会做到安身立命或安心立命所需要的各个向度上的和谐，如人和自然之间，人和人之间，人和社会之间，人的身心之间乃至于人与自己的内在心灵之间的平衡。要保持终身学习的习惯，就必须同时在伦理实践智慧的运用中做到外部道德行为实践和内在生命反省内悟实践的结合。

对终身学习的思考，要超越仅仅从应对外部日益激烈的竞争的实用主义的观点，要深入到保持并实现人之为人的伦理本质及安顿身心、立德树人的高度来进行思考。从这个意义上讲，“学”不仅是为了一个客观的结果，更是一种使人作为人而成为人的生命学问实践的生活方式。正如孔子所说“吾尝终日不食，终夜不寝，以思，无益，不如学也”（《论语·卫灵公》）。正是因为这种学而不厌的学习，才使孔子实现人生境界从凡到圣，即凡而圣的超越，“吾十有五而志于学，三十而立，四十而不惑，五十而知天命，六十而耳顺，七十而从心所欲，不逾矩”（《论语·为政》）。

儒家的学习精神是一种开放、动态、包容、海纳百川的姿态。儒家强调要“见贤思齐焉，见不贤而内自省也”（《论语·里仁》），看到贤德之人身上的德性优点，就应该去思考去向对方看齐，这本身就体现了一种谦谦君子的学习精神。儒家也强调“三人行，必有我师焉；择其善者而从之，其不善者而改之”（《论语·述而》），别人身上在德性品格或为人处世方面总是有值得自己去主动积极学习的方面，应该主动学习其他人的好的方面，同时，也要把别人看成一面镜子，通过体会别人生命中还有哪些不足之处，折射到自己身上，及时纠正自己身上类似的缺点。

正是因为儒家之学是一种贯通整个生命过程的生命的实践的学问，因此，这就注定了儒家之学是一种终身学习，因此，渗透到儒家骨子里面的精神就是“天行健，君子以自强不息”（《易经·乾卦》）的终身学习和终生奋斗精神。天地本身就是在生生不息地运转不停的，而人也就应该以天地为榜样，永远保持一种持之以恒、专心致志的奋斗精神。这样才能成就“地势坤，君子以厚德载物”（《易经·坤卦》）的厚重的德性品格。

正是因为儒家这种一以贯之、始终如一的学习精神，才在相当程度上保持了儒家文化传统源远流长的成长。儒家之学内蕴着一种人文意义上的终极关怀，这种终极关怀具体就体现在儒家最重要的德性范畴即“仁”上。

儒家学以成人的本质就是学以成仁，学以立德树人。儒家之仁本身就需要一种道德实践的激发和保持，因为“知及之，仁不能守之，虽得之，必失之”（《论语·卫灵公》）。如果“仁”不能因为生命学问“学而时习之”的实践而得到保持，就会出现一种麻木不仁的情况，也会很难做到颜回的生命境界，即“回也，其心三月不违仁,其余则日月至焉而已矣”(《论语·雍也》)。

一般的人,很难做到守仁,因而很容易出现孟子所说的“其进锐者,其退速”(《孟子·尽心上》),很容易出现退转。这就是因为其学习状态没有做到一种终身学习意义的可持续。

终身学习的视野背后也折射着学以成人或教以成人意义的培养道德所面临的挑战。因为,根据《尚书·大禹谟》记载:“人心惟危,道心惟微,惟精惟一,允执厥中。”特别是在今天这种充满网络虚拟世界的诱惑和干扰的情况之下,要让一个人的德性或仁德扎根,就需要一种持续的精进学习和“君子无终食之间违仁,造次必于是,颠沛必于是”(《论语·里仁》)的恒心恒德,要做到学而不厌,“发愤忘食,乐以忘忧,不知老之将至”(《论语·述而》)。从思想政治教育的效果追求来说,思想政治教育要切实实现立德树人的培养目标,就需要追求一种长效的培养效果。思想政治教育要帮助人形成一种“诚之者,择善而固执之者也”(《中庸》)的德性的巩固和韧性的坚持。

儒家之学关系到何为生命,何为人之为人的本质,关系到如何才能使人作为人而成为人的重要问题,也关系到在人工智能时代的飞速发展情况下,人如何做到知及仁守和人如何保持人的生命情感并做到在现代社会安身立命的带有终极意义追问的大问题,它揭示了终身学习和终身教育的伦理本体根源,这也正是思想政治教育立德树人育人实践所应该充分借鉴的德性与智慧之源泉性的根源所在。

面对生命存在遭遇到的诸多现代性的困境,儒家之学而不厌的终身学习的精神能够帮助德性主体真正走出这种伦理困境,进而实现生命在诸多维度的和谐。思想政治教育要通过有效的思政课教学,帮助学生提升素质,提升生命的境界。思想政治教育有效性的最终体现要通过学生自觉的德性之学的习惯养成来得到体现，也就是要帮助学生形成一种基于内在生命止于至善的成长动力的自觉自主自动自发的终身学习的状态。

儒家之学不仅限于个体身心修养意义上的修身之学，还包括人与人之间，人伦日用之间乃至于天人合一或天人之际意义上的更加广阔的生命伦理维度。儒家之学不仅指向个体修身完善意义上的成己，也指向推己及人，推己及物意义上的成物，进而实现大写的人格建构。

正如《中庸》所说："成己，仁也；成物，知也。性之德也，合外内之道也，故时措之宜也。"

二、 儒家之学之内在结构对终身学习之思政课启示

关于终身学习的思考，是需要从理论和实践的角度对之进行深入的思考才能揭示其在今天具有的深远的现代意义和价值的。理论和实践视角的对照和呼应本身就能使终身学习的理念对现代思想政治教育所具有的现代价值呈现出来。

终身学习，从根本上来说，是需要有一种来自学习主体内在的生生不息的精神动力支持的。这一点在儒家之学的精神人文向度可以得到很好的提炼。如果只是专注于导致终身学习的外在的压力层面，是无法洞察终身学习背后的深层次的精神动力之源泉的。终身学习更深层次的文化根源无疑是来自儒家好学的传统。从这个意义上来说，我们今天谈论终身学习，是需要从儒家好学传统的人文底蕴的视野来进行探讨的。

围绕着儒家之学习精神，是构成儒家核心价值的德性范畴，如"仁义礼智信"等。儒家之学的目的不是外在知识的累积，而

是生命内在德性范畴体系的建构。以孔子为代表的儒家之学的精神是一种总体性的概念，但在儒家之学的总体架构之下，有完整的包括知情意行各个维度的内在学习结构。从儒家之学的内在结构可以延伸出关于为什么学、如何学、如何保持学习的动力、学什么、什么是学习的基本原则等诸多基本的问题。

从过去相对注重实用的阶段学习到今天注重长远人生德智体美劳全面发展的终身学习，其内在包含着一种伦理意义上的精神变迁。越是在充满变化的现代社会，越是在技术时代给德性内在涵养提出更多的挑战的今天，越是需要有一种终身学习意义上的持续的身心修养，惟其如此，方能保持内心的恬静和充实。

终身学习在德性建构上指向的是一种深层次的超越规范伦理的生命德性伦理的深层建构，而在认知层面，指向的则是一种超越一般智能形成的智慧唤醒或培养。这就使现代意义的终身学习有着更加重要的精神性层面。

现代社会，随着大数据和人工智能、移动互联网的发展，广度仅仅停留在信息扩充或知识"为学日益"(《道德经》)层面的学习，其本身已经无法担当浸润德性、成就德性的作用。甚至可以说，没有咬定青山不放松的坚韧和专注，只是在平面上无节制地扩充自己的信息和知识，不仅无法沉淀一个人内在的德性涵养，而且会导致一个人精神的涣散和内在德性结构的松散。如果没有德性内在结构的凝聚和集中，就无法成就使人做到"君子无入而不自得焉"(《中庸》)的厚重并经得起任何现实考验的优良德性品格。

德性存在的方式是一种基于整体德性基本架构的存在，事实上，单个的德性本身很难起到指导人生的德性实践作用。儒家温、良、恭、俭、让和智、仁、勇等宏观的德性架构本身就说明了德性结构对于德性主体形成稳定道德实践习惯的重要意义。除了德性外在的基本架构之外，还需要有德性内在结构的支撑才能为德性主体发自内心自觉的终身学习提供生生不息、源源不断的精神动力。

21 世纪的“学习”在其内涵和意义的丰富维度上，都有着在时代精神下相比于以往不一样的特点。即使是大家都公认的德性之知的学习方式，与传统的德性建构方式也会有所不同。从知识、能力的学习到智慧、境界的学习，从德性的传统建构方式到德性的现代建构，都会发生相应的变化。要更好地理解德性的深层内涵，就有必要深入到德性的内在结构中去，进而去深层理解儒家之学的当代意义及其在思政课教学实践中的运用价值。

德性结构是区别于一般意义的道德结构的。相对而言，道德结构的分析更加注重道德向外的延展性，类似于从修身到齐家再到更大范围的道德规范的延展，但德性结构是着重于儒家心性之学意义的针对德性的内在结构分析。通过针对德性的内在结构分析，人性之善的力量跃然纸上。儒家内在德性结构本身就蕴含着在道德理性与德性情感、德性实践之间的平衡。通过一种终身学习意义的自我持续道德修养和德性践履，才能保持德性内在结构在知、情、意、行各个维度上的动态平衡与和谐，进而成为德性主体长期守仁行仁的内在精神驱动力。

儒家学习精神内在结构的第一个前提就是“志于学”(《论语・为政》)，正如孔子所说“吾十有五而志于学”(《论语・为政》)，有了“志于学”的立志的前提，才能做到进一步的“志于道，据于德，依于仁，游于艺”(《论语・述而》)。可以说，儒家所强调的对于学的立志精神本身，构成了终身学习生生不息、源源不断的精神动力之源。“百工居肆以成其事，君子学以致其道”(《论语・子张》)，没有一种志于道的心向往之的决心，就无法形成终身学习背后的精神动力之源泉。“王子垫问曰：‘士何事’？孟子曰：‘尚志’。”（《孟子·尽心上》）对心之所之意义的志的崇尚构成为儒家“学而不厌”意义的终身学习的基本动力源泉。

事实上，作为一种成就德性的生命学问，立志本身不仅是学习的目标，也是推动持续学习精神动力的源头活水。孔子说“三军可夺帅也，匹夫不可夺志也”（《论语·子罕》），“人无远虑，必有近忧”（《论语·卫灵公》），这都表明，树立一种坚定的求学志向对于学习动力的激发和保持是多么的重要。儒家之学的内在结构有着丰富的层次性，它包括学习意义上的实践智慧、学习的情感动力、学习所需要的理性能力、学习的方法论、学习的知情意行的相互促进机制等各方面。

要成就终身学习的内在动力机制，首先要深入到儒家学习精神内在结构的认知维度。正如孔子所说：“知及之，仁不能守之，虽得之，必失之。知及之，仁能守之，不庄以涖之，则民不敬。知及之，仁能守之，庄以涖之，动之不以礼，未善也。”（《论语·卫灵公》）尽管孔子将仁作为其一以贯之的道德教育原则，但“知及之”则是其中的一个仁德内化的前提。知“道”才能行“道”，知“仁”才能切实地行“仁”。这也就是为什么孔子强调“学而时习之，不亦说乎”（《论语·学而》）的“学”的重要性。正是因为对于经典的学，才能使之后生命学问的践习有了明确的方向，否则就会导致“学而不思则罔，思而不学则殆”（《论语·为政》）的问题。

当然，要树立终身学习的意识和习惯，不仅需要有儒家之学在认知层面的深刻认识，还需要有心向往之的道德情感的认同。儒家之学注重人之为人的情感维度，所以孔子说“知之者不如好之者，好之者不如乐之者”（《论语·雍也》）。显而易见，“乐之者”的一种乐学或学乐的境界才是一种较高的学习境界。“孩提之童无不知爱其亲者，及其长也无不知敬其兄也。”（《孟子·尽心上》）这种素朴的道德敬爱之情的本身就是要人在学习上不断要求上进的源源不断的内驱力来源。

从广义上来说，儒家所强调的仁是一种一以贯之的总体之德性，换言之，仁是一切其他分德的总体德性基础，因此，孔子说："人而不仁，如礼何？人而不仁，如乐何？"（《论语·八佾》）这里所说的礼和乐都表示一种体现在外在的德性表现形式，但是如果没有内在之仁德作为基础的话，那么这些外在的礼节规范就会成为一种空洞的形式，因此，孔子进一步感慨："礼云礼云，玉帛云乎哉？乐云乐云，钟鼓云乎哉？"（《论语·阳货》）儒家之仁的本质是一种仁者爱人的情怀和能力，它集中凝聚和体现着一种深沉厚重的敬天爱人的道德情感，正是因为这种仁者爱人的内在情感动力的驱动，才会驱使道德主体形成那种自觉的学而不厌的学习状态。从狭义上说，仁是一种感通能力，正是因为这样的一种对别人生命处境的真切的感受能力，才能促使道德主体去真切真诚地做到"入则孝，出则悌，谨而信，泛爱众，而亲仁。行有余力，则以学文"（《论语·学而》）。

在儒家之学的内在意蕴中，由其认知维度和道德情感维度进一步推定，进一步形成为一种"知者不惑，仁者不忧，勇者不惧"（《论语·子罕》）和"三军可夺帅也，匹夫不可夺志也"（《论语·子罕》）的学习之意志和学习行动力，这样才能为一种儒家之学意义的终身学习意识的形成建构出坚实的内在结构基础。

三、儒家之学的自律对于终身学习的思政课启示

终身学习意识的形成不仅需要有儒家美德论的德性内驱

力，也需要有一种体现为道德自律的约束力量的配合。正如孔子所说“君子博学于文，约之以礼，亦可以弗畔矣夫”(《论语·雍也》)，“以约失之者鲜矣”(《论语·里仁》)，“非礼勿视，非礼勿听，非礼勿言，非礼勿动”(《论语·颜渊》)。儒家伦理从来都没有将其对于人性的思考置于一种真空环境中，也没有抽象地谈论人性之善，而是将其对于人性的探讨放置于现实的生活世界中进行，因此，孔子才会感慨“回也，其心三月不违仁，其余则日月至焉而已矣”(《论语·雍也》)。

尽管孔子有那么多弟子，但孔子认为只有颜回能够做到长久的不违背仁德之心并且保持“知及仁守”的努力，而其他学生，都只是能够保持很短的时间，之后就会出现退转。这就充分说明，要保持一种学而不厌、好学不倦的精神是非常不容易的。正如老子所说：“五色令人目盲，五音令人耳聋，五味令人口爽，驰骋畋猎令人心发狂，难得之货令人行妨。”(《道德经》)

基于德性建构的从心所欲与基于儒家之礼对人的约束二者之间是不矛盾的，而是相辅相成的，正所谓“七十而从心所欲，不逾矩”(《论语·为政》)。终身学习的意识和习惯的形成就需要在一种道德自律和道德自由之间形成的张力来保持。

仁义作为一种德性主体之内在德性，是推动德性主体自身自动自发自觉学习的内在动力，但仁义本身的作用也不是无限的，因为人生活在现实的环境中，难免会受到现实中诸多因素的影响，所以除了仁义对于终身学习和终身成长的支撑作用之外，还需要有一种基于“礼”的外在约束作用，才能保持一个人始终如一的终身学习的状态。因此，《孟子·离娄下》强调：“耳目之官不思，而蔽于物。物交物，则引之而已矣。心之官则思，思则得之，不思则不得也。”

特别是在今天这样的各种外在干扰充斥网络虚拟空间的时

代，人的学习之本心更加容易被各种外物所遮蔽以至于忘记了一种热爱学习的专注，因此很多人会因为网络的诸多干扰而感到困惑迷茫，于是不知不觉就荒废了自己的学业。而且，根据孟子的观点，只有通过一种自觉的见贤思齐的学习，才能保持自己的真心和本心，即："仁，人心也；义，人路也。舍其路而弗由，放其心而不知求，哀哉！人有鸡犬放，则知求之；有放心而不知求。学问之道无他，求其放心而已矣。"（《孟子·告子上》）

孟子强调，人之本性本心就是仁者爱人的仁德之仁，而义才是人之为人应该走的道德意义上的康庄大道，放弃了人生行走在仁义之中的康庄大道，失去了自己的仁义之本心却不知道去通过一种坚实的道德实践努力去找回自己的道德之本心，这才是人生真正的悲哀。学问之真谛不是别的，就是通过学去找回自己失去的本心和道德的真诚。换言之，孟子强调，只有通过一种志在形成君子人格和大丈夫人格的君子之学，才能保持人之为人的仁德本质，才能使人作为人而成为真正完整的存在意义上的大写的人。

结合终身学习的意识培养，儒家之学意蕴下的终身学习本身就超越了一种单纯工具理性和实用理性意义上的谋生层面，而是达到了学以成人和学以为人、学以作为一个人完成一个人的"形而上者谓之道"的形而上的层面。孔子也强调："君子谋道不谋食。耕也，馁在其中矣；学也，禄在其中矣。"（《论语·卫灵公》）

儒家自律是区别于康德所说的自律的，儒家自律与儒家伦理所强调的慎独、自省是紧密联系在一起的，换言之，儒家之自律之所以与终身学习意识的培养紧密相连，就是因为儒家自律是基于德性主体全然的道德主体性的，儒家自律背后的基本道德动力是自觉自发，而不是因为一种外在的律令。因此，孔子强调:“克己复礼为仁,一日克己复礼,天下归仁焉。为仁由己,而由人乎哉?”(《论语·颜渊》)为学的本质就是为仁,而为仁之最初的动力之源泉是德性主体自身,这就像孟子所强调的“自得”,他说:“君子深造之以道,欲其自得之也。自得之,则居之安;居之安,则资之深;资之深,则取之左右逢其原。故君子欲其自得之也。”(《孟子·离娄下》)孟子在这里所描述的深造自得的学习境界正好集中体现了一种终身学习的最高境界。儒家自律的学习精神背后是一种真切的学习自主、自在、自由,经由这样的一种自在自主的积极学习,能够实现自我内在生命境界的提升或升华,只有这种基于德性主体自我的学习动力的终身学习,才能激发其如朱熹所说的“深造之者,进而不已之意”(《四书章句集注》)的终身学习意义的持续精进的学习动力和状态。

儒家之学意义的终身学习意识的背后就是这种“深造自得”而学而不厌的内在学习精神动力的推动。只有通过对内蕴在儒家学习精神中的终身学习智慧的深度挖掘,才能切实把握在当代建构学生终身学习意识的思政课有效路径。儒家视野中的自律精神,由于熔铸了儒家伦理中特有的慎独精神和内省反省的精神,因此有了其与康德所说的自律之德性相比而言独特的生命学问之理论优势,能够为学习主体在今天走出一种学习的困境提供一条终身学习现代建构的可能的希望之路径。从儒家自律的视角来看,身心是合一的,知行是合一的。

儒家伦理视野中的自律本身就浸润着孔子所强调的仁者爱人的精神,因此是在一种理性中自然而然包含着对于道德情感的重视,换言之,儒家伦理视野中的自律是情理交融、情理合一的。正是因为这种道德情感和道德理性的融合才形成促使道德主体自身自觉终身学习的道德哲学基础。

越是在现代社会,就越是需要有一种自觉的生命学问之终身学习意识的形成，也只有形成这种终身学习的意识，才能实现学习主体学以成人和立德树人的思政课育人目标。如果没有一种基于德性主体自身自觉的终身学习习惯的形成，就无法真正形成并巩固其使人作为人而成为人所内需的德性品格。

孔子说“吾尝终日不食，终夜不寝，以思，无益，不如学也”(《论语·卫灵公》)，“我非生而知之者，好古，敏以求之者也”(《论语·述而》)，在儒家伦理的整体教育体系中，“学”无疑是其中一以贯之的生命学问之实践关键所在。事实上，孔子从“吾十有五而志于学”到“七十而从心所欲，不逾矩”(《论语·为政》)的每一个生命成长境界的提升，都是无法离开孔子学而不厌和学而时习之的学习精神的，“好仁不好学，其蔽也愚；好知不好学，其蔽也荡；好信不好学，其蔽也贼；好直不好学，其弊也绞；好勇不好学，其蔽也乱；好刚不好学，其蔽也狂”(《论语·阳货》)。

从这里可以看出，孔子所强调的学是一种注重生命学问和道德修养的实践之学和德性伦理践履之学，这种学本身就体现了儒家伦理中所内蕴的自律或克己复礼的节制精神。无论是人的理性还是情感都容易出现一种过犹不及的偏差，只有通过不断的学习和伴随学习而出现的生命的成长，才能使人保持在一种“不违仁”和“喜怒哀乐之未发，谓之中；发而皆中节，谓之和。中也者，天下之大本也；和也者，天下之达道也。致中和，天地位焉，万物育焉”(《中庸》)的符合中庸之道的平正状态。

儒家强调的学的精神之所以贯穿着一种终身学习、学而不厌的意识，就是因为儒家强调人的身心和谐，人与人之间的和谐，人与自然的和谐。孔子强调“不学礼，无以立”(《论语·季氏》)，这种基于儒家之礼的理性的节制和自律使人需要始终如一地做到内在的自省和慎独，而这种内省和慎独正是确保一个人终身学习意识保持的生生不息的精神动力。

总之，要真正切实地提升思政课的有效性和长效性，就必须切实提升学生好学乐学的终身学习的意识，而要真正形成学生这种自觉自动的终身学习意识，就必须深入到儒家之学习精神中去汲取必要的精神营养。

第十二章

网络诚信道德的儒家伦理思考及其思政课启示

【引言】

网络诚信道德的建构的本质是德性主体在德性伦理意义上的内在德性品格建构。只有深入到影响网络诚信道德建构的文化根源，特别是儒家伦理的文化根源才能从根本上把握网络诚信道德建构的基本维度。思政课的目标是立德树人，这就需要善用网络诚信道德建构的有益成果，进而切实提升思政课育人实践的有效性。

诚信道德本身就是思政课立德树人的德育实践所特别重视的方面。诚信道德的本质是一种基于德性主体个体自身的道德自律和社会道德规范的他律之间的平衡的诚信状态。诚信的美德是建构诸多其他传统美德的基础，诚信缺失不仅会导致诸多的社会生活问题，而且会导致道德主体整个道德实践生活中的内在德性基础缺失的问题。思政课要取得很好的立德树人的育人效果，就必须有意识地回归并对儒家伦理传统中的诚信伦理资源进行很好的传承和创造性的转化与创新性发展，进而从文化视野的角度来提升思政课课堂实践的有效性。

越是在日益飞速发展的网络空间，越是需要回归儒家伦理意义上的个体道德慎独或修身才能保持内心的宁静与充实，这样才能使德性主体做到“君子无入而不自得焉”(《中庸》)。有了一种内在德性修养的诚意正心，才能使德性主体无论是在网络空间还是在现实真实生活世界的道德实践中始终做到“君子无终食之间违仁，造次必于是，颠沛必于是”(《论语·里仁》)。

从本质上来说，网络虚拟空间并不是一个与现实生活世界无关的另一个空间，而是真实生活世界在更大层面的延展或扩充。因此，探讨网络诚信道德的本质问题还是要回归到对于生活世界中德性主体内在的道德修养和“诚于中，形于外，故君子必慎其独也”(《大学》)的自我道德完善上来。

但另一方面，网络空间的诚信道德建设又有其自身的特点。传统现实意义的诚信道德建设路径无法被直接照搬到网络诚信道德的建设中，需要对有着深厚积淀的传统道德诚信建设的道德教育智慧进行一种网络空间意义的创造性转化和创新性发展才能使其更好地服务于现代社会的网络诚信道德建设。因此，要做好网络诚信道德建设，既要做到“吾道一以贯之”(《论语·里仁》)意义的对儒家优秀道德教育方法的传承，又要做到《易经·损卦》中所说的“与时偕行”。

一、 网络诚信道德建设面对的挑战及儒家伦理思考

当现实生活世界的道德实践已经遭遇到种种挑战的时候，

进一步将道德实践的生活场域切换到对于人类道德生活来说可以说是一个全新的虚拟空间,这无疑是对以思政课为代表的道德教育提出的我们必须去面对的较大挑战。

从传统文化的视角来看,对于虚拟世界的想象其实是源远流长的。“昔者庄周梦为胡蝶,栩栩然胡蝶也,自喻适志与,不知周也。俄然觉,则蘧蘧然周也。不知周之梦为胡蝶与,胡蝶之梦为周与?周与胡蝶,则必有分矣。此之谓物化。”(《庄子·齐物论》)如果说庄子还是偶尔梦为蝴蝶的话,那么现代人在网络虚拟世界中所停留的时间可以说是越来越长了。非常多的青少年沉溺于网络虚拟世界而到了不能自拔的严重程度,这就进一步加剧了伦理意义上的“心为形役,心为物累”(《归去来辞》)的现象。网络诚信道德建设问题不仅是关于一般的技术层面的问题,而且是关于重新建构伦理精神家园意义的生活世界的心灵规范问题。

诚信问题是儒家伦理所关注的一个重要德性范畴。《论语·述而》中强调“子以四教:文,行,忠,信”,也就是说,孔子教学的一个非常重要的内容之一就是强调学生要做到为人处世重视诚信的美德。甚至可以说,没有诚信,人就会在社会上寸步难行,因此,《论语·为政》进一步强调:“人而无信,不知其可也。大车无輗,小车无軏,其何以行之哉?”事实上,儒家强调的诚信首先关系到的还不只是自己和他人的伦理关系的和谐,更是自己和自我内心的一种诚信关系,换言之,只有通过一种知行合一,“吾日三省吾身——为人谋而不忠乎?与朋友交而不信乎?传不习乎?”(《论语·学而》)的身心合一的生命道德学问的德性践履意义上的实践,才能达到一种超越“小人长戚戚”的“君子坦荡荡”(《论语·述而》)的精神愉悦状态。由这种身心合一、知行合一的个体德性实践意义上的生命诚信状态所带来的幸福状态被孟子概括为“仰不愧于天，俯不怍于人”（《孟子·尽心上》）的人生三乐之一。

如果忽视了人与自身基于道德诚信的身心和谐基础而直接谈论人与人之间的道德诚信，那就没有深入到关于道德诚信探讨的基本层面。儒家所重视的道德诚信建构基础是德性主体君子人格的养成。重德养德立德才能真正地使人做到“弟子，入则孝，出则悌，谨而信，泛爱众，而亲仁。行有余力，则以学文”（《论语·学而》）。人在社会中的诚信的基础是一个人在个体道德修身意义上的诚意正心，“物格而后知至，知至而后意诚，意诚而后心正，心正而后身修，身修而后家齐”（《大学》）。

网络虚拟空间的道德实践生活更多的是真实生活世界德性主体道德实践的延伸。即使是在相对独处的网络空间存在状态，德性主体无须面对来自外在的道德规范和约束，但是依然会感受到一种“十目所视，十手所指，其严乎”（《大学》）的来自自我德性良知的约束。正所谓“一阴一阳之谓道，继之者善也，成之者性也”（《易传·系辞传上》）。网络虚拟世界一方面给思政课的道德教育提出了挑战，另一方面，又为更好地促进思政课的课堂教学有效性提供了很好的平台。

诚信问题的本质归根到底是一个深刻的伦理和文化问题，网络虚拟空间的发展又进一步将对这个问题的有效应对变得更加迫切，同时又提供了可能的不同于以往实践做法的网络空间道德教育的实践路径。

网络技术极大地拓展了人的实践活动的虚拟空间，也极大地拓宽了人的虚拟生活世界的视野，这在虚拟世界的意义上使人有可能做到在虚拟空间意义上的行万里路或阅人无数的生活实践。尽管这种虚拟世界的生活体验无法完全代替真实生活世界的道德生活实践，但它却的确在相当程度上提供了虚拟意义上的丰富的道德生活实践的可能。

但客观上来说，青少年对网络虚拟空间的过多的专注甚至是依赖确实导致了深刻的伦理困境和道德困境，这是由于其道德自律及儒家文化意义上的道德慎独能力的缺乏。

同时，在现实的客观生活世界，人与人之间的相处本身就会有一种天然的道德约束力，正如孟子所强调的那样："恻隐之心，人皆有之；羞恶之心，人皆有之；恭敬之心，人皆有之；是非之心，人皆有之。"（《孟子・告子上》）正是在人与人之间的真实的道德生活交往中，人才会因为自己在道德境界上与他人的差距而感到一种道德上的羞愧，这种必要的道德羞愧感正是使人在道德实践上加倍努力，进而做到"知耻近乎勇"（《中庸》）的源源不断的德性践履动力。而在网络虚拟空间，这种天然的道德约束力或监督力是相对较弱的，这就更加需要从儒家德性伦理的视野加强德性主体的自觉德性慎独力。同时，从人的自然属性来说，人的信息处理空间是有限的，正如庄子所说："吾生也有涯，而知也无涯。以有涯随无涯，殆已！已而为知者，殆而已矣！"（《庄子・养生主》）但网络空间提供的信息，不仅良莠不齐，而且浩如烟海，无穷无尽，这同样会给德性主体的内在德性建构提出较大的挑战。

思政课的教学实践要取得更好的立德树人的教学效果，就必须积极应对网络虚拟空间对思政课立德树人教育实践提出的挑战，进而在这种应对挑战的过程中，使思政课进一步做到让学生真心喜爱，终身受益。

二、 儒家伦理诚信对网络诚信建构的启示

学生的网络空间的生活世界内容现在是必须纳入到思政课

立德树人的教学实践所应关注的伦理视野的。无视学生在网络空间的生活状态，是无法切实提升思政课在现代社会的有效性的。

从儒家诚信到网络诚信，中间还需要有一个从传统诚信观到现代诚信观的创造性转化和创新性发展的问题。诚信不只是一种现代契约式的规则意义的约定，更是德性伦理意义的一以贯之和孔子所说的“其心三月不违仁”（《论语・雍也》）和“居处恭，执事敬，与人忠，虽之夷狄不可弃也”（《论语・子路》）的守仁行仁。毋庸置疑，儒家诚信对于现代诚信视野下的网络道德诚信建构有着重要的启示意义。诚信的核心是内在德性伦理建构意义的“诚”，无诚则无信。

孟子说：“诚者，天之道也；思诚者，人之道也。”（《孟子・离娄上》）事实上，一种发自内心的、真诚的道德情感是所有其他德性条目的基础。儒家最重视仁德的建构，而仁者爱人的一个重要维度就是浸润其中的真诚的道德情感。因此孔子感慨说：“人而不仁，如礼何？人而不仁，如乐何？”（《论语・八佾》）一个人如果没有一种真诚的仁爱之道德情感作为基础，只是有表面的礼仪形式又有什么意义呢？“礼云礼云，玉帛云乎哉？乐云乐云，钟鼓云乎哉？”（《论语・阳货》）因此，“唯天下至诚，为能尽其性”（《中庸》），“唯天下至诚为能化”（《中庸》）。

《大学》说：“所谓诚其意者，毋自欺也。”一个人首先要做到不自欺，这样才能真正做到诚信而不欺人。儒家诚信的哲学基础就是儒家的为己之学，“古之学者为己，今之学者为人”（《论语・宪问》）。

《中庸》说“诚者，天之道也；诚之者，人之道也”，“诚者自成也，而道自道也。诚者，物之终始，不诚无物，是故君子诚之为贵。诚者，非自成己而已也，所以成物也。成己，仁也；成物，知也。性之德也,合外内之道也,故时措之宜也”。诚是需要贯穿诚信的始终的,诚信不是一时一事的外在表现,也不是为了赢得更多外在利益的手段。诚信的美德体现了人之为人的伦理本质。《说文解字》:“诚,信也。从言,成声。”甚至可以说,诚的德性本身就包含着值得人信任的伦理内涵。因此,诚是诚信的德性力量的根源。“诚于中,形于外”(《大学》),诚是诚信的灵魂,而诚信的行为则是诚之美德的外在行为体现。

思政课教学实践的最终旨归当然是立德树人,铸魂育人。而立德则是培养人的关键所在。作为一种德性条目的诚信本身就充分体现了思政课在教学实践中的道德价值意蕴。

思政课要取得好的立德树人的教学实践效果,就有必要充分挖掘其在网络空间的可能的实践路径选择。要使优秀的德性品格自然而然地深入到学生的心灵进而成为其内得于心的生命道德学问的一部分,这样才能使学生达到一种道德实践意义上的外化于行。

从思政课的角度来思考网络诚信道德建设,就必须从思政课铸魂育人的“君子务本,本立而道生”(《论语·学而》)的高度来探讨诚信建设的德性与品格基础。因为“君子怀德,小人怀土;君子怀刑,小人怀惠”(《论语·里仁》),思政课是在培养人的德性践履的根本层面来思考网络诚信道德的建构问题的。网络的发展速度越来越快,由此对德性主体在面对无限的网络空间时所应该具备的内在德性品格的涵养也就提出了越来越高的挑战,相应的,这也就对志在立德树人的思政课提出了更高的要求和期待。

在传统道德教育的视野中,人与人之间人伦关系和人际关系的道德实践活动本身就是塑造和培养人的基本品格的重要情景和场域。但由于作为工具理性的网络技术的发展,越来越多的年轻人日益疏离真实的生活世界和道德实践世界，并且因为网络空间在虚拟世界意义上的丰富多彩和互动性而日益沉溺其中。这会在相当大的程度上造成人的内心道德情感世界的空虚，由此也会导致很多人陷入到一种诚信缺失的深层伦理困境，而且这种诚信缺失首先体现在无法坦荡地面对自己的内心良知世界上。因为，根据儒家伦理的思想，一个人只有切实遵循自己的良知去行动，并让自己做到在良知意义上的知行合一，才能达到一种内心充满浩然之气的诚信状态。

正如孟子所说："其为气也，至大至刚，以直养而无害，则塞于天地之间。其为气也，配义与道；无是，馁也。是集义所生者，非义袭而取之也。行有不慊于心，则馁矣。"（《孟子·公孙丑上》）诚信道德的养成，是需要有一种浩然之气充盈其中的。这种诚信道德的养成是需要通过凝聚正气和德性的始终如一的道德实践来逐渐积累和得到夯实的，如果没有经由一种德性践履来对之予以加强和巩固，那么这种诚信道德意识本身也会逐渐减弱。

尽管在网络虚拟空间也会有相应的碎片化的道德实践，但这种网络虚拟空间中的道德实践是缺少一种持续性和延续性的，因此就无法达到一种"蒙以养正，圣功也"（《易经·蒙卦》）的品格涵养作用。通过一种品格实践的积累和道德习惯的涵养，才能达到朱熹所说的"敬则天理常明，自然人欲惩窒消治"①的德性涵养效果。道德养成是需要足够道德修养的时间积累的，因此，孔子强调要做到"默而识之，学而不厌，诲人不倦，何有于我哉"（《论语·述而》）。只有经过了长期的道德养成，才能达到"少成若天性，习惯成自然"的德性内化的道德教育目标。

---

① ［宋］黎靖德. 朱子语类·卷12[M]. 北京：中华书局，1986.

网络虚拟空间的诚信缺失造成了一个严重的伦理后果，即学生越来越无法做到精神伦理生活意义上的专心致志，“今夫弈之为数，小数也，不专心致志，则不得也”（《孟子·告子上》）。即使只是像下棋这样的看似很小的事情，要做到精益求精，也是需要一种专心致志的投入的，更何况像“士志于道，而耻恶衣恶食者，未足与议也”（《论语·里仁》）的德性养成的人生最重要的事情，这更需要有一种德性主体“其为人也，发愤忘食，乐以忘忧，不知老之将至云尔”（《论语·述而》）的浸润和专注。因此，思政课要在今天取得更好的立德树人的道德育人效果，就非常有必要去帮助学生形成在网络空间中的专注、慎独、自制和立志。

网络空间提供了学生精神生活世界的广大到几乎无边无际的程度，但思政课的立德树人的铸魂育人教育需要帮助学生做到在道德实践上的尽精微，做到“尊德性”（《中庸》）和“道问学”（《中庸》）的并重。只有通过这种德性实践努力在格物穷理意义上的凝聚和沉淀，才能超越网络空间支离破碎的信息呈现状态对学生心灵世界的涣散作用进而凝聚学生的道德心灵。

现代思政课要提高其教育实践的有效性，就必须在学生网络空间的生活世界与内在心灵的道德实践之间建立起一种经由道德诚信建构而形成的有效道德教育沟通桥梁。

道德实践力量的根源归根到底还是人的本心，因此，孟子强调“非独贤者有是心也，人皆有之，贤者能勿丧耳”（《孟子·告子上》）。“仁，人心也；义，人路也。舍其路而弗由，放其心而不知求，哀哉！人有鸡犬放，则知求之；有放心而不知求。学问之道无他，求其放心而已矣。”（《孟子·告子上》）人的本心就是仁义之心，但是在网络的虚拟空间中，人确实容易迷失甚至丢失自己的本心，因为网络空间会无节制地分散人的兴趣关注点，很可能就会导致孟子所说的“耳目之官不思，而蔽于物。物交物，则引之而已矣”(《孟子·告子上》)的生命的迷失。

思政课的教学实践要取得更好的立德树人的育人育德效果，就要帮助学生经由建构自身的德性品格世界，做到守望本心，坚守本心，通过自己的本心和道德良知控制好对网络空间的使用，使网络空间服务于自身更好的道德生活实践，而不要使其成为自身道德生活的阻碍。

诚信道德本身就深刻反映了儒家人文精神的自身特点，其背后所依托的伦理基本架构是儒家的“仁—礼”伦理结构。“诚”对应的就是“仁”，而“信”对应的就是“礼”。正如“仁”是“礼”的基础一样，“诚”无疑是信誉和信用的基础。

三、 儒家伦理视域下的网络诚信道德建构路径

作为儒家伦理的重要的德性范畴，“诚”不仅是一种达到诸多其他美德的重要道德修养路径，而且也是经过足够的道德修养之后道德主体达到的一种道德涵养境界。孔子强调：“克己复礼为仁。一日克己复礼，天下归仁焉！为仁由己，而由人乎哉？”(《论语·颜渊》)如果德性主体在网络空间里能够做到自我的克制和节制，进而很好地掌控好对于网络空间的精神生活意义上的使用，那么这就实现了在现实生活世界和网络虚拟空间生活世界的一种基于道德诚信的融通和凝聚。

网络虚拟空间的渗透性是无处不在的，它以各种方式无孔不入地占用很多人原本可以用来积淀一种深厚人文德性修养的空余时间或休闲时间，而这种休闲时间是好的品格得以沉淀浸润的必要条件，正如孟子所说：“奚暇治礼义哉？”(《孟子·梁惠

王上》)

可以由自己支配的不受外在干扰控制的时间是使人进入到学思并重的关于德性之知的学习和实践状态的重要条件之一。庄子也说:“物物而不物于物,则胡可得而累邪!”(《庄子·山木》)保持一种淡泊名利的心境,切实地通过一种道德修养做到精神内守,这是在网络虚拟世界里保持自己的德性涵养的重要路径。孟子还说:“养心莫善于寡欲。其为人也寡欲,虽有不存焉者,寡矣;其为人也多欲,虽有存焉者,寡矣。”(《孟子·尽心下》)对于诚信道德最大的挑战之一无疑就是各种名利的诱惑,很多人因为见利忘义,不能做到“见得思义”(《论语·季氏》),因而也就逐步放松了一种对于自身慎独的道德修养,最终就会疏离对诚信道德的坚守。

思政课立德树人的教育实践本身也要帮助学生形成一种更高的人生境界追求,超越对网络虚拟空间过多的执着。修养自己内在德性的最好的实践路径之一莫过于有意识地通过一种追求更高境界的美德人生来节制或减少对外在事物过多的欲求,因此,老子也说“见素抱朴,少私寡欲”(《道德经》)。思政课立德树人的育人实践,要教会学生过一种道德的生活,要自觉地进行道德实践,而诚信道德的实践是要贯穿所有德性实践过程的始终的。因为,没有诚信,其他的道德品格都会变成无源之水,无本之木。

网络空间技术的日益发展使人们获得休闲的方式变成了一种极其轻松的被动的休闲方式,这就使人可以在一种非常舒适的状态中感受到一种不断的快乐,但却无法激发一个人经由一种德性实践和学而时习之的道德学习去获得一种使人实现人之为人的本质的真正的幸福。

过道德的生活才是人的内在道德超越性的需要,正如孟子所说:“可欲之谓善,有诸己之谓信,充实之谓美,充实而有光辉之谓大,大而化之之谓圣,圣而不可知之之谓神。”(《孟子·尽心下》)儒家伦理中一以贯之的精神就是德性主体通过自身自强不息的道德实践努力不断提升自己的道德人生境界,道德完善的过程同时也就是天人合一、知行合一意义上的人生境界不断提升的过程。从这个意义上来说,诚信在“形而上者谓之道”(《易传·系辞传上》)的意义上来说,它意味着人之为人的伦理本质的实现。

虚拟和真实之间的界限不只是在于这么一个事实,即人的生活实践是在网络空间进行还是在现实生活世界中进行,而在于是否在其中注入了诚信的道德品格。一旦有了诚信品格的注入和融入,就能超越网络空间的形式上的虚拟性而使其具有真诚道德情感的实际道德实践内涵。根据《说文解字》:“信,诚也。诚,信也。”人的道德实践活动,因诚而信,因信而更诚。因此,根据《中庸》:“唯天下至诚,为能经纶天下之大经,立天下之大本,知天地之化育。”孟子也强调:“尽其心者,知其性也。知其性,则知天矣。存其心,养其性,所以事天也。”(《孟子·尽心上》)网络空间本身是无法承载伦理道德的意义和价值的,是使用网络空间的道德主体本身才能通过自觉的道德实践赋予网络虚拟空间以一种真实的道德实践内涵。由网络虚拟空间所反映和折射的诸多道德伦理问题,归根到底都是网络空间背后的人的问题,甚至可以说,网络空间并没有直接产生相应的问题,而是在一个更大的空间放大了这些问题。正因为此,思想政治立德树人的教育意义就显得更加任重道远。塑造网络空间的归根到底是人,人自身的道德境界和人格最终决定网络空间所呈现出来的道德状态。而沟通人自身的道德世界与网络空间道德世界的最重要的德性就是诚信。

要对网络诚信道德的建构做一个深入的了解，就必须从儒家伦理的整体思路对其进行一种全幅性的深层把握。如果只是从网络诚信道德的具体问题入手，就有可能造成头痛医头、脚痛医脚的治标不治本的实践的低效。尽管互联网的产生迄今为止不过几十年时间，但互联网技术给人们生活的方方面面都带来了深刻的改变。由此引发的伦理思考也超越了一般意义上的哲学思考层面。一方面，思政课要提高其在现代社会的道德教育有效性，需要借助于网络空间所提供的信息优势整合可供思政课使用的丰富的教育资源，并由此加速思政课的现代发展；另一方面，又要有一种对于无限扩大的网络空间对道德生活可能产生的负面影响的必要的忧患意识，做到防患于未然，提升思政课对于学生诚信道德的引领和教育。

从儒家伦理的视域来观照网络虚拟空间中的诚信道德建构问题，其实质就是回归到诚信之“诚”的慎独意义上的道德自律和自省。“莫见乎隐，莫显乎微，故君子慎其独也”(《中庸》)，人的道德品格往往是在最隐微的地方体现出来的。越是在信息网络时代，德性主体内心的慎独自律越是显得特别重要，从德性伦理视角看，慎独意味着自我内心最高的诚信，“所谓诚其意者，毋自欺也”(《大学》)。因为“人之视己，如见其肺肝然，则何益矣。此谓诚于中，形于外，故君子必慎其独也”(《大学》)。

很多人认为慎独或诚信仅仅是指德性主体对自身的约束和束缚，这种理解是不全面的。诚信不只是对自我的一种道德约束，更是经由一种道德自律和慎独而达到内心德性智慧的释放，从这个意义上说，只有做到诚信才能达到一种“内省不疚，夫何忧何惧”(《论语·颜渊》)的“君子坦荡荡”(《论语·述而》)的生命幸福状态。

网络虚拟空间的日益发展使越来越多的人进入到一种数字

虚拟的生活状态。信息和知识的平面化在量上的增多并不会被自然而然沉淀为一种深刻的道德实践理性智慧，反而会在客观上削弱诚信作为一种美德的生活世界基础。“诚者，不勉而中，不思而得，从容中道，圣人也，诚之者，择善而固执之者也”（《中庸》），网络诚信道德的建构同样是需要通过有效的思政课堂教学来帮助学生做到择善固执的，正如孔子所说：“知及之，仁不能守之，虽得之，必失之。”（《论语·卫灵公》）网络虚拟空间能在道德信息的层面极大地扩大学生的道德见识，但却无法自然而然地帮助学生沉淀或凝聚一种德性之知或仁者爱人的道德情感。这就需要充分发挥思政课立德树人的育德育人作用，而诚信道德的养成是使德性主体做到“仁守之”的关键所在。

第十三章 孔子仁学思想的思想政治教育内蕴及其实践路径探析*

【引言】

孔子仁学的本质内涵之一就是一种道德实践意义上的生命的学问,其主要旨归就是学而不厌维度上的学以成人和诲人不倦维度上的教以成人。孔子仁学是成己成仁之学,注重言传身教,知行合一;既注重经由道德修养所要实现的人生境界,又注重切实的修己以敬的修身工夫。儒家仁学思想是下学上达的。既有形而上者谓之道的终极人文关怀,又有切问而近思的笃行工夫。这对今天的思想政治教育有着重要的现代价值和启示。

孔子的道德教育思想集中体现在其仁学思想的理论与实践体系上。孔子仁学思想中包含着丰富的德性伦理践履智慧。思想政治教育需要依托中国传统文化深厚的文化底蕴,特别是儒

---

* 原载于《安阳师范学院学报》,2020(4):48-52。

家的道德哲学实践智慧，才能在一种“君子务本，本立而道生”（《论语·学而》）的深厚的文化底蕴中实现思政课让人真心喜爱，终身受益的教学实践效果。

思政课归根到底是要着眼于人的全面发展的，而要实现人的全面发展，就必须要把握并遵循人的内在的生命成长规律，而且这种生命内在德性的成长规律是有其文化传统意义上的传承性的。通过深入学习孔子的仁学思想，能够帮助我们从源头上把握人如何才能做到学以成人，思政课的教育如何才能做到“诲人不倦”（《论语·述而》）意义上的教育立德树人的目标。孔子仁学思想重视行仁意义上的德性主体之自觉的道德实践，而且，孔子仁学思想认为：“君子去仁，恶乎成名？君子无终食之间违仁，造次必于是，颠沛必于是。”（《论语·里仁》）换言之，孔子仁学思想始终以德性主体的德性内在建构为基础，做到了道德教育上的“吾道一以贯之”的知行合一。

一、 孔子“仁”学的思政育人意蕴

2017 年 1 月，中共中央办公厅、国务院办公厅印发了《关于实施中华优秀传统文化传承发展工程的意见》，强调要“围绕立德树人根本任务，遵循学生认知规律和教育教学规律，按照一体化、分学段、有序推进的原则，把中华优秀传统文化全方位融入思想道德教育、文化知识教育、艺术体育教育、社会实践教育各环节，贯穿于启蒙教育、基础教育、职业教育、高等教育、继续教育各领域”。这充分说明，要更好地发挥思政课的作用，要切实提升思政课的有效性，要有效实现思政课立德树人的培养目标，就必须将中华优秀传统文化的教育智慧有机融入思政课的具体教育实践中去。思政课是有着重要的文化属性的，同时，文化本身又是思政课达成德性主体、德性内化的重要路径。文化这个词不仅有其深厚的德性建构之古典意义，而且有极其重要的现代道德建构意义。从思政课的文化属性的维度来说，所谓文化，其内核就是“人文教化”“人文化成”。这种人文化成的过程伴随着德性主体经由自觉的持续道德践履而达到的生命境界的不断升华过程。事实上，文化，特别是以孔子仁学为代表的中国传统儒家文化有着非常重要的文化育人功能。何谓“文”，根据《说文解字》：“文，错画也，象交文。凡文之属皆从文。”《易传·系辞传下》：“物相杂，故曰文。”针对“文”，孔子将其放在“文献”一词中一起来说，孔子说：“夏礼吾能言之，杞不足征也；殷礼吾能言之，宋不足征也。文献不足故也，足则吾能征之矣。”（《论语·八佾》）朱熹对此的注释是：“文，典籍也。”此外，孔子还说：“弟子入则孝，出则悌，谨而信，泛爱众，而亲仁。行有余力，则以学文。”（《论语·学而》）朱熹对此的注释是：“文，谓诗书六艺之文。”由此可以看出，思政课本身的现代德性建构是离不开人文经典的熏陶和教育的。思政课不仅有课上的思政课教师的讲解，更有在课后的学生自己自觉的道德文化浸润和熏陶。思政课的旨归是立德树人，而“十年树木，百年树人”，思政课教育是需要有足够的教育智慧和教育耐心的。正如《管子·权修》所说：“一年之计，莫如树谷；十年之计，莫如树木；终身之计，莫如树人。”

“仁”作为儒家德性伦理的核心概念，有着深刻的德性维度的思政育人意蕴。思政育人要尽可能地实现其深入人心、春风化雨的效果，就必须深入汲取中国传统道德哲学的资源，而孔子仁学思想是思政育人可以不断从中获取精神力量启发的重要的德育资源。

从思政育人的角度来说，孔子的“仁”有三个层面，首先是“形而上者谓之道”（《易传·系辞传上》）意义上的育人之道层面，这是思政育人的孔子仁学基础；接下来是体现为儒家君子人格的孔子之仁品格建构层；再次就是实践层面，这是思政育人的孔子仁学践履动力。

从儒家德性伦理的视野来看，“仁”是人之为人的道德本质。正如孟子所说：“仁也者，人也。合而言之，道也。”（《孟子·尽心下》）落实到思政课的课堂实践来说，可以看出，孔子仁学思想与思政课的内在目标有着高度的传统之契合。孔子仁学思想不仅可以沉淀作为思政课主体的学生的德性涵养，而且可以从深层次升华学生的德性智慧。

在信息爆炸和知识网络化的时代，平面化的随时可被提取的关于道德的知识本身对于学生的德性建构影响日渐式微，只有真正能够帮助学生做到“心安”的厚重的基于经典的生命智慧才能帮助学生实现思政课在“知情意行”融合意义上的对学生的德性建构的积极影响。因为过多的信息膨胀和知识爆炸，一方面，造成了学生在知识广度上的无限延伸；但另一方面，却造成了由此引发的精神世界的涣散。信息不等于知识，知识不等于智慧，智慧不等于德性，德性不等于德行。

孔子仁学思想是个体道德修养可以依托的重要的传统文化资源。当然，要更好地挖掘孔子仁学中蕴含的丰富而深刻的可以借鉴的思政教育资源，不能去简单地照搬照抄孔子仁学的思想。这就意味着要对孔子仁学思想进行基于现代德育背景的创造性转化。从孔子仁学的观点来看，人之德性是具有其超越性的。德性的建构不仅需要有基于生活世界的德性践履，还需要有必要的德性涵养。

思想政治教育本身具备强大的育人立德的功能。这种功能不仅体现在其一般意义上的维持性功能上，而且体现在其挖掘思想政治教育学生主体的道德实践潜能的启发性或开发性功能上。首先，孔子之仁对于建构学生主体性的道德人格有重要的意义。孔子说："志士仁人，无求生以害仁，有杀身以成仁。"（《论语·卫灵公》）"孔子贵仁"（《吕氏春秋·不二》），因为"仁"是人之为人的本质，也是生长出诸多其他德性的仁德之根源。换言之，"仁"不仅是作为中国传统儒家文化的一个核心概念而存在，而且是作为一个具备深刻思政课教育价值的道德概念而存在。"言仁必及人"（《国语·周语下》）、"出门如宾，承事如祭，仁之则也"（《左传·僖公三十二年》）、"杀身以成志，仁也"（《国语·晋语二》）、"爱亲之谓仁"（《国语·晋语一》）和"克己复礼，仁也"（《左传·昭公十二年》），孔子之仁并不是凭空产生的，它有着深厚的中国传统文化渊源，同时，孔子之仁也不是静止的，而是在生生不息地生长和发展的。

梁漱溟在《东西文化及其哲学》一书中曾说："这一个'生'字是最重要的观念，知道这个就可以知道所有孔家的话。"①《易传·系辞传上》曰："显诸仁，藏诸用，鼓万物而不与圣人同忧，盛德大业至矣哉。富有之谓大业，日新之谓盛德，生生之谓易。"《易传·系辞传下》亦曰："天地之大德曰生，圣人之大宝曰位。何以守位曰仁，何以聚人曰财。理财正辞，禁民为非曰义。"张载《横渠易说》上是这样说的："天地则何意于仁？鼓万物而已。"有了人之为人的内在之仁，才能生发出使人成为更好的人的诸多的类似于"温良恭俭让，恭宽信敏惠"（《论语·学而》）等传统儒家德性。习近平总书记指出："中国传统文化博大精深，学习和掌握其中的各种思想精华，对树立正确的世界观、人生观、价值观很有益处……学史可以看成败、鉴得失、知兴替；学诗可以情飞扬、志高昂、人灵秀；学伦理可以知廉耻、懂荣辱、

① 梁漱溟.东西文化及其哲学[M].北京：商务印书馆，1999.

辨是非。”①孔子仁学思想体现着中国传统伦理学的精华，“好学近乎知，力行近乎仁，知耻近乎勇”（《中庸》）；孟子更是直接提出：“人不可以无耻。无耻之耻，无耻矣。”（《孟子·尽心上》）

有了内心的仁德之心，才能真正做到“知耻”，进而做到知耻之后的及时改过。《论语》中出现“耻”的次数高达16次，这充分说明孔子对于教育学生学会“知耻”的重视。正如孔子所说：“道之以政，齐之以刑，民免而无耻；道之以德，齐之以礼，有耻且格。”（《论语·为政》）

二、人工智能挑战视野下的孔子之仁对思想政治教育的启示

孔子仁学的本质是一种生命整体的伦理智慧。这种生命智慧不仅是针对人本身而言，更是一种更大外延意义上的生命智慧。正如孟子所说：“君子之于物也，爱之而弗仁；于民也，仁之而弗亲。亲亲而仁民，仁民而爱物。”（《孟子·尽心上》）

随着以人工智能为代表的人类现代高科技的发展，人何以为人和“人如何学以成人”乃至于“人如何保持人之为人的本质”的重大伦理问题正在引起现代社会日益密切的关注。当然也对思想政治教育提出了关于如何培养人的重大挑战。高科技是很好的仆人，但却是很糟糕的主人。高科技的发展也向人提出了深刻的挑战，即人如何才能驾驭好自己所发明创造的高科技的工具而不要成为这些现代科技工具的奴隶。孔子仁学的思想和智慧本身就包含着回答以上这些问题的传统精神线索。

---

① 习近平.在中央党校建校80周年庆祝大会暨2013年春季学期开学典礼上的讲话[N].人民日报，2013-03-03(002).

孔子之仁不仅表现在一般意义上的"仁者爱人"的爱人的维度，正如《论语》中所记载的："樊迟问仁。子曰：'爱人。'问知。子曰：'知人。'"(《论语·颜渊》)而且体现在一种扩展到一种生态意义上的对于整体生命的关怀。生生之谓仁，因为有内在的仁爱之心，所以能够做到宋儒程颢提出的"仁者，以天地万物为一体"(《二程遗书》)，这种所谓的一体之仁本身就蕴含着儒家对于大自然中的动植物的人文关怀。思想政治教育不仅要培养思想政治教育主体之人文关怀的能力，而且要拓展其对于生态平衡意义上的生命的敬畏。孔子之仁的仁德之存在，就要求思想政治教育主体不仅做到爱人，而且要做到推己及人，推己及物，推己及大自然的各种生命。人与大自然的万物不是自我与他者的对立的关系，而是"我和你"之间的生命共同体的共存的关系。

北宋程颢明确提出"仁体"的概念，他说："学者识得仁体，实有诸己，只要义理栽培。如求经义，皆是栽培之意。"(《二程遗书》)这里，程颢不仅提到了"仁体"的概念，而且两次提到了"栽培"这个词，无论是栽培义理还是栽培人格或德性，都是与思想政治教育培养人的智慧紧密相连的。为什么需要加强对于学生的思想政治教育？为什么思想政治教育对于大学生有那么重要的作用？因为思想政治教育所培养的是学生立德树人的德性之根本。而且，人心之仁，如果没有得到很好的栽培和守望，是很容易失去的。因此，孔子特别强调："知及之，仁不能守之，虽得之，必失之；知及之，仁能守之，不庄以莅之，则民不敬；知及之，仁能守之，庄以莅之，动之不以礼，未善也。"(《论语·卫灵公》)如何才能做到"仁守之"？何以守仁？这就需要有良好的教育，特别是需要针对人的道德修养和品格建构形成的思想政治教育。孟子也特别强调基于德性养成的教育对于保持人之本心和人之内在之仁的重要性，孟子说：“人之有道也：饱食暖衣，逸居而无教，则近于禽兽。”(《孟子·滕文公上》)面对日益猖獗的网络游戏世界对于大学生心灵的影响，面对日益加快的生活节奏，面对因为过度依赖技术通信而导致的人心的疏远，如何保持大学生内心的德性自律和道德原则，这是摆在思想政治教育面前的重要课题。

人工智能再加上现代生物技术的发展，甚至对人如何才能保持自身的为人之本质的问题提出了尖锐的挑战。《孟子·尽心下》说：“仁也者，人也。合而言之，道也。”《中庸》上也说：“仁者，人也，亲亲为大；义者，宜也，尊贤为大。”换言之，仁是人之为人的内在之德性规定性。如果一个人是麻木不仁的，那么在儒家看来，他就无异于等于失去了人之为人的本质。要保持这种使人作为人、成为人的“仁”的本质，就需要做到孔子所说的“学而时习之，不亦说乎”(《论语·学而》)。另外，根据黄宗羲《宋元学案》记载：“学者当须立人之性。仁者人也，当辨其人之所谓人。学者，学所以为人。”

人之所以为人的本质在于人具有这种内在之仁，而且只有通过正确的学习才能做到使人识仁、行仁并守仁。而学习又离不开教，因此，根据《礼记·学记》的记载：“是故学然后知不足，教然后知困。知不足然后能自反也，知困然后能自强也。故曰教学相长也。”思想政治教育的重要功能之一就是培德、立德。孔子强调“为仁由己，而由人乎哉”(《论语·颜渊》)、“君子求诸己，小人求诸人”(《论语·卫灵公》)、“仁远乎哉？我欲仁，斯仁至矣”(《论语·述而》)，孔子仁学中的“仁”，既是一种具体之德，又是一种总德，换言之，它是生发诸多其他德性的道德根源之总德。

孔子强调以仁释礼，因为“人而不仁，如礼何？人而不仁，如乐何?"(《论语·八佾》)从孔子的仁礼观来看,思想政治教育不仅要注重学生对必要的道德规范和人生道德礼仪的学习和吸收,更要注重培养其真诚的道德情感和坚定的道德意志。随着网络虚拟世界对高校学子生活世界的冲击和由此带来的对于已有道德规则的冲击,思想政治教育如果仅仅停留在一种一般意义上的道德规则灌输是无法真正让学生真诚地去做到遵循这些道德规则的。正如孟子所说:"徒善不足以为政。徒法不能以自行。"(《孟子·离娄上》)思想政治教育不仅要注重对学生进行必要的道德行为规范的教育,而且需要帮助学生做到"仁守之",做到守望好内心的"仁爱之仁"。

随着人工智能的发展对传统思想政治教育方法的冲击,思想政治教育本身越来越需要做到对于人之为人的生命本质的守望,要注重基于人文智慧的生命教育。要探寻将思想政治教育与生命教育相融合的方法,就有必要切实地深入了解孔子仁学的思想。孔子仁学思想本身既浸润着深入到生命本体层面的生命学问的智慧,又体现着因材施教的教育艺术和方法论。

在儒家学术的发展历史中,孔子最先确立了"仁"对于人之为人所需要的其他诸德的统摄关系。从思想政治教育的角度来看,孔子所说的"吾道一以贯之"(《论语·里仁》)就意味着孔子在德育思想上的一贯之道,即始终将对人的仁德培养视作为道德教育的本质或根本所在。"孝、义、忠、信、礼、智"等具体的德性都必须建立在德性主体真诚的内在仁德基础之上。

孔子仁学直指人心,也就是人的本心和真心。"宰我问:'三年之丧,期已久矣!君子三年不为礼,礼必坏;三年不为乐,乐必崩。旧谷既没,新谷既升,钻燧改火,期可已矣。'……子曰:'予

之不仁也！子生三年，然后免于父母之怀。夫三年之丧，天下之通丧也。予也有三年之爱于其父母乎？'"（《论语·阳货》）

孔子从人心是否安的道德情感本心的深层次直接指点人是否应该遵循"三年之丧"的"礼"。这就意味着，在孔子看来，有了彰显道德感受能力的仁德，就会使人的心具有这种道德意识和道德同理同感的能力。换言之，是否具备仁德，直接决定了人是否能够拥有正确的道德判断能力和道德践履能力。

相比之下，今天的思想政治教育面临的一个较大挑战之一就是由于部分学生日益陷入网络虚拟世界而导致的"空心病"。这种所谓的"空心病"更多的是被界定为狭义心理学意义上的心理问题，其实，这种"空心病"背后的深层原因是心学的问题，是以孔子仁学为代表的道德情感教育的缺失。孟子说过："仁，人心也；义，人路也。舍其路而弗由，放其心而不知求，哀哉！人有鸡犬放，则知求之；有放心而不知求。学问之道无他，求其放心而已矣。"（《孟子·告子上》）什么才是真正的学问之道？什么才是真正的生命的学问之道？孟子认为就是要通过有效的道德教育努力与实践将人失去的本心或赤子之心找回来。只有这样，才能使人作为人重新成为人格意义上的君子或大人、大丈夫，因为"大人者，不失其赤子之心者也"（《孟子·离娄下》）。

现代人，同样需要找回自己失去的本心。而思想政治教育作为育人铸魂的基础工作，肩负着立德树人的重任。刘易斯认为："我们在教育中放弃了自己的根本任务——大学原本应该为社会培养道德原则性强、受人尊敬的人；应该培养学生重要的道德品格、性格、美德。"①如果教育只是追求一种失去了灵魂的卓

① ［美］哈瑞·刘易斯. 失去灵魂的卓越：哈佛是如何忘记教育宗旨的［M］. 侯定凯，译. 上海：华东师范大学出版社，2007.

越，那么即使培养出有才华的人又有什么意义呢？“君子先慎乎德。有德此有人，有人此有土，有土此有财，有财此有用。德者本也，财者末也。”（《大学》）司马光也指出：“才德全尽谓之圣人，才德兼亡谓之愚人，德胜才谓之君子，才胜德谓之小人。凡取人之术，苟不得圣人、君子而与之，与其得小人，不若得愚人。何则？君子挟才以为善，小人挟才以为恶。挟才以为善者，善无不至矣；挟才以为恶者，恶亦无不至矣。”（《资治通鉴》）

三、 孔子仁学思想对思政课的实践启示

孔子仁学是一个理论融入实践的完整的德性践履体系。其中体现着对于当代思想政治教育有着重要启发意义的道德教育智慧。一方面，思想政治教育要教育学生懂得知礼，守礼，要做到对社会道德规范的相应遵守；另一方面，又要做到注重对支撑道德规范背后的真诚的道德情感即“仁”的培养和陶冶。正如《论语》中记载：“颜渊问仁。子曰：‘克己复礼为仁。一日克己复礼，天下归仁焉。为仁由己，而由人乎哉？’颜渊曰：‘请问其目？’子曰：‘非礼勿视，非礼勿听，非礼勿言，非礼勿动。’颜渊曰：‘回虽不敏，请事斯语矣！’”（《论语·颜渊》）换言之，孔子对学生在视听言动的各个伦理实践方面都提出了一种具体的实践要求。孔子仁学思想对于思想政治教育的现代意义和价值体现在其在道德价值的内核层面对学生的塑造和影响上。孔子仁学思想能够在道德价值的意义上始终起到对道德教育主体的道德行为的指引作用。

孔子所说的“仁”，不仅是儒家作为一种学说的重要德性概念，而且也是与人之为人的内在人格世界紧密相连的。孔子之仁关涉仁德之知情意行的各个维度。“仁”是内在的人之为人的

规定性，而“礼”则是道德的外在伦理规范。仁和礼的二者互动才能建构德性主体之现代道德素养。正如孔子所说：“君子博学于文，约之以礼，亦可以弗畔矣夫。”(《论语·雍也》)孔子之仁学本身就内在包含着对于外在德性行为规范在应然层面上的“礼”的规定。从儒学发展的历史进程来看，偏向于一端的极端的做法都会导致相应的问题。无论是过度偏向于内在道德修养的“仁”还是过于偏重外在道德规范限定的“礼”，都会导致相应的如孔子所说的“过犹不及”(《论语·先进》)的问题。根据《论语·先进》的记载：“子贡问：‘师与商也孰贤？’子曰：‘师也过，商也不及。’曰：‘然则师愈与？’子曰：‘过犹不及。’”

孔子仁学中的“仁”本身就包含着其对于知仁意义上的认知维度。孔子说：“未知，焉得仁。”(《论语·公冶长》)孔子这里所说的“知”，指的就是智慧意义上的“智”。知仁是学仁、行仁的前提。因此，孔子还强调：“君子道者三，我无能焉：仁者不忧，知者不惑，勇者不惧。”(《论语·宪问》)做到对君子为什么要有仁德之心的问题知之彻底，方能有真知，方能有真行。与之相对比的就是所谓的一知半解，这种一知半解的关于道德的知识是无法使德性主体通过自觉的德性践履建构出自己的德性实践习惯的。甚至可以说，对于“仁”的知识的一知半解，甚至会造成对行仁的负面影响。因此，孔子强调说：“道听而途说，德之弃也。”(《论语·阳货》)

朱熹对“仁”所具有的认知维度也有着深刻的论述，他说“仁者，爱之理，心之德”(《四书章句集注》)，又说“‘仁’字须兼义礼智看，方看得出。仁者，仁之本体；礼者，仁之节文；义者，仁之断制；知者，仁之分别。犹春夏秋冬虽不同，而同出于春：春则生意之生也，夏则生意之长也，秋则生意之成，冬则生意之藏也”①，

① ［宋］黎靖德．朱子语类·卷6［M］．北京：中华书局，1986．

还说“仁包四德”(《四书章句集注》),他认为“仁”既是“仁义礼智”四德之一,与“义礼智”并列,又包含“义礼智”在内。思想政治教育如何才能做到让学生真正理解人何以为人和人为什么要行仁的道理?这就离不开思想政治教育所需要依托的深厚的中国传统文化智慧。“知仁”最终都是为了“行仁”。正如我们要很好地理解孔子之仁学就必须同时要注重儒家实践维度意义上的工夫一样,我们也要注重思想政治教育的实践维度的落实。归根到底,孔子仁学是一种实践的生命的学问,而思想政治教育也需要从实践的生命学问入手,进而来把握提升思想政治教育有效性的重要路径。

朱熹说:“《论语》一部自‘学而时习之’至‘尧曰’,都是做功夫处,不成只说了‘与点’便将许多都掉了。”①事实上,思想政治教育本身也包含着类似于孔子仁学中的本体、工夫和境界这三个维度。思想政治教育要在其教学实践过程中实现其亲和力和针对性的加强,进而满足学生在德性成长和生命境界提升上所应有的期待,就必须切实把握人之为人的仁德之本质。人之为人,不仅有其自然属性和社会属性,还有其体现为“仁者爱人”情怀的精神超越性。孔子仁学浸润着关于德性主体行仁的实践智慧,体现着德性主体之超越性的存在。孔子说:“君子无终食之间违仁,造次必于是,颠沛必于是。”(《论语·里仁》)孔子之仁所内蕴的行仁和实践仁的实践智慧本身就彰显着中国儒家德性伦理的鲜明的实践性。子贡曰:“夫子之文章,可得而闻也;夫子之言性与天道,不可得而闻也。”(《论语·公冶长》)目前,思想政治教育面临的深层困境之一即是学生知行的脱节。从思想政治教育之认知到思想政治教育的实践或践履之间的跨越是非常不容易的。孔子仁学

① [宋]黎靖德.朱子语类·卷6[M].北京:中华书局,1986.

的实践智慧密切关注如何实现孔子所说的“不怨天，不尤人，下学而上达”(《论语·宪问》)的“下学学人事，上达达天理”的融合。换言之，就是追求道德主体生活世界与道德世界的融摄。

思想政治教育要切实提升其认同度和实效性，就必须直面现实中诸如网络空间对其造成的挑战。思想政治教育必须通过其在实践中体现出来的卓有成效的育人成果来彰显其重要的现代意义和价值。孔子仁学在“知情意行”的各个维度都浸润着丰富的可以供今天的思想政治教育借鉴的重要的思想政治教育资源。当然，思想政治教育对孔子仁学思想的精神营养的吸收，也是一种继承与创新发展的关系。

孔子仁学思想既有注重个体道德培养的人格养成方面的智慧，又有建构道德主体自身社会责任的社会伦理方面。同时，孔子仁学注重德性主体的内在真诚的道德情感的培养。因此，能够从深层次解决德性主体道德践履的精神动力之源问题。当然，孔子仁学注重培养德性主体自觉的道德追求之志向，正如孔子所说：“三军可夺帅也，匹夫不可夺志也。”(《论语·子罕》)孔子希望学生养成其追求君子人格的“志于道，据于德，依于仁，游于艺”(《论语·述而》)的人生志向，这同样与思想政治教育培养德才兼备人才的目标有着一种深度的契合。

总之，孔子仁学思想是一种深沉厚重的凝聚着人文关怀的道德教育思想，它在仁者爱人的君子情怀中彰显出其对人之为人的道德价值与尊严的重视，体现出人之为人的仁爱精神与道德情感，对现代思想政治教育有着重要的启发性。

第十四章
荀子人性观及其对思政课的现代启示

【引言】

相比于孟子性善论，荀子关于人性的观点更加注重人性的现实维度，不能仅仅以所谓的性恶论来概括荀子的人性论观点。从思政课德育育人的有效性的视角来看，必须综合看待人性中下学和上达的两个维度，才能给思政课教育实践提供切实有效的镜鉴。

荀子在《正名》中说："性者，天之就也；情者，性之质也；欲者，情之应也。"荀子不是抽象地谈论人性，而是将对人性的讨论从玄之又玄的抽象的思辨拉回到了直面现实的人性探讨，这就对思政课在现代社会的现实中如何提升其有效性提供了重要的思想借鉴。荀子强调人"生而有欲"(《荀子·礼论》)并且重视人的情感因素在其内在德性建构中所发挥的作用，这在事实上充分发挥了儒家伦理中本就具有的现实主义传统，正如孔子所说"富而可求也，虽执鞭之士，吾亦为之。如不可求，从吾所好"(《论语·述而》)、"富与贵，是人之所欲也；不以其道得之，不处也。贫与贱，是人之所恶也；不以其道得之，不去也。君子去仁，恶乎成名”（《论语·里仁》），认同人性中现实的一面，这反而能够使人性之善有了更加坚实的现实基础，也使现实中的思政课德性实践建构有了孔子所说的“不怨天，不尤人，下学而上达”（《论语·宪问》）意义上的贯通感。

尽管荀子也强调“养心莫善于诚”，这非常类似孟子所说的“养心莫善于寡欲”（《孟子·尽心下》）。但荀子的人性论是更侧重人性的现实维度的，因而也有其对于思政课德育实践的更偏重实践指导作用的启示。从这个意义上来说，荀子的人性论是更加完整意义上的人性论，也有着更强烈的直面现实德性建构的艰难的勇气。简单地将荀子的人性论观点概括为一种“一言以蔽之”（《论语·为政》）的所谓的、片面的性恶论，其实并没有完整揭示荀子关于人性探讨的全幅性的逻辑架构和深刻洞察。直面人性的复杂性，超越性恶论或性善论的对于人性问题的简单化的理解，全面真实地把握人性的光辉和可能的弱点，这正是今天的思政课要提升有效性所必须侧重研究的重要问题，而荀子的观点对此有着较大的启示作用。

一、 荀子人性论简述及其思政课德育意蕴

人性中的善不是天然就具备的，尽管《中庸》一开始就讲“天命之谓性，率性之谓道，修道之谓教”，但最终要将这种天命之性转化为一种现实意义上的德性，依然需要一种德性主体和德育实施者“战战兢兢，如临深渊，如履薄冰”（《诗经·小旻》）的持之以恒的努力才有可能。过高的评价人性之善端，其实不一定有利于现实中的德育实践。

关于人性的探讨，最终要指向“究竟何以为人”与“何以学以成人”的道德教育问题。这既指向伦理研究之对象，又指向生命意义的追问。对人性进行形而上的反思和拔高是有必要的，因为这指引出人性的光明和道德教育的可能性。但另一方面，对人性的探讨，又不能仅仅停留在对于人性形而上的思辨意义的探讨上，对人性的探讨必须指向生命学问的实践，指向德性的践履，指向具有可操作性的德性教育的实践智慧。荀子的人性论同样融合了其对于人性的深刻体悟，也体现了一种综合意义的关于人性探讨的视域融合。

荀子在《礼论》中说：“礼起于何也？曰：人生而有欲，欲而不得，则不能无求。”道德规范或德性本身是要体现其鲜明的时代特点的，正如《周易》中所说，我们要做到“与时偕行”。思政课的德育不仅要针对德性主体的个体德性的培养和建构，而且需要注重道德的社会性。青少年在今天面对着诸多的人生困惑，互联网和网络游戏世界更是激发出太多人心中的“欲”，如何帮助青少年去化解这些内心的困惑，做到切实的诚意正心、仁者爱人，这正是思政课在教学实践中要切实注意的重要问题。

德性的内在建构不仅涉及人与自己内心的关系，也关涉人与自然、人与社会、人与人之间的关系，正是从这样一个更加宽泛的社会道德角度，荀子的人性论思想能够对现代思想政治教育的有效性的提升提供较大的借鉴作用。与其说孟子的性善论和荀子的性恶论是一种对立的关系，还不如说这两种观点其实是相互补充的，思政课要从整体上提高德育有效性，就必须综合这两种关于人性的观点，既坚定道德教育的高远目标，又基于道德教育面对的现实夯实思政课德育的实践基础。基于人性善的观点，孟子认为“仁义礼智，非由外铄我也，我固有之也”（《孟子·告子上》），这给了思政课教师和德性主体从内在涵养生命积极德性的信心。而针对“孟子道性善”(《孟子·滕文公上》,荀子则提出了尖锐的批评,这种批评其实并不是对孟子性善论的否定,而是对孟子性善论观点中所存在的缺陷的一种补充和完善。

过多地强调人性本善,会间接导致人对后天德育内在建构和社会教化的松懈,同时,会使教育者在遭遇到现实中种种的复杂的人性问题的时候感到深深的迷惘。事实上,即使是再怎么相信人性本善,面对现实中人生的复杂,很多时候,德性主体和德育教育者也会感到一种生命无法承受之轻的道德教育的艰难和沉重。纵然是大谈特谈人性善的孟子,也不得不承认“人之所以异于禽兽者几希;庶民去之,君子存之”(《孟子·离娄下》),人的善端就如那么一棵小树苗,是很脆弱的,是很容易因为后天糟糕环境的影响而丢失的。“人之有道也,饱食,暖衣,逸居而无教,则近于禽兽”(《孟子·滕文公上》),所以“圣人有忧之,使契为司徒,教以人伦:父子有亲,君臣有义,夫妇有别,长幼有序,朋友有信”(《孟子·滕文公上》)。正是因为人容易丢失自己的善端或泯灭自己的良知之心,所以圣人有所忧患,因而会更加重视后天的道德教化。正如孔子所说:“德之不修,学之不讲,闻义不能徙,不善不能改,是吾忧也。”(《论语·述而》)孔子非常担心的事情就是人不去自觉地修德和修身,而之所以德性主体会出现这种孔子所担心的“不善不能改”(《论语·述而》),就是人开始因后天德育的缺失或环境的恶劣,而导致人的善心或本心的迷失。

从这里可以看出,关于人性善或人性恶的问题的讨论,其实只是涉及关于道德教育的第一个最初的阶段。这个问题确实很重要,因为它是一个“先立乎其大者,则其小者弗能夺也”(《孟子·告子上》)的重大问题。但即使是做到了德性建构意义上的立志和“先立乎其大”，也并不意味着德性建构的完成，它只是德性建构的第一步而已。

孔子说：“志于道，据于德，依于仁，游于艺。”（《论语·述而》）“志于道”或者说认定人性善恶的可能性只是之后“据于德，依于仁，游于艺”的第一步或基础而已。从德性的认知到德性的实践再到德性内在建构意义的知行合一和知行贯通是需要经过“博学之，审问之，慎思之，明辨之，笃行之”（《中庸》）的漫长的德性践履过程的。

正如《易传·系辞传下》所云：“天下同归而殊途，一致而百虑。”无论是从人性善还是从人性恶的前提出发来进行道德教育，最终都要通向包括知情意行几个维度在内的综合德性实践，才能实现人性仁德的现实建构，二者只是实现路径的不同而已。

荀子人性论思想本身是从属于荀子整体的集大成意义的思想综合体系当中的。荀子重视儒家伦理的实践维度和现实维度，因而对现代思政课的育人实践具有较强的践履性和可操作性。正是基于综合意义上的人性观念，荀子注重综合各种教育因素的道德“教化”思想对于德性建构的意义。思政课本身要提升实践的有效性，就必须做到对中国传统文化德育智慧的充分吸收和借鉴融合，而荀子的人性思想及由此衍生出的荀子的德育思想对现代思想政治教育的实践有效性的提升是有着重要的镜鉴意义的。

荀子讲人性之恶，是从人的动物属性或自然属性意义上来强调的。在正视人的自然属性的同时，荀子同样对人性趋向善的可能性予以了充分的肯定，并在社会属性或人的后天超越属性意义上充分肯定了人的道德尊严和意义。只要有足够的勇气和智慧去面对人的自然属性，人就能通过卓有成效的后天的社会教化行为来实现人的自然属性的转化和超越，进而实现来自现实社会教化并经得起现实种种考验的凝聚人的社会属性的仁礼整合的道德。

荀子强调:"凡性者,天之就也,不可学、不可事……不可学、不可事而在人者,谓之性。"(《荀子·正名》)还说:"性者,天之就也;情者,性之质也;欲者,情之应也。"(《荀子·正名》)和"凡人有所一同:饥而欲食,寒而欲暖,劳而欲息,好利而恶害,是人之所生而有也,是无待而然者也,是禹桀之所同也。"(《荀子·荣辱》)从荀子以上的论断可以看出,荀子并没有人为地将人性划分为上下两截,而是正视并尊重人性的自然属性,同时接受人的自然属性。无论是荀子所说的"情"还是荀子所说的"欲",都是人性中不可或缺的一部分,都是在后天的社会教化中必须充分考虑的人性中的因素。这就使荀子人性论具有更强的伦理实践意义上的现实关怀视域。

二、荀子人性观视域下的道德情感及其对思政课有效性提升的现代意义

"以所欲为可得而求之,情之所必不免也……故虽为守门,欲不可去,性之具也。"(《荀子·正名》)荀子充分肯定了人之自然属性意义上的情感或欲求对于人之存在的合理性。人的这种自然情感和欲求,如果能够通过后天的社会教化,不仅不会成为人积善成德的障碍,而且能够成为促使人完成内在德性建构的道德情感动力。从荀子的观点可以看出,人是可以通过有效的道德教化完成人的自然情绪向"喜怒哀乐之未发,谓之中;发而皆中节,谓之和"(《中庸》)的道德情感或德性情感升华的。正如孔子所说:"仁远乎哉?我欲仁,斯仁至矣。"(《论语·述而》)

仁德自在人心，但人首先得在情感维度上向往仁，也就是做到所谓的心向往之，同时，要通过种种有效的教育方法帮助德性主体去自觉地向往仁德，追求美德，这是要使道德教育整体过程进入到德性意志和德性践履步骤的不可或缺的德性整体结构的一部分。荀子和孔子一样，对人的正当正常的情感和欲求是充分认可和肯定的，并且也看到了其对于德性建构的积极意义。

荀子强调："人生而有欲，欲而不得，则不能无求；求而无度量分界，则不能不争；争则乱，乱则穷。先王恶其乱也，故制礼义以分之，以养人之欲，给人之求，使欲必不穷乎物，物必不屈于欲，两者相持而长，是礼之所起也。故礼者，养也。"（《荀子·礼论》）荀子非常强调"礼"的约束对于德性主体社会道德形成的意义。正如孔子所说"君子博学于文，约之以礼，亦可以弗畔矣夫"（《论语·雍也》）、"以约失之者鲜矣"（《论语·里仁》），人要成就基于德性建构的君子人格，不仅要做到内在善性的扩充，而且要做到对自身行为的约束和道德自律。我们需要完整地理解荀子关于人性和教育的观点，这样才能真正汲取荀子思想中所蕴含的可供思政课教学实践充分借鉴的教育智慧。"礼"不仅可以约束人性中自然属性的一面，而且可以养成深厚的道德情感。

正如《易传·系辞传上》所云："一阴一阳之谓道，继之者善也，成之者性也。"人性之善恶在一定条件下是可以相互转化的。在善的时候，也要做到"闲邪存其诚、修辞立其诚"（《易经·乾卦》），同时，要做到在人性问题上的忧患意识。孔子之所以那么认可其弟子颜回，就是因为他能做到"回也其心三月不违仁"（《论语·雍也》），而大概在孔子三千弟子中，孔子认为只有颜回能够做到这一点，颜回能够做到"不迁怒，不贰过"（《论语·雍也》），"有颜回者好学，不迁怒，不贰过……今也则亡，未闻好学者也"（《论语·雍也》），可见要做到"不违仁"的道德实践的艰难。为什么颜回能够做到这种道德境界呢？因为他能真正体会到孔子教诲的智慧，“夫子循循然善诱人，博我以文，约我以礼，欲罢不能”（《论语·子罕》），孔子是非常强调“礼”对于人的道德行为的约束作用的。“……小大由之，有所不行。知和而和，不以礼节之，亦不可行也。”（《论语·学而》）荀子强调“礼者养也”（《荀子·礼论》），这种说法对于思政课德育育人效果的提升有着重要的借鉴意义。孟子说：“夫志，气之帅也；气，体之充也。夫志至焉，气次焉。故曰：持其志，无暴其气。”（《孟子·公孙丑上》）孟子还强调：“我知言，我善养吾浩然之气。问何谓浩然之气？曰：‘难言也。其为气也，至大至刚，以直养而无害，则塞于天地之间。其为气也，配义与道。无是，馁矣。是集义所生者，非义袭而取之也。行有不慊于心，则馁矣。’”（《孟子·公孙丑上》）孟子的养气，着眼于在德性涵养上的积极一面，浩然之气的培养要靠一种“直养而无害”（《孟子·公孙丑上》）地将德性之端推而广之和扩而充之的方式，要做到持之以恒的“集义”，也就是多在积极的德性践履上做到德性情感和道德力量的积累，这对于德性主体的德性建构无疑是非常重要的。但荀子在这里强调的“礼”对于德性从另一个测度所产生的养成的作用，却往往被忽视。相比于孟子的直养，我们也可以暂时将荀子的“养”理解为一种间接的养。从德性内在建构的角度来说，要养成良好持久的德性，不仅需要积极意义上的扩充式的德性之养，还需要有内敛性的向内的凝聚意义的养。

荀子强调：“材性知能，君子小人一也；好荣恶辱，好利恶害，是君子小人之所同也。若其所以求之之道则异矣。”（《荀子·荣辱》）针对德性主体的内在德性建构，最重要的不是去否定人的自然属性，而是尊重人的自然属性，进而从一个积极的测度将其导向德性积极向上的建构中去，这是荀子人性论对于现代思想政治教育实践的重要启示之一。

当然，要建立道德教育的尊严和德性建构的意义，就必须从人之为人的本质的角度出发，去确定其深层次的人性基础。谈论人性之善如果脱离对现实经验的观察而只是以一种悬空式的超越的形而上的角度来讲，那它只能成为书斋里的抽象的学者式的学问，而无法被转化为一种鲜活的真正能够促进思政课德育育人效果的生命实践的学问。

孟子说："天下之言性也，则故而已矣。故者以利为本。"(《孟子·离娄下》)谈论人性问题，尽管不能只是就经验层面来谈，但也不能只是脱离经验层面来抽象地谈。所谓"习性"，"习"和"性"是无法截然分开的。孔子说"性相近也，习相远也"(《论语·阳货》)、孟子强调"居移气，养移体，大哉居乎"(《孟子·尽心上》)，孔子和孟子都强调了后天的社会实践和居住环境对于人性转化或迁移的重要性。人性不是静态的，也不是先天给定的或既定的，而是要通过后天的努力将其不断完善的，只有通过德性主体"苟日新，日日新，又日新"(《大学》)的德性实践努力，才能达到德性主体"在明明德，在亲民，在止于至善"(《大学》)的人性之不断完善之境界。

荀子说："今人之性，饥而欲饱，寒而欲暖，劳而欲休，此人之情性也。今人见长而不敢先食者……人之性恶明矣，其善者伪也。"(《荀子·性恶》)事实上，人的行为趋向于道德境界的改变或改善，是有基本的两个路径：一是从内到外的善端的扩充，一是从外到内的"行有不得者，皆反求诸己"(《孟子·离娄上》)的经由外在无形的约束力的要求而产生的内在道德意识的生成。在人的自主的道德意识得以完全形成之前，必要的外在道德行为凝聚为礼的规范和约束对于德性内在的建构是非常必要的。孔子也强调"见贤思齐焉，见不贤而内自省也"(《论语·里仁》)。

荀子在《荀子·性恶》中说："今人之性，生而有好利焉，顺是，故争夺生而辞让亡焉。"正是因为直面人性在现实环境中的复杂性，荀子才强调，不能顺着人性的自然属性让其任意发展，而应该通过后天的、积极的教育努力，做到"学不可以已"（《荀子·劝学》），这样才能做到"化性起伪"（《荀子·性恶》）。因为"故圣人化性而起伪，伪起而生礼义，礼义生而制法度"（《荀子·性恶》），荀子始终强调在德性建构上的后天人为努力的作用。

三、荀子人性论之思政课德育启示及其现代运用之路径探析

荀子哲学思想中的一个核心概念就是"礼"。

"颜渊问仁。子曰：'克己复礼为仁。一日克己复礼，天下归仁焉！为仁由己，而由人乎哉。'"（《论语·颜渊》）孔子所强调的"仁"无疑是一种基于生命内在超越性的德性的自觉自律，但仁德的实现不是自然而然就能形成的。甚至可以说，要成功培养出德性主体的仁之德，更多时候是需要借助于礼的实践路径的。《中庸》："仁者人也，亲亲为大。"《论语·颜渊》："樊迟问仁。子曰：'爱人。'"甚至《庄子·天地》也说："爱人利物之谓仁。"

荀子人性论的背后同样蕴藏着高远的德性伦理的教育目标，即荀子所说的"涂之人可以为禹"（《荀子·性恶》）。荀子的教育理想，或者说荀子认为教育和学习的最终目标是"涂之人可以为禹"（《荀子·性恶》），《荀子·劝学》中也强调："学恶乎始？恶乎终？曰：其数则始乎诵经，终乎读礼；其义则始乎为士，终乎为圣人。"荀子的这种教育实践目标与孔子所说的"士志于道"（《论语·里仁》）的教育理想及孟子所说的"人皆可以为尧舜"

(《孟子·告子下》)的教育目标都是殊途同归的。

荀子说:“性者,本始材朴也。”(《荀子·礼论》)荀子强调人性的朴素自然的状态,这就类似于孔子所说的人性之“质”——“质胜文则野,文胜质则史,文质彬彬,然后君子”(《论语·雍也》)。人性的本然状态就是一种朴素的自然状态,这个时候,人性发展的趋势就取决于后天教育努力的程度,这就更彰显了后天德性教育的重要性。正所谓“士不可以不弘毅,任重而道远。仁以为己任,不亦重乎”(《论语·泰伯》)。荀子也强调后天德性建构努力要做到持之以恒的重要性。有学就必然有教,荀子所说的“学不可以已”(《荀子·劝学》)的背后就是教不可以已,学和教都需要做到“锲而不舍,金石可镂”(《荀子·劝学》),才能成就恒久之德性,因为“锲而舍之,朽木不折”(《荀子·劝学》)、“积善成德,而神明自得,圣心备焉。故不积跬步,无以至千里;不积小流,无以成江海,骐骥一跃,不能十步;驽马十驾,功在不舍”(《荀子·劝学》)。

德性建构的艰难不仅在于德性建构的初始阶段,而且在于如何做到德性的保持。孔子就强调“南人有言曰:‘人而无恒,不可以作巫医。’善夫”(《论语·子路》)。德性或美德如果不能做到一种“恒其德”的德性持久状态的话,那就不是一种真正的德性。正如孟子所说“其进锐者,其退速”(《孟子·尽心上》),过于急于求成地追求德性的快速建构,最终会导致所谓的“揠苗助长”(《孟子·公孙丑上》)的教育遗憾。“天下之不助苗长者寡矣。以为无益而舍之者,不耘苗者也;助之长者,揠苗者也。非徒无益,而又害之。”(《孟子·公孙丑上》)《易经·恒卦》也强调:“不恒其德,或承之羞。”

只是从形而上学的抽象角度来探讨人性之善,很容易导致对人性问题探讨的书斋化和空疏化。要构建具有“恒其德”特点的德性主体之内在德性，是需要综合考虑人性形而上的超越性和形而下的现实性的多方面情况的。这正是荀子人性论区别于其他关于人性论的特色所在。

关于思政课如何提升其有效性的问题已经从形而上学意义的纯粹的理论思辨转向到了思政课究竟该如何进行更好的实践才能更好地起到其育人培德的作用的道德教育实践问题。这不是一个思辨理性的问题，而是一个基于中国传统文化视野中的实践智慧的问题。

从思政课德育育人的角度出发，德性建构不仅要关注宏大视野下的人的道德内在超越性，而且要关注从社会生活的客观现实视角所体现出来的道德之人文维度。德性主体的道德生活不是一个纯粹精神的抽象概念，而是直接关涉人的生命秩序和生活秩序整体性。

1845 年春，马克思在《关于费尔巴哈的提纲》中指出："人的本质不是单个人所固有的抽象物，在其现实性上，它是一切社会关系的总和。"①在相当大的程度上，荀子已经开始批判那种将人的本质定义为单个人所具有的抽象物的说法。荀子强调道德的社会性，强调礼对于人的道德约束行为的社会意义。

荀子强调："性者，本始材朴也；伪者，文理隆盛也。"(《荀子·礼论》)荀子所说的"伪"绝非虚伪的伪，而是强调人为道德实践努力的有所作为。人性本身只是一种生命德性成长的土壤，种瓜得瓜、种豆得豆，人性本身不会自然而然地导向一个社会所期待的好的状态，人性善恶的趋向从根本上取决于后天的德性主体本身的努力和相应的社会教化。"夫感而不能然，必且

---

① 中共中央马克思恩格斯列宁斯大林著作编译局. 马克思恩格斯选集·第 1 卷[M]. 北京：人民出版社，1995.

待事而后然者，谓之生于伪。”（《荀子·性恶》）事在人为，成德践仁最终都要靠自强不息的人之道德作为。“为仁由己，而由乎人哉”（《论语·颜渊》），荀子所强调的“化性起伪”（《荀子·性恶》）体现的正是德性教育的后天实践性。没有对可能的恶的化解，也就很难真正建构出可持续的德性实践能力。

尽管荀子直面人性之恶的一面，但荀子同样有着其基于人性现实考察的对人性趋向善的道德实践信心。尽管人“好利”，但可以通过“君子喻于义”（《论语·里仁》）、“君子义以为上”（《论语·阳货》）和“君子终日乾乾，夕惕若厉，无咎”（《易经·乾卦》）的德性勤勉和努力来实现这种由人性之恶向人性之善的转化和升华，正如孟子所说“大而化之之谓圣，圣而不可知之之谓神”（《孟子·尽心下》）。

虽然荀子不赞成孟子的性善论，也并不认同说人的内在德性是先天给定或先验存在的，但是，荀子相信人的后天教育对人的德性塑造可能发挥的巨大作用，“然而可为也”（《荀子·儒效》），德性主体的内在德性是“可学而能，可事而成”（《荀子·性恶》）的，这对今天思政课的作用发挥有着极大的启示作用。

孔子特别重视“仁”的德性塑造对于德性主体内在德性建构的本体性作用，在《论语》中，“仁”字出现了 109 次。但从“仁”入手来进行现实中的道德教育，结果发现，孔子的诸多弟子中，只有颜回一个人能够做到长久时间的“不违仁”（《论语·雍也》）。显而易见，面对现实中思政课广泛的道德教育责任和广泛的德育接受对象，这种过于强调德性内在道德悟性的教育方法是无法满足现实生活中的道德教育需求的。因此，除了从“仁”开始的较高境界的道德教育进路，还需要有从现实中的“礼”开始的基于社会要求的现实道德路径，这正是荀子所强调的“礼”对于人的德性凝聚作用的独特意义。在《荀子》中，“礼”字出现了

300多次，从这可以充分地看出荀子对于礼的德育作用的重视。

“人无礼则不生，事无礼则不成。”（《荀子·修身》）从“礼”的德性建构意义来说，礼与理性之理是相通的，“礼”不仅是一种外在的规矩，而且经过一种德性主体的内在德性修养，会升华为一种凝聚内在理性的内在之德性自律，就像孔子所说“导之以德，齐之以礼”（《论语·为政》）、“七十而从心所欲，不逾矩”（《论语·为政》），《说文解字》也说：“礼，履也。所以事神致福也。”“礼”不仅体现在其外在的形式上，“礼”的精神折射的是人的理性自律的精神，有了长期的外在“礼”对人的行为符合道德理性的约束，就会形成为人内在的慎独之德性境界，“十目所视，十手所指，其严乎”（《大学》）。因此，“礼”是有着其德性意义上的神圣性，“克己复礼为仁。一日克己复礼，天下归仁焉”（《论语·颜渊》）。

荀子的人性观理性地区分了德性之实然状态和应然状态。应然状态的德性建构不是天然形成的，也不会因为所谓的先验意义的人性之善的设定而变得更加容易。荀子重视后天道德教育或社会道德教化对于德性主体实现其德性状态从实然的表象之恶到应然层面的内在之仁善的升华的重要作用。正如人需要克服地心引力的作用才能跳起来一样，人只有通过克服人性中可能的趋向恶的倾向才能超拔出人性之善的实然状态。从这个意义上说，“荀子的哲学，可以说是教养的哲学”①。

“天地生之，圣人成之。”（《荀子·富国》）“天有其时，地有其财，人有其治，夫是之谓能参。舍其所以参，而愿其所参，则惑矣！”（《荀子·天论》）从荀子的观点来看，即使是“天命之谓性”（《中庸》）意义上的人的天性再怎么完美，也无法代替后天人要

① 冯友兰.中国哲学简史[M].涂又光，译.北京：北京大学出版社，1985.

作为人而成为文化道德意义上真正的完整的人所需要做出的德性实践的努力。“天地之大也，人犹有所憾”(《中庸》)，作为德性主体的人，需要发挥其积极主动的德性实践的主体性，做到真正的自强不息，方能成就厚德载物的德性建构。人的善良和仁德，不是天生，而是德在人为。

总之，基于荀子综合理性的人性论，思政课的德育实践需要充分考虑到现实德育环境的复杂性，进而积极主动地形成直面德育环境的、有效的德育实践方法，才能真正提升其育德树人的有效性。

第十五章

张载伦理思想及其对思政课的现代启示*

【引言】

张载“天人合一”的伦理思想中内蕴着极其丰富的德育智慧。张载强调的“仁民爱物”思想及其实践智慧对今天的思政课有着重要的现代启示。关于张载哲学可以有君子和而不同的诠释方法，从思政课的有效性的视域来看，张载哲学能够给当前的思政课的有效性的提升提供重要的精神营养借鉴。张载哲学中的应然和实然的天人合一意义上的整合和融通正揭示了从知情意行的各个维度提升思政课深入学生内心的有效性的重要路径和方法。

一、张载哲学思想的伦理之维及其思政课育人向度镜鉴

张载在海纳百川吸收儒道诸家思想智慧的基础之上，形成

* 原载于《渭南师范学院学报》，2021，36(2)：27-32。

了其鲜明的“天人合一”的伦理思想架构。在张载“天人合一”的总体伦理思想架构中，最核心的就是“仁民爱物”的伦理精神。张载融通了天道和人道，体现了其“一天人”的天道观与人道观融合的伦理视域。① 张载的这种观点无疑是对儒家天人合一观点的传承和发展，正如孔子所说：“天何言哉？四时行焉，百物生焉，天何言哉？”（《论语·阳货》）“不怨天，不尤人，下学而上达，知我者其天乎！”（《论语·宪问》）天理最终要体现在人心，而人心又体现在人在实践生活中所彰显出来的伦理践履智慧之中。

从思想政治教育的视域来看，如何安顿自我的身心，如何帮助学生在成就自我价值的同时实现生命的社会价值，这都是包含在思政课教学中的重要课题之一，这也可以从理学思想中汲取丰富的精神营养。“成己，仁也；成物，知也。性之德也，合外内之道也，故时措之宜也。”（《中庸》）

张载的“天人合一”（《庄子·达生》）思想的基础是其“气一元”的哲学认识论。张载在《正蒙·太和》中说：“太虚不能无气，气不能不聚而为万物，万物不能不散而为太虚。”张载在天人的本源层面界定了天人合一的合理性，同时，从思政课的视域来说，在实践思政课道德教育的过程中，这种天人合一的观点提醒我们要注重对每一个学生的尊重和相信，要充分发挥思政课针对人性之善的开发功能。

董仲舒强调：“人之人本于天，天亦人之曾祖父也，此人之所以乃上类天也。”（《春秋繁露·为人者天》）因为“人本于天”，这就使人经由一种道德完善和德性践履而达到孔子所说的“仁远乎哉？我欲仁，斯仁至矣”（《论语·述而》）的人生境界成为可能。

---

① 冯从吾.关学编[M].北京：中华书局，1987.

张载还说："变则化，由粗入精也；化而裁之谓之变，以著显微也。"（《正蒙·神化》）落实到思政课的教学实践，生命的成长是需要有耐心的。尽管我们要注重对提升思政课有效性的研究，但在育人的问题上，要保持耐心和期待，德性的内在建构需要有德育扎根的时间等待作为基础，不能急于求成，因为"无欲速，无见小利。欲速则不达，见小利则大事不成"（《论语·子路》）。

张载认为："气有阴阳，推行有渐为化，合一不测为神。其在人也，知义用利，则神化之事备矣。德盛者，穷神则知不足道，知化则义不足云。天之化也运诸气，人之化也顺夫时；非气非时，则化之名何有？化之实何施？《中庸》曰'至诚为能化'，孟子曰'大而化之'，皆以其德合阴阳，与天地同流而无不通也。所谓气也者，非待其郁蒸凝聚，接于目而后知之。苟健顺、动止、浩然、湛然之得言，皆可名之象尔。然则象若非气，指何为象？时若非象，指何为时？"（《正蒙·神化》）从张载的这段话，我们可以看出，德性的内在建构是一种从无形到有形的凝聚和涵养的过程。"智""义""德"等具体的德性条目也是在类似于孟子所说的"我善养吾浩然之气"（《孟子·公孙丑上》）的过程中逐渐养成的。孟子说："其为气也，配义与道；无是，馁也。是集义所生者，非义袭而取之也。行有不慊于心，则馁矣。"（《孟子·公孙丑上》）这种构成为君子人格之基础的浩然之气不是一蹴而就的，而是通过长期的修德修己的德性实践努力逐步形成的。如果人的行为不符合一种德性的要求，就会损耗其内心中宝贵的浩然之气。

针对人的道德成长，张载明确区分了"天地之性"和"气质之性"，这就比较清楚地说明了人性之善的源头和人性会变坏的根本原因。清楚了人性之善的原因，就能做到对人的善端的扩充，做到"可欲之谓善，有诸己之谓信，充实之谓美，充实而有光辉之谓大，大而化之之谓圣，圣而不可知之之谓神。乐正子，二之中，四之下也”(《孟子·尽心下》)。另一方面，知道了人性可能会从善变恶的原因，就能及时做到防微杜渐，防患于未然，做到《易经·乾卦》所说的“闲存其诚”，以及孔颖达所疏的“闲邪存其诚者，言防闲邪恶，当自存其诚实也”。

张载说:“性于人无不善，系其善反不善而已。”(《正蒙·诚明》)还强调:“为学大益，在自能变化气质。”(《经学理窟》)德性主体是可以通过自身的修身养性和克己复礼做到一种“变化气质”的，而且这种气质的变化是可以做到“自能”或“自修”的。正如孔子所说:“为仁由己，而由人乎哉?”(《论语·颜渊》)德性主体是有其道德意志的自主性的。只要人做到“不远复，无祇悔”(《易传·系辞传下》)，做到“吾日三省吾身:为人谋而不忠乎?与朋友交而不信乎? 传不习乎”(《论语·学而》)的自我反省的道德努力，就能复归其基于“天地之性”的良知之心。正如孔子所说:“内省不疚，夫何忧何惧?”(《论语·颜渊》)张载说:“天无心，心都在人之心。”(《经学理窟·诗书》)天本无心，需要人来做到“为天地立心”，这是从道德义理的角度来做到赋予天地以其道德意蕴的。

张载还强调:“大其心则能体天下之物，物有未体，则心为有外。世人之心，止于闻见之狭。圣人尽性，不以见闻梏其心，其视天下无一物非我，孟子谓尽心则知性知天以此。天大无外，故有外之心不足以合天心。见闻之知，乃物交而知，非德性所知;德性所知，不萌于见闻。”(《正蒙·大心》)张载在这里其实是从根本上区分了一般人所谓的“闻见之知”和真正义理维度上的“德性之知”，这对当前的思政课教学效果的提升有着重要的借鉴意义。思政课的效果呈现是离不开在知情意行四个阶段分别展开的，但思政课所强调的“知”在应然层面上指的是张载所说的“德性之知”，是作为人何以成为人所需要的德性智慧，是生命学问意义上的实践智慧，而非只是信息层面的一般知识的叠加而已。同时，德性主体还需要通过一种自觉的德性践履来将这种“德性之知”转化为一种知行合一意义上的德性之行。正如王阳明所说：“知行工夫，本不可离，只为后世学者，分作两截用功，失却知行本体，故有合一并进之说。”(《传习录》)知行合一才能成就完整的知和行，知行合一才能成就真正持久的德性。

张载强调：“太虚者，心之实也。万物取足于太虚，人亦出于太虚。太虚者心之实也。”(《张子语录》)“太虚无形，气之本体，其聚其散，变化之客形尔。”(《正蒙·太和》)张载说：“诚则实也。”(《张子语录》)这就让我们联想到了老子所说的“致虚极，守静笃，万物并作，吾以观其复”(《道德经》)。事实上，张载确实在相当程度上借鉴了道家的思想。儒道本身就有一定程度的相通性。张载认为：“大其心则能体天下之物。”(《正蒙·大心》)这就像孟子所说的：“先立乎其大者，则其小者弗能夺也。”(《孟子·告子上》)思政课要实现其育人的目标，就必须通过能深入学生内心并让学生真心喜爱的思政课堂来帮助学生树立高远的人生志向并拓展其心胸的境界。张载的思想不仅深、而且广，这为思政课有效性的提升提供了源源不断的精神借鉴。《中庸》说：“自诚明，谓之性；自明诚，谓之教。诚则明矣，明则诚矣。”“唯天下至诚为能尽其性。能尽其性，则能尽人之性。”只有通过这种至诚之心才能完整地呈现《中庸》中“天命之谓性”意义上的人性，这也直接体现了人性中天人合一的内在超越性。《中庸》还说：“诚者，天之道也。诚之者，人之道也。”天道之诚是一种给定实然的状态，而人道之诚是从道德形而上学意义上的应然层面来说的。“诚之”的过程本身就是一种“博学之，审问之，慎思之，明辨之，笃行之”(《中庸》)的德性实践过程。无论是“学而时习之，不亦说乎"(《论语·学而》)还是"力行近乎仁"(《中庸》),都是让德性主体之内在符合天道之人性真实呈现出来的必需的德性实践工夫。

二、张载伦理思想及其思政课德育意蕴

"自孟子言性善,而荀卿言性恶,杨雄言善恶混,韩文公言三品,及至横渠分为天地之性、气质之性,然后诸子之说始定。"(《宋元学案》)张载关于人性的观点对于现代思政课有效性的提升有着重要的启发意义。张载说"合虚与气,有性之名"①,又指出"形而后有气质之性"①,"游气纷扰,合而成质者,生人物之万殊"①。张载人性论的思想是一种兼容意义的全面的人性论思想。思政课教学既要相信人性中的天地之性,因而努力做到"凡有四端于我者,知皆扩而充之矣"(《孟子·公孙丑上》),进而将人的"恻隐之心,人皆有之;羞恶之心,人皆有之;恭敬之心,人皆有之;是非之心,人皆有之"(《孟子·告子上》)的德性可能经由德性实践而凝聚成仁义礼智之德性条目,同时又要做到对人性可能变坏的防范意识和忧患意识。正如孟子所说:"人之有道也:饱食暖衣,逸居而无教,则近于禽兽。"(《孟子·滕文公上》)

张载说:"为学大益,在自求变化气质,不尔皆为人之蔽,卒无所发明,不得见圣人之奥。故学者先须变化气质,变化气质与虚心相表里。"(《横渠语录》)张载在这里所强调的学显然指的不只是一种表层学习意义上的知识信息之学,也不是一种单纯的技能素质之学,更不是一种只为生存的功利之学,而是一种生命

① [宋]张载.张载集[M].北京:中华书局,1978.

学问意义上的德性之学、伦理之学。而且，张载在这里强调“自求”，正如孟子所说：“君子深造之以道，欲其自得之也。”（《孟子·离娄下》）只有这种内得于心的基于自己生命学问实践之后获得的生命学问的体会才能成为自己德性生活的实践智慧。张载认为：人之本然之性，即天地之性无不善，只是因为气质之性的蔽障、阻塞而有不善。从这个意义上说，思政课德育的目的就是通过良好的道德教育，使人复归其本心，正如孟子所说：“学问之道无他，求其他放心而已矣。”（《孟子·告子上》）特别是在今天，由于如老子所说的“五色令人目盲，五音令人耳聋，五味令人口爽，驰骋畋猎令人心发狂，难得之货令人行妨”（《道德经》）的种种电子游戏或网络虚拟世界的诱惑，导致很多学生因为迷失在虚拟世界中而失去了其本心，也遗忘了其天地之性，这就更加凸显了思政课在德育维度上的意义所在。

要切实提升思政课之有效性，就必须找到相应的具体路径。在这一点上，张载强调，使人作为人而成为人的道德教育当宜早不宜迟。张载强调：“长而学固谓之学，其幼时岂可不谓之学？直自在胞胎保母之教，己虽不知谓之学，然人作之而己变以化于其教，则岂可不谓之学？学与教皆学也，惟其受教即是学也，只是长而学，庸有不待教习便谓之学，只习有善恶。”①德性之知的学习是一种终身学习的过程，每一个教育阶段都不可错过。特别是在小孩小的时候，就要做到及时把握德育扎根之最佳时机。《易传·序卦传》说：“物生必蒙，故受之以蒙。蒙者，蒙也，物之稚也。”在一个人的青少年阶段，是最适合进行德性教育的启蒙的。

《易经·蒙卦》：“蒙以养正，圣功也。”《说文解字》之“教，上

① ［宋］张载．张载集［M］．北京：中华书局，1978．

所施，下所效也；育，养子使作善也。”张载关于应该从一个人幼时就重视教育的观点对现代社会思政课教育是有着深刻的启发的。德性之知的内在建构过程是一种如《易传·系辞传上》中所说的“天地之大德曰生”的德性生长过程，而德性之根本生长的最重要时机也就是在青少年阶段。相比于最佳的儿童阶段，思政课同样面对的是学生在大学阶段德性内在建构的关键阶段。正如张载所说：“教者但观蒙者时之所及则道之。此时也，正所谓如时雨化之。当时而道之使不失其正，则是教育之功。”①《礼记·学记》中也说：“时过然后学，则勤苦而难成。”常识也告诉我们，一旦错过了关于教以成人和学以成人的最重要的德育时机，之后要想再抓关于做人的教育，就会变得很艰难。孔子也强调：“不愤不启，不悱不发。举一隅不以三隅反，则不复也。”（《论语·述而》）在一个人的青少年阶段，因为德性主体面对成长过程中难免会遭遇到的诸多人生困惑，这个阶段正是这种生命德性成长意义上的愤悱之情最集中呈现的时候，这个时候恰到好处的德性启发和德性启蒙教育会起到杜甫在《春夜喜雨》中所说的“好雨知时节，当春乃发生。随风潜入夜，润物细无声”的德性涵养浸润作用。

从思政课“取法乎上”的育人目标来说，张载的“为天地立心”①的思想对思政课有效性的提升也有着重要的启示。《易经·复卦》：“复，其见天地之心乎。”何为天地之心？天地之心如何得以在道德生命中呈现？马一浮认为：“天地以生物为心，人心以恻隐为本。孟子言善端，首举恻隐，若无恻隐，便是麻木不仁，漫无感觉，以下羞恶、辞让、是非，俱无从发出来。故‘天地之大德曰生’，人心之全德曰仁。”（《马一浮集》）这就告诉我们，天

① ［宋］张载．张载集［M］．北京：中华书局，1978．

地之心就是人心，天地之心最终要依靠人心来体现。孟子说："仁也者，人也。合而言之，道也。"（《孟子·尽心下》）因此，人心的集中体现就是仁心。孔子强调："弟子入则孝，出则悌；谨而信，泛爱众，而亲仁。行有余力，则以学文。"（《论语·学而》）仁心仁德的培养和建构是离不开道德情感的真切涵养的。而这种真诚的道德情感又与《中庸》中所说的"诚"紧密相连。"自诚明，谓之性；自明诚，谓之教。诚则明矣，明则诚矣。"（《中庸》）张载也指出："儒者则因明致诚，因诚致明，故天人合一，致学而可以成圣，得天而未始遗人。"①从思政课的视域来说，张载所说的"明"对应的就是思政课的知情意行的"知"的维度。只有真正明理，明做人之理，才能在孔子所说的"知及之"的前提之下进一步做到"仁守之"，虽然"知及之，仁不能守之，虽得之，必失之"（《论语·卫灵公》），但明白作为人何谓正确的为人之道，终究是德性主体实现其内在德性建构的前提条件之一。

同时，张载也非常重视教育艺术在培养学生内在德性过程中的作用。他说："天资美，不足以为功，惟矫恶劣为善，矫惰为勤，方是为功。"①这也体现了儒家因材施教的教育艺术。朱熹说过："圣贤施教，各因其材。小以小成，大以大成，无弃人也。"（《四书章句集注》）思政课教师在教学实践中也要认识到，尽管有些学生有这样或那样的一些有待提高的方面，但是只要把握正确的思政课教学方法，充分发挥思政课的育人功能，就能纠正学生性格中有所缺陷的一面，进而培养出学生仁者爱人和"己欲立而立人，己欲达而达人"（《论语·雍也》）的厚重品格。为了进一步说明这种因材施教之教学艺术的重要性，张载进一步强调："某尝谓天下之物无两个有相似者，虽则一件物亦有阴阳左右。

① ［宋］张载．张载集［M］．北京：中华书局，1978．

譬之人一身中两手为相似，然而有左右，一手之中五指而复有长短，直至于毛发之类亦无有一相似。”（《张子语录》）正如孔子所强调的那样：“柴也愚，参也鲁，师也辟，由也喭。”（《论语·先进》）尽管学生有这样或那样的性格上的缺点，但只要做到如《易传·系辞传上》中所说的“鼓之舞之以尽神”，再加上孔子“循循然善诱人，博我以文，约我以礼”（《论语·子罕》）的教育艺术，就能纠正学生过犹不及的方面，进而帮助其养成好的品格。

三、张载伦理思想中的教育智慧及其思政课现代启示

张载说：“常人教小童，亦可取益。绊己不出入，一益也；授人数次，己亦了此文义，二益也；对之必正衣冠，尊瞻视，三益也；尝以因己而坏人之才为之忧，则不敢堕，四益也。”①其中就蕴含着深刻的教学相长的智慧，正如《礼记·学记》所云：“是故学然后知不足，教然后知困。知不足然后能自反也，知困然后能自强也。故曰教学相长也。”要真正提升思政课的有效性，最终要靠思政课教师在各个方面的自我完善。孔子说：“其身正，不令而行；其身不正，虽令不从。”（《论语·子路》）从思政课教学效果的角度来看，思政课教师在思政课课堂传授给学生道德品格方面的自己首先做到的榜样示范作用是一种“不言之教”的德育影响力。

思政课要起到良好的效果，最重要的德性支撑之一无疑就是一个“诚”字。“诚”不仅有个体德性建构的内生意义，也有“诚者，非自成己而已也，所以成物也。成己，仁也；成物，知也。性之德也，合外内之道也”（《中庸》）的伦理道德教育意蕴。张载的

① ［宋］张载．张载集［M］．北京：中华书局，1978．

代表作是《正蒙》，在《正蒙》这本书中，“诚”这个字出现的次数超过了 50 次。可见作为一种德性范畴条目的“诚”对于张载德育思想的重要意义。

《论语·学而》中说：“君子务本，本立而道生。孝悌也者，其为仁之本与！”为仁之本也就是为人之本，要夯实好为人之本，就离不开一个“诚”字。《中庸》就强调：“仁者人也，亲亲为大；义者宜也，尊贤为大。”张载指出：“天人异用，不足以言诚；天人异知，不足以尽明。所谓诚明者，性与天道不见乎小大之别也。义命合一存乎理，仁智合一存乎圣，动静合一存乎神，阴阳合一存乎道，性与天道合一存乎诚。”①

尽管德性之德的涵养需要多方面的德性实践作为基础，“《履》，德之基也；《谦》，德之柄也；《复》，德之本也；《恒》，德之固也；《损》，德之修也。”（《易传·系辞传下》）但德性的养成离不开基于德性主体内在真诚道德情感的支持，而这种真诚道德情感的凝聚就是“诚”。讲到“诚”，又离不开作为儒家伦理内核概念的“仁”，众所周知，“仁”这个字在《论语》中出现了 100 多次。无论是“仁”还是“诚”，都指向儒家伦理教育的目标——德性主体君子人格的建构和形成。

张载还强调：“诚有是物，则有终有始；伪实不有，何终始之有！故曰‘不诚无物’。”①《大学》也强调：“物有本末，事有终始，知所先后，则近道矣。”思政课的有效性需要得到体现，就必须做到有始有终，也就是达成学生在德性建构上的知行合一的融通知情意行的整体建构。

德性之知不仅是一种停留在德性规范层面上的有形知识积累，更应该是一种基于德性主体内在自觉的德性践履意识的生

---

① ［宋］张载．张载集［M］．北京：中华书局，1978．

命学问之实践智慧。这种实践智慧体现在思政课教学意义上的德性主体的身心一体的道德躬行实践上。在思政课的教学实践中,诚的精神就体现在从德性之知到德性之行的有始有终、知行贯通。

孔门弟子子贡曾经感慨:“夫子之文章,可得而闻也;夫子之言性与天道,不可得而闻也。”(《论语·公冶长》)其实,孔子是在以一种不言之教的“随心所欲,不逾矩”(《论语·为政》)的生命学问实践的方式在真实地呈现这种下学而上达的达乎性与天道的生命境界。“天何言哉?四时行焉,百物生焉,天何言哉?”(《论语·阳货》)而贯穿在思政课的过程始终的就是这种诚的力量。“故至诚无息。不息则久,久则征。征则悠远。悠远则博厚。博厚则高明。博厚,所以载物也。高明,所以覆物也。悠久,所以成物也。”(《中庸》)德性主体通过体认人之为人的天道人道贯通的自觉,进而通过一种发自内心的真诚的德性实践而彰显人性之善的尊严。孟子同样重视“诚”对于德性主体德性建构的作用,他说:“诚身有道,不明乎善,不诚其身矣。是故诚者,天之道也;思诚者,人之道也。至诚而不动者,未之有也;不诚,未有能动者也。”(《孟子·离娄上》)“万物皆备于我矣。反身而诚,乐莫大焉。强恕而行,求仁莫近焉。”(《孟子·尽心上》)蕴含在生命内在的德性能力是需要通过一种真诚的教育探求才能被激发出来的。这种精诚所至的思政课教学实践努力正是要实现提升思政课有效性目标的必须。如果思政课教师对于思政课育人之意义的认识不够或者说缺乏对于思政课育人作用的足够信心,那么思政课的教学实践就很容易走向一种低效状态。只有当思政课教师对于课程本身的意义有了足够的、真诚的相信和对于作为德性主体的学生的德性建构有了足够的信任,这样才会出现思政课课堂上的教学相长的良性循环,进而极大地促进思政课实践教学效果的有效性提升。

张载关于“诚”的认识在相当程度上将思政课视域下的学生主体德性建构上升到了伦理本体的高度，使其有了让人敬畏的伦理尊严和高度。张载强调的“变化气质”的道德涵养实践工夫主要针对的就是在当前看来是越来越影响人的德性状态的“气质之性”，如何才能化解这种由于受到后天环境等因素所影响而积累的凝聚各种不良习性的所谓“气质之性”？如何针对人性中的这种可能的气质之性做好未雨绸缪和防患于未然的德育预防工作？这本身也是思政课教学实践必须面对的重要问题。张载说：“苟志于学则可以胜其习气，此所以谝不害于明也。”①从思政课教学实践的角度来说，学与教是需要相互促进的。有了好老师的“诲人不倦”（《论语·述而》），会更加好地促进学生的“学而不厌”（《论语·述而》）。孔子也说过：“苟志于仁矣，无恶也。”（《论语·里仁》）志于学的本质就是志于仁，无论是知仁还是行仁为仁，在志于仁的同时，做到“志于道，据于德，依于仁，游于艺”（《论语·述而》），以道为志、以德为根据、以仁为依靠，而游憩于礼、乐、射、御、书、数六艺之中，这样就能做到真正的德性涵养和内在建构。

张载在这里所强调的学可以“胜其习气”（《张子语录》），是基于儒家伦理实践智慧意义的工夫论立场来说的。当前从认知和践行的角度来深层次地研究关于思政课的教学方面还明显有不足。要更好地提升思政课的有效性，就必须更加重视思政课在传统文化意义上的人文精神维度，充分拓展和挖掘学生德性主体内在德性心灵世界的广度和深度。

张载说：“儒者则因明致诚，因诚致明，故天人合一。致学而

---

① ［宋］张载.张载集［M］.北京：中华书局，1978.

可以成圣,得天而未始遗人。”(《正蒙·乾称》)“人但物中之一物耳。”(《张子语录》)天人合一不是一种天然的状态,而是一种从德性主体自身的主体性出发进而经由一种自强不息的德性践履努力而进行的德性担当。即使人有天赋于人的成善为仁的可能性,但如果没有人自身的德性担当和伦理实践,也是无法做到体仁践仁的。张载进一步强调:“天人不须强分,《易》言天道,则与人事一滚论之,若分别则只是薄乎云尔。自然人谋合,盖一体也,人谋之所经画,亦莫非天理。”(《横渠易说》)天德最终要靠人道来体现和彰显。正如孔子所说:“人能弘道,非道弘人。”(《论语·卫灵公》)

张载还说:“天所以长久不已之道,乃所谓诚。仁人孝子所以事天诚身,不过不已于仁孝而已,故君子诚之为贵。”(《正蒙·诚明》)思政课育人的工作是“任重而道远”(《论语·泰伯》)的,思政课教师应该做到心怀一种至诚之心,始终如一,这样才能在提升思政课有效性的同时更好地担当起思政课育人的责任。

第十六章

《诗经》的德性伦理意蕴及其对思政课的现代启示

【引言】

《诗经》中"温柔敦厚"的诗教观智慧中本身就内蕴着厚德载物意义上的丰富的德育思想。《诗经》中"诗以言志"的实现路径是诉诸对人的道德情感的激发，以道德情感养生命志向，通过凝聚道德情感涵养人的德性品格。通过对《诗经》中的德性意蕴进行一种深度的挖掘和转化，能够对今天的思想政治教育有效性的提升起到很好的镜鉴作用。

中国传统文化中蕴含着深厚的可供今天的思政课课堂实践借鉴的德性伦理传统资源，而这种德性伦理传统教育的智慧就直接体现在那些凝聚生命学问智慧的人文经典之上。

德性意识的形成经过了一种逐步建构的过程。最初的德性意识显而易见不是一种自觉的内得于心的德性主体存在状态。德性的形成和德性主体的形成是需要经过一个生命道德意识逐渐觉知和实践的过程才成为可能的。孔子强调:“德之不修,学之不讲,闻义不能徙,不善不能改,是吾忧也。”(《论语·述而》)孔子深切忧患的问题是人不去自觉主动持续地修德,换言之,德不修不成。因此,孔子强调要加强对生命学问的学习。

《诗经》中内蕴着极其丰富的德性伦理智慧,彰显着厚重的生命学问的智慧,也是儒家德性伦理重要的理论渊源。正如孔子所说:“《诗》三百,一言以蔽之,曰‘思无邪’。”(《论语·为政》)好的经典本身就蕴含着深刻的心灵净化和升华的力量。上升到经典的那些美好的语言本身就能够传递一种“随风潜入夜,润物细无声”的德性浸润的熏陶作用,这也就是为什么古人强调读书可以变化生命气质的重要原因。

一、《诗经》中意蕴的君子之德及其对现代思政课的育人启示

毋庸置疑,“温柔敦厚”(《礼记·经解》)的君子人格或君子之德是如《诗经》这样的人文经典所追求的较高的育人境界。文化经典最终是为了成就一种人文化成的优秀人格,儒家文化经典最终是为了成就一种追求“大学之道,在明明德,在亲民,在止于至善”(《大学》)的君子人格。而这种君子人格的形成或建构是需要一种基于人文经典熏陶的经典文化养成教育的。《礼记·经解》说:“入其国,其教可知也。其为人也,温柔敦厚,《诗》教也……《诗》之失愚……温柔敦厚而不愚,则深于《诗》者也。”与《诗经》紧密相关的教育,其追求的目标就是培养出德性主体温柔敦厚的仁德品格。

关于《诗经》能够起到的伦理教化作用,孔子强调:“《诗》可

以兴，可以观，可以群，可以怨。迩之事父，远之事君，多识于鸟兽草木之名。”（《论语·阳货》）这就涉及关于思政课的德育育人的知、情、意、行环节中的道德情感的培养。适当的人的情感的表达和节制是酝酿和浸润道德情感的必须，这种节制平和的道德情感本身就是德性得以建构和形成的重要内在精神动力。《诗经·既醉》说：“孝子不匮，永锡尔类。”作为儒家德性伦理中一个重要的德性条目，“孝”的伦理精神后来也被孔子进一步发扬光大。同时，《诗经》中关于作为一种德性的“孝”的阐述，也揭示了一种中国儒家伦理意义上的德福一致。“孝”的德性品格的传承和教育直接关涉德性主体的幸福。德性内在建构是德性主体幸福的根本或基本，所以，子曰：“君子务本，本立而道生。孝悌也者，其为仁之本与！”（《论语·学而》）

儒家伦理教育的目标就是使人作为人成为人，或者说，是为了培养出具有德性伦理意义上的凝聚儒家君子人格的德性健全的人。《诗经》分别在《大雅》《小雅》等中出现了100多次的“君子”一词。而在《论语》中，同样多次出现了“君子”一词，可见，“君子”的人格精神在儒家伦理中的“吾道一以贯之”（《论语·里仁》）的贯通性。根据《论语·里仁》的记载：“子曰：‘参乎！吾道一以贯之。’子出，门人问曰：‘何谓也？’曾子曰：‘夫子之道，忠恕而已矣。’”事实上，忠恕的道德精神本身就是君子人格的具体体现。

事实上，从《诗经》开始，“君子”一词的内涵已经从其外在有形的层面慢慢地升华到了内在德性内涵的层面。一个人是君子还是小人，不是因为外在的东西，而是因为一个人是否具有内在的德性涵养。孔子集中整理并总结了这种君子内在德性内涵的凝聚——“君子之德风，小人之德草”“君子成人之美，不成人之恶，小人反是”（《论语·颜渊》），“质胜文则野，文胜质则史，文质彬彬，然后君子”（《论语·雍也》）。

“君子求诸己，小人求诸人。”（《论语·卫灵公》）只要一个人能够自觉地追求德性的完善，自觉地做到一种基于德性之知的自强不息的学习，就能让自己不断趋向于一种浸润内在德性的君子人格。成为一个君子，不是因为先天的、外在的东西，而是因为自己的德性实践之努力，“为仁由己，而由人乎哉”（《论语·颜渊》）。儒家德性伦理意义的“为仁”实质就是自觉地实践仁和行仁，也就是一种君子人格在德性主体自觉的德性践履中逐渐形成的过程。为仁就是为了成为一名德性伦理意义上的君子的德性实践努力，换言之，是成为一名君子还是成为一名小人，不是因为外在的给定的东西，而是因为从德性主体自身出发的德性实践努力，所以，孔子强调“仁远乎哉，我欲仁，斯仁至矣”（《论语·述而》）。

“子所雅言，《诗》、《书》、执礼，皆雅言也。”（《论语·述而》）《尚书·尧典》中也说：“诗言志，歌永言，声依永，律和声。”《诗经》这样的经典本身所凝聚的美好语言以一种温柔敦厚的方式在传递一种生命的志向，同时在沉淀一种高雅的腹有诗书气自华的人文气质。

古人强调文以载道，文字、文化或文学本身就发挥着一种传道的伦理教化功能。无论是“赋、比、兴”，还是“诗言志”，都体现着《诗经》“诗教”的春风化雨般的德性浸润和伦理教育功能。

在中国传统儒家伦理的视野之中，“教”的本质含义之一就是一种伦理之教，更具体来说，就是一种体现为温良恭俭让或智仁勇等具体德性条目的德性养成之教。根据《说文解字》，“教”的含义是：“上所施下所效也。”《礼记·学记》中也说：“教也者，长善而救其失者也。”接下来的问题就是如何教？什么才是养成一个人美好德性的最好方法？《易经·蒙卦》：“蒙以养正，圣功也。”中国古人一种重要的德性养成的教育方法就来自这种诗教传统。《诗经》中的语言看似优美，并且只是在抒发德性主体自身的情感，但其实却内蕴着一种润物细无声的德性浸润的作用。这种浸润作用看似缓慢，却能够真正帮助德性主体的德性扎根并逐渐成长。德性不是依靠那种速成的拔苗助长的方式就能够成就的，德性养成需要一种“发乎于情，止乎于礼”(《诗经》)的好的精神食粮的滋养才能逐渐养成其德性感情之基础。

孔子的教育，将传统意义上的“诗教”之风进一步发扬光大，“不学诗，无以言。不学礼，无以立”(《论语·季氏》)。这也确定了中国传统道德教育历史上的诗书礼乐的德性养成教育传统。正如古人所说：“忠厚传家久，诗书继世长。”(《苏轼·三槐堂铭》)诗书礼乐的传统本身就与忠厚传家的德性实践传统紧密相连，二者互相促进。

司马迁在《史记·孔子世家》中浓墨重彩地指出：“古者诗三千余篇，及至孔子，去其重，取可施于礼义，上采契后稷，中述殷周之盛，至幽厉之缺，始于衽席，故曰‘……鹿鸣为小雅始，文王为大雅始，清庙为颂始’。三百五篇孔子皆弦歌之，以求合韶武雅颂之音。礼乐自此可得而述……成六艺。”诗和歌是连在一起的，礼乐也是一个整体，孔子能将“三百五篇”都做到“皆弦歌之”(《史记·孔子世家》)，可见孔子对于《诗经》在德性伦理意义上的礼乐教化中的重要作用的认识。在美好诗歌的动人旋律中，德性主体内在心向往之的对于美德生活的向往之情就会油然而生，经由这种美好德性情感的凝聚和升华，就会自然而然形成德性主体内在美好的德性品格。《论语·子罕》指出：“子曰：‘吾自卫反鲁，然后乐正，《雅》《颂》各得其所。’”《论语·泰伯》也说：“兴于《诗》，立于礼，成于乐。”《诗经》中不仅有很多的诗歌是关于爱情的，也有相当多的诗歌是关于亲情的。整部《诗经》洋溢着一种浓厚的道德情感，而这种浓厚亲切而真挚的道德情感正是厚重德性得以形成的最重要情感基础。道德情感在德性的内在建构过程中有着其基础性和内生规定性的作用。这种真挚的道德情感集中体现在孔子在《论语》中不遗余力地强调的"仁"德之中,"人而不仁,如礼何? 人而不仁,如乐何?"(《论语·八佾》)如果缺失了真挚的道德情感作为基础,所有外在的礼的形式就会变成无源之水和无本之木。

二、《诗经》的德性教化传统及其思政课现代意蕴

作为儒家哲学最重要的经典之一,《诗经》不仅本身传递着重要的人文精神的德性传统意蕴,而且留下了巨大的德性教化诠释空间,这对进一步推动思政课德育育人有效性同样有着巨大的现代启示。《诗经》之"立言"本身就是一种不言之教的无言的德性熏陶和教化。

"诗言志"(《尚书·舜典》),《诗经》之所以能够起到一种不言之教的春风化雨的德性浸润作用,就是因为它的语言不是一般的文学性的语言,而是一种以文学形式表达出来的具有生命学问启示的生命伦理启发的语言。对这种凝聚德性之知而非一般意义的见闻之知的高度凝练的语言的诵读和重复,这本身就会陶冶一个人美好的德性情感。

"蒹葭苍苍,白露为霜。所谓伊人,在水一方。溯洄从之,道阻且长。溯游从之,宛在水中央。"(《诗经·蒹葭》)尽管后人对于《诗经》中所蕴含的哲学意蕴有着众说纷纭的理解,但作为儒家诗书教化的经典之书,显而易见,《诗经》中的很多哲理意蕴都凝聚着一种对美好德性实践人生的向往。"伊人"可以从儒家德性伦理意味的生命学问的角度被理解为一种对于美好德性的向

往。追求美好德性的过程是不容易的，过一种合乎于德性的伦理生活也注定要充满着很多的艰难。但德性主体只要抱定一种“知者不惑，仁者不忧，勇者不惧”(《论语·子罕》)的积极乐观的人生态度，依然能够达到人生止于至善的道德境界。

《诗经》并没有以直接说教的方式告诉我们那些抽象的伦理道德原则，而是记录了原初时期人的真实自然的伦理生活，洋溢着一种跃然纸上的生动的伦理生活实践世界。正是在这样的一种真实的道德伦理生活的描述中，折射出完整的返璞归真的早期人类的德性伦理智慧图景。正如《周礼·春官宗伯》所说：“教六诗：曰风，曰赋，曰比，曰兴，曰雅，曰颂。”

生活世界并不是给定的，也不是以既定方式直接承继过来的，生活世界一方面有其道德价值层面的延续性，另一方面又有其鲜活的当下实践性。生命内在的伦理世界不仅是一般意义上的生活世界的反映，而且也是外在生活世界的塑造因素之一。“诚于中，形于外，故君子必慎其独也。”(《大学》)

透过《诗经》表层的文本世界，可以折射出文本世界背后的生活世界，而在《诗经》所呈现的生活世界背后，是伦理意义上的生命世界。生命世界和生活世界紧密融合在一起，这也成就了《诗经》在道德教育上的经典诠释意义。

孔子非常强调诗歌对于人类情感表达的重要性，因此他强调《诗经》对兴发人之情感的意义，这种被诗歌所焕发的真挚的使人作为人而成为人的情感正是进一步升华为温柔敦厚的道德情感的基础。因此，当涉及学生关于礼乐和孝的问题的时候，孔子往往并不是从一种抽象的理论层面来回答，而是从生命情感的层面来点拨学生。这种生命学问的点拨和启发往往会起到一种所谓的抽象的理论解释所无法起到的让人幡然悔悟和醍醐灌顶的生命德性意识与责任的启发作用，而这正是思政课德育育人实践方法所应该充分借鉴的。

过去几十年以来,思政课的教学从其科学性及其关于德育育人的知识灌输的完备性来说,可以说是获得了长足的进步,但“过犹不及”(《论语·先进》)。由于过多地将教学的精力投入到一种关于如何做人的知识的灌输上或关于思政课认知方面的教育上,而直接导致让学生体悟感知生命学问智慧时间的减少和真挚道德情感养成时间的减少,即使是采用了一些思政课实践的创新做法,也往往容易出现无法常态化的问题。

儒家伦理的实践进路是从对德性主体的道德情感激发开始的,而不是从居高临下的理论阐述开始的,因此显得更加符合一种切实的实践理性。孔子强调:“兴于《诗》,立于礼,成于乐。”(《论语·泰伯》)《诗经》所兴发的道德情感是儒家伦理在德性实践之后进一步实现德性凝聚和升华的基础所在,也是知情意行的德性建构环节中必不可少的一环。

《诗经》中有很多关于家庭伦理的叙述,而这种家庭孝悌之道的伦理,最重要的基础之一就是醇厚的道德情感,而这正是《诗经》中始终贯穿的主题之一。正如《诗经·六月》所说:“侯谁在矣?张仲孝友。”

再如《诗经》中的《凯风》,就是一首洋溢着浓厚的孩子对于母亲的孝顺之情的经典诗歌:“凯风自南,吹彼棘心。棘心夭夭,母氏劬劳。凯风自南,吹彼棘薪。母氏圣善,我无令人。爰有寒泉?在浚之下。有子七人,母氏劳苦。睍睆黄鸟,载好其音。有子七人,莫慰母心。”诗中用到的“母心”“母氏劬劳”“母氏劳苦”等词本身就浸润着深沉而感人至深的母爱之情,无形中就能激发出德性主体内心由衷的道德感动和道德敬畏之情,而这正是激发德性主体进一步修养身心的道德实践之精神动力。

《诗经·蓼莪》更是感人至深地描述了父母恩重如山的那份

爱的深沉:“父兮生我,母兮鞠我。拊我畜我,长我育我,顾我复我,出入腹我。欲报之德。昊天罔极!”

儒家伦理的源头不是一种干枯的理性凝聚,而是一种来自伦理生活世界道德实践经验凝聚的道德情感。“樊迟问仁。子曰:‘爱人。’问知。子曰:‘知人。’樊迟未达。”(《论语·颜渊》)孔子从对人之道德情感的关爱来说明何谓仁,这是从生命道德情感的最初源头处来进行生命学问实践智慧的点拨和启发。《礼记·坊记》也说:“礼者,因人之情而为之节文。”换言之,后天德性主体形成的德性实践精神之根源就是其最初醇厚真诚的道德情感。

《诗经》本身就包含着关于使人作为人而成为人的基本德性“形而上者谓之道,形而下者谓之器”(《易传·系辞传上》)的“下学”和“上达”意义的双向探索。在源于真诚自然生活的朴素描写中,自然流露出一种真诚的道德情感,而这种道德情感的继续扩展,就能自然形成一种形上意蕴的德性追求和向往。“德”是多种最初德性条目的一种道德理性与道德情感的集中凝聚,进而经由这种凝聚后的德性生成一种自觉的道德践履。

孔子之所以将诗教作为教育学生重要的德慧载体,就是因为孔子的教育目标是培养德才兼备、品学兼优、仁智双彰的真正的儒家君子。根据《史记》:“三百五篇,孔子皆弦歌之,以求合韶武雅颂之音。”这就充分说明,孔子本身就是诗教教化率先垂范的榜样。正是因为这种诗教润物细无声的生命学问与道德情感之浸润,才能造就孔子本身“吾十有五而志于学,三十而立,四十而不惑,五十而知天命,六十而耳顺,七十而从心所欲,不逾矩”(《论语·为政》)的生命境界的不断超越。

孔子淋漓尽致地将《诗经》运用到了具体的因材施教的教育实践之中。关于孔子的诗教,《论语·八佾》中有这样的一段记载："子贡曰：'贫而无谄，富而无骄，何如？'子曰：'可也。未若贫而乐，富而好礼者也。'子贡曰：'《诗》云："如切如磋，如琢如磨。"其斯之谓与？'子曰：'赐也，始可与言《诗》已矣，告诸往而知来者。'"孔子和自己的学生都从《诗经》中获得一种生命学问的启发，体现了一种生动的、启发式的教育。这给我们今天的德育以巨大的启发。太多时候，直接、灌输式讲道理不一定能起到很好的育人效果，反而是一种间接的、诗教的道德情感能够激发学生本自具足的德慧心灵，进而起到春风化雨、深入人心的良好德育效果。

三、《诗经》中蕴含的道德教育实践智慧及其对思政课的现代启示

《诗经》文化所代表的源远流长的诗教传统本身就内蕴着鲜明而醇厚的人格或品格培养的深层实践智慧，我们今天需要从文化自信的视角和传承传统智慧的视野来重新审视《诗经》文化引领下的诗教传统直到今天依然具有的重要的对于今天德性涵养与思政课立德树人的当代意义和价值，进而去更好地在一种创造性转化和创新性发展的视域中建构当代的诗教精神。

孔子说："小子何莫学夫《诗》？《诗》可以兴，可以观，可以群，可以怨。迩之事父，远之事君，多识于鸟兽草木之名。"（《论语・阳货》）《诗经》中蕴含着人最初而最纯真的道德情感，正是通过一种类似于情感本体的道德情感激发和进一步的升华，才能实现情理交融、情理融会贯通的稳定的德性建构。

孔子在《论语》中针对《诗经》的诸多论述都从各个向度阐明了《诗经》教育作为一种德性涵养优良路径的思想。

如“子所雅言，《诗》、《书》、执礼，皆雅言也”（《论语·述而》），为什么孔子在为学生讲述《诗经》等文化典籍的时候要特别强调用“雅言”？因为“不知言，无以知人也”（《论语·尧曰》）。孔子通过使用“雅言”，使诗教温柔敦厚的力量能够更好地通过一种润物细无声的方式深入人心，进而起到一种“天何言哉？四时行焉，百物生焉，天何言哉”（《论语·阳货》）的德性浸润与蒙以养正的养成作用。孔子还强调：“《诗》三百，一言以蔽之，曰‘思无邪’。”（《论语·为政》）在这里，孔子所引用的“思无邪”其实已经在实然意义上超越了《诗经》作为一种文学作品的狭隘意义的文学情感抒发意蕴，而是被赋予了道德教育与德性涵养意义上的道德价值深层意蕴。“思无邪”不仅是作为一种道德教育实践意义上的原因起点，而且是作为道德教育实践在追求目标意义上的结果导向。有了“思无邪”的德性之知的前提，才会有德性建构在知情意行的内在结构上的一以贯之的知行合一的贯通，所以孔子进一步强调“兴于《诗》，立于礼，成于乐”（《论语·泰伯》）。

皮亚杰特别强调：“每一件事情，包括现代科学最新理论的建立在内，都有一个起源问题，或者必须说这样一些起源是无限地往回延伸的，因为一些最原始的阶段本身也总是以多少属于机体发生的一些阶段为其先导的。”①要更好地提升思想政治教育教学实践的有效性并使其真正做到深入学生内心并让学生受益终身，就有必要从德育育人的经典之源头活水的视野来考察其在传统文化意义上的厚重的教育资源。

孔子尽管强调教育上言语培养的重要性，他说：“德行：颜

---

① ［瑞士］皮亚杰. 发生认识论原理［M］. 王宪钿，等译. 北京：商务印书馆，1997.

渊，闵子骞，冉伯牛，仲弓。言语：宰我，子贡。政事：冉有，季路。文学：子游，子夏。"（《论语·先进》）言语和文学都被列为孔子教育的重要内容，但无疑，孔子教育的最重要的内容还是德行科。因为，"德者，本也。"（《大学》）"君子务本，本立而道生。孝悌也者，其为仁之本与！"（《论语·学而》）学习《诗经》这样的经典，其最终目的还是为了涵养德行主体的德性品格，具体而言，就是针对德性主体的个体儒家君子人格之养成。

《尚书·尧典》上记载："帝曰：'夔！命汝典乐，教胄子。直而温，宽而栗，刚而无虐，简而无傲；诗言志，歌永言，声依永，律和声；八音克谐，无相夺伦，神人以和。'夔曰：'於！予击石拊石，百兽率舞。'""诗言志"的思想有着源远流长的历史。事实上，"诗"不仅言志，而且可以帮助人养志、立志、守志。志乃"心之所之"，《说文解字》曰："志，意也，从心。"换言之，既然志与人的心紧密相连，养志的本质就是培养一个人积极向上、温柔敦厚的道德情感，因此，孔子说："《关雎》乐而不淫，哀而不伤。"（《论语·八佾》）《中庸》也强调："喜怒哀乐之未发谓之中，发而皆中节谓之和。中也者，天下之大本也；和也者，天下之达道也。致中和，天地位焉，万物育也。"

儒家道德情感的维度是离不开其对于人性的思考的。儒家之情感不是一般的情绪，而是一种凝聚了实践智慧和实践理性的道德情感，这种道德情感不是从一种所谓的生理意义上的自然之心自然而然本能地流露出来的，而是因为一种自觉的道德实践和行仁实践而逐渐经由一种实践理性凝聚而成的。儒家道德情感的形成离不开具有儒家道德实践特色的实践工夫。儒家道德情感是无法离开儒家道德之实践理性的。正如孔子所说："知及之，仁不能守之；虽得之，必失之。"（《论语·卫灵公》）道德情感与实践理性的紧密融合才构成完整的仁智双彰的儒家情感理性本体。

尽管《诗经》中充满着人真挚的道德情感，但其中同样贯穿着一种对于这种情感的理性节制，如《诗经·烝民》说：“天生烝民，有物有则。民之秉彝，好是懿德。”对一种情感的适当节制的形式就是儒家伦理所强调的“礼”。因此，我们需要做到在“兴于诗”之后的“立于礼，成于乐”(《论语·泰伯》)。“礼”的作用就是对一种情感的恰到好处的节制，“礼之用，和为贵。先王之道，斯为美。小大由之，有所不行。知和而和，不以礼节之，亦不可行也”(《论语·学而》)。

《诗经》中蕴含着深厚的伦理教育思想和智慧，甚至可以说，《诗经》中蕴含着中国传统伦理教育智慧的源头活水。无论是针对儒家之“孝”还是儒家伦理的其他德性范畴，《诗经》中都内蕴着丰富的可供现代德育借鉴的道德教育资源。

《诗经》这样的经典本身就是古老德性智慧与德性实践养成智慧的凝聚，反复品读这样的经典过程本身就是一种自然而然的德性浸润和涵养的过程。因此，孔子强调：“君子博学于文，约之以礼，亦可以弗畔矣夫?”(《论语·雍也》)品读和学习《诗经》的过程，就是陶冶良好品格和醇厚道德情感的过程。

《诗经》中不仅蕴含着个体修身意义上的个人德性涵养内容，也包含着家庭、社会整体道德意识的建构思想。这正如《大学》中所强调的“物格而后知至，知至而后意诚，意诚而后心正，心正而后身修，身修而后家齐，家齐而后国治，国治而后天下平”。

通过对具有源头活水德性情感涵养作用的《诗经》反复诵读和体会，确实能够起到朱熹所说的“以复其初也”(《四书章句集注》)的内在德性的唤醒与建构作用。“大学之道，在明明德，在亲民，在止于至善。知止而后有定；定而后能静；静而后能安；安而后能虑;虑而后能得。物有本末,事有终始。知所先后,则近道矣。"(《大学》)"明明德"是很重要的,但当问题落实到实践理性维度的德性实践问题的时候,我们就需要思考究竟该如何做到"明明德"? 朱熹说,尽管"心具众理","但为气禀所拘,人欲所蔽,则有时而昏;然其本体之明,则有未尝息者。故学者当因其所发而遂明之,以复其初也"(《四书章句集注》)。《诗经》中包含着能够净化和升华人心灵道德之境界的重要精神营养,正如《尚书·大禹谟》所言:"人心惟危,道心惟微,惟精惟一,允执厥中。"

《诗经》中的"兴观群怨"本身就是一种凝聚道德情感的生命学问的实践过程,《诗经》所揭示的真善美的生命学问之主题会让德性主体产生一种真挚的内在反思与心灵净化及升华。《诗经》不仅彰显着一种文学意义上的深刻的审美体验,也带给我们道德情感上的伦理反思与哲学思考。《诗经》中饱含着直觉体悟生命道德情感的生命学问的智慧,它不仅能够切实净化与升华我们的生命境界,也能对现代思想政治教育的有效性起到源头活水般的启发作用。

第十七章

王船山哲学及其对思政课的启示

【引言】

船山思想中的一个重要方面就是其深厚的伦理思想。船山伦理思想中贯穿着浓厚的道德实践精神，这对现代社会中德性主体的内在德性建构都有着重要的启示意义，也对思政课德育育人实践的有效性的提升有着鲜明的镜鉴作用。船山还从实践维度阐释了社会实践对于人性形成的重要作用，这就进一步启发了思政课育人的德性实践智慧。

思政课要更好地发挥其有效的育人作用，就必须做到自觉主动地充分汲取中国传统文化中所蕴藏的无穷无尽的德育智慧。而其中，王船山的伦理思想能在现代启示的意义上给思政课的有效性提升提供较大的精神营养借鉴。

《易传·系辞传上》说："一阴一阳之谓道，继之者善也，成之者性也。"传统儒家的道德教育是遵循《中庸》所说的"天命之谓性，率性之谓道，修道之谓教"的基本进路来进行的。这句话本身就包含了道德教育意义上的天人合一的重要观点。德育是要遵循一种类似于天命的教育之道的，同时，德育又要发挥人的主体性，主动自觉地去做到“赞天地之化育”，“可以赞天地之化育，则可以与天地参矣”(《中庸》)。

要探讨传统道德教育的智慧，就必须认真研究形而上学意义上的天人之际的问题。天人之际，正如孔子所说：“不怨天，不尤人，下学而上达，知我者其天乎！”(《论语·宪问》)德性的内在建构既不能寄托于天的自然而成，也不能只是寄托在别人的帮助上，而是在应然意义上自己主动担当起作为德性主体的内在德性建构责任。王船山的人性观点从一种宽广的视野拓展了关于人性观点的理解，对思政课的德育育人实践有着重要的现代启示。

一、 王船山人性观点及其思政课德育意蕴

王船山说：“继之则善矣，不继则不善矣。天无所不继，故善不穷；人有所不继，则恶兴焉。学成于聚，新故相资而新其故；思得于永，微显相次而显察于微。”①王船山不仅如孟子一样，重视人性之善对于德育的重要意义，“乃若其情，则可以为善矣，乃所谓善也。若夫为不善，非才之罪也……”(《孟子·告子上》)，而且更加重视基于经验层面的德性实践的重要性。

相信人性本善，这是思政课德育之信心的根源。有了这样的思政课德育之信心，那么，即使是暂时面对思政课教学实践中再大的挑战，思政课教师都能做到循循善诱、春风化雨，进而做到思政课在育人意义上的深入人心，让学生真心喜爱、终身受

① ［明清］王夫之.船山全书·第一册［M］.长沙：岳麓书社，1991.

益。另一方面，王船山又非常重视“继”的德性主体的自觉德性担当的作用。“夫孝者，善继人之志，善述人之事者也。”(《中庸》)继，就是一种继承，传承，就是一种“士不可以不弘毅，任重而道远。仁以为己任，不亦重乎”(《论语·泰伯》)的德性担当和实践。只有通过德性主体自觉的德性践履和努力才能做到如孔子所说的“吾道一以贯之”(《论语·里仁》)的天道与人道，天德与仁德的上下贯通。

德性知识意义上的自觉德性学习建构是不容易达到的一种境界。它的内在本质是孔子所说的“为仁由己，而由人乎哉”(《论语·颜渊》)的德性主体自觉性。德性完善意义上的自主学习目标是需要经由大量的有效的包括思政课德育在内的教学实践才能实现的。

考查思政课有效性的问题，常常需要面临德性主体在知情意行环节中的“意”的问题，即德性主体德性实践意志力薄弱的挑战。从知道“作为人何为正确”到踏踏实实地践行落实“作为人何为正确”的实践智慧之间是需要一种道德勇气和道德实践意志的培养和跨越的。只有这样，才能做到孔子学生颜回的境界，即“回也，其心三月不违仁”，而不是“其余则日月至焉而已矣”(《论语·雍也》)。

王船山洞悉人性的复杂性，并且有一份直面人性复杂的勇气，因此他强调，要做到“继”，是非常不容易的。许慎《说文解字》说：“继，续也。”《易经·离卦》说：“大人以继明照于四方。”王船山则强调：“继，谓纯其念于道而不间也。”①“继善者，因性之不容掩者察识而扩充之。”①王船山对“继”的要求是非常严格的，这种“继”不仅要体现在德性行为的持之以恒，而且要体现在

① [明清]王夫之.船山全书·第十二册[M].长沙：岳麓书社，1991.

道德意识上的念念相继。这就如孔子所说:“颜氏之子,其殆庶几乎!有不善未尝不知,知之未尝复行也。”(《易传·系辞传下》)人内心的念头往往是非常复杂的,内心的善念很容易被外在纷繁复杂的影响所干扰,正如孟子所说:“耳目之官不思,而蔽于物。物交物,则引之而已矣。”(《孟子·告子上》)外在环境的干扰,特别是现在网络虚拟世界的各种干扰,很容易让很多学生对真正具有人生意义指导作用的最重要的德育精神食粮“心不在焉,视而不见,听而不闻,食而不知其味”(《大学》)。

为什么会出现这种德性学习意义上的“知而不行”或“知道而不行道”的德性意志软弱懈怠的情况?为什么相当多的德育课堂会出现一种低效果的状况?王船山认为:“成,犹定也,谓一以性为体而达其用也。善端见而继之不息,则始终一于善而性定矣。”“性则因乎成矣,成则因乎继矣,不成未有性,不继不能成。”①思政课的实践效果无法与德性主体“笃行之”(《中庸》)的德性实践分离。从广义的道德价值意蕴来看,思政课视野下的德性主体的“行”不仅包含着落实到实然层面的切实之道德行为,而且关涉着其德性之知和德性之情感维度的内在心灵之行。要实现王船山所说的从“继”善到“成”性的德性实践的跨越,是需要一种“择乎中庸,得一善,则拳拳服膺,而弗失之矣”(《中庸》)的“诚之者,择善而固执之者也”(《中庸》)的德性实践的韧性坚持的。

王船山当然也重视“知”在德性践履习惯养成中的作用。正如朱熹所说:“方其知之而行未及之,则知尚浅。既亲历其域,则知之益明,非前日之意味。”②德性之知只有做到彻底,即达到孔

① [明清]王夫之.船山全书·第一册[M].长沙:岳麓书社,1991.

② [宋]黎靖德.朱子语类·卷9[M].北京:中华书局,1986.

子所说的“知及之，仁不能守之，虽得之，必失之”(《论语·卫灵公》)的“知及之”的程度，才能导出真正的道德实践行动。如果只是一知半解或“不及”，那么它就不仅不能促进德性主体的德性实践，而且会妨碍人的德性养成。

当然，关于人性的观点，王船山、二程和朱熹的观点是有其基本不同的。王船山超越了一种容易走向玄之又玄之境的所谓的只注重先验超越性的人性论观点，他注重德性实践在人性塑造中的作用，因而也注重德性主体的个体特点。

王船山的人性论强调“性日生日成”说，凸显“人性在实践中自我生成和发展的观念”。[①] 人性本身不是静态的，更不是先验意义的被给定的，而是生成的，是通过德性主体“天行健，君子以自强不息”(《易经·乾卦》)的德性践行的努力来不断生成的。这彰显了王船山对于德性主体“人皆可以为尧舜”(《孟子·告子下》)的德性实践信心。孔子也说：“仁远乎哉，我欲仁，斯仁至矣。”(《论语·述而》)德性的完善，责任在于德性主体自身，德性实践勇气的发动也是取决于德性主体自己，“三军可夺帅也，匹夫不可夺志也。”(《论语·子罕》)

尽管从“天命之谓性”(《中庸》)的天命之性的角度来说，“孟子道性善，言必称尧舜”(《孟子·滕文公上》)，“君子所性，仁义礼智根于心；其生色也，睟然见于面，盎于背，施于四体，四体不言而喻”(《孟子·尽心上》)，但“人之所以异于禽兽者几希；庶民去之，君子存之”(《孟子·离娄下》)。后天的所谓气质之性会极大地影响到德性个体的德性状态，因此，儒家伦理对于德性主体的修身要求是非常严格的，“非礼勿视、非礼勿听、非礼勿言、非礼勿动”(《论语·颜渊》)，德性主体必须做到在视听言动各个方

---

① 萧萐父，许苏民. 王夫之评传[M]. 南京：南京大学出版社，2002.

面的戒慎恐惧，“战战兢兢，如临深渊，如履薄冰”（《诗经·小旻》）。同时要做到内省意义的“内省不疚，夫何忧何惧”（《论语·颜渊》），还要做到“吾日三省吾身，为人谋而不忠乎？与朋友交而不信乎？传不习乎？”（《论语·学而》），“此谓诚于中，形于外，故君子必慎其独也”（《大学》）。只有通过这样的严格自律的德性实践，方能成就“知者不惑，仁者不忧，勇者不惧”（《论语·子罕》）的凝聚为君子人格的德性品格。

二、王船山哲学对思政课实践维度的启发

王船山认为：“孟子亦止道‘性善’，却不得以笃实、光辉、化、不可知全摄入初生之性中。《中庸》说‘昭昭’之天，‘无穷’之天，虽无间别，然亦须分作两层说。……愚每云‘性日生，命日受’，正于此处分别。在天之天‘不贰’，在人之天‘不测’也。”（《读四书大全说》）结合孔子说的“性相近也，习相远也”（《论语·阳货》）的对于人性的观点，我们就可以看出，船山传承了孔子注重后天德性实践的观点，因为即使是所谓的先验意义的天命之性，其伦理实质也是后天伦理实践层面道德情感和道德实践长期凝聚的结果。思政课要通过有效的课堂实践来培养出德性主体稳定的德性条目，是必须注重从实践层面对德性主体进行更好的教育的。

从船山关于人性的观点可以看出，人性的形成离不开伦理意义上的人生实践。实践智慧无疑应当成为思政课育人智慧的一个主体和核心。相较于抽象的哲学思辨，思政课育人的效果最终要体现在真实的凝聚实践智慧的知行合一上。抽象地谈论人性无法对现实的思政课课堂实践产生具体的指导作用。船山

关于人性的讨论真正走出了书斋式的抽象讨论，强调切实的德性实践对于人性塑造的作用。

人性不是先验意义的给定存在，过多地强调人性的先验甚至是超验意义的善，反而会在无形中消解德性主体“学而时习之，不亦说乎”(《论语·学而》)的德性自觉努力。强调人性后天培养的重要性，才能增强思政课德育的紧迫感和责任担当意识。“德性之来，莫知其始，是吾心之故物也。是由今而推之于始者然也，更由今而引之以至于后，则日新而无敝。”①儒家伦理也强调：“日知其所亡，月无忘其所能，可谓好学也已矣。”(《论语·子张》)这里所说的“知”不仅指的是“见闻之知”意义上的知识增长，更是指德性之知意义上的不断磨炼和成长。思政课同样要注重知情意行中的知的维度，知是行之始，但思政课所注重的知，同样应该要偏重德性之知、道德之知、生命学问与智慧之知，学以成人之知。有了这样的生命学问之知，才能做到德性主体在德性成长上“苟日新，日日新，又日新”(《大学》)的韧性成长；只有通过德性主体内在的持之以恒的内省和修身，才能做到“止于至善”(《大学》)的德性成长。《庄子·知北游》也强调：“澡雪而精神。”从这个意义上讲，德性之知的成长不是一般意义上的“为学日益”(《道德经》)的有形知识数量上的增长，而是“君子学以致其道”(《论语·子张》)意义上的德性实践智慧的成长。

因此，船山强调：“夫性者生理也，日生则日成也。则夫天命者，岂但初生之顷命之哉？”(《尚书引义》)船山在这里特别强调人性“日生日成”的道理。船山还强调：“后天之性，亦何得有存

① [明]李贽.李贽文集·第七卷[M].北京：社会科学文献出版社，2000.

不善？‘习与性成’之谓也。先天之性天成之，后天之性习成之也。”①

从思政课课堂实践的角度来看，思政课德育必须正视现实复杂生活环境可能对于人的气质之偏的负面影响。尤其是在太多学生沉溺于网络虚拟世界的今天，这种负面影响会显得更大。如何将这种气质之偏重新经过良好的教育调回到一种“温良恭俭让”(《论语·学而》)的德性状态，这本身就是思政课实践教学必须面对的挑战之一。

德性建构的实现，是离不开德性主体自律自觉自强的德性实践的。船山的人性论思想对现代思想政治教育有着切实的启示意义，他说：“闻道有早莫，行道有难易，然能自强不息，则其至一也。”②越是在一种相对喧嚣浮躁的现实环境中，越是需要做到德性个体在修身养性意义上的自觉自律。“或生而知之，或学而知之，或困而知之，及其知之一也。”(《中庸》)船山这种关于德性个体德性实践之自强不息意识培养的观点对于现代思想政治教育的教学实践信心有着极大的推动作用。

船山关于人性的观点是接续儒家关于人性的基本主张的。孔子强调：“好学近乎知，力行近乎仁，知耻近乎勇。”(《中庸》)儒家强调的“勇”是一种德性内省之勇，勇于改过、勇于内省，勇于做到过而能改，及时改过，因为“过而不改，是谓过矣”(《论语·卫灵公》)。一个真正的儒家伦理意义上的谦谦君子，是能够做到“过则勿惮改”(《论语·学而》)的。儒家知、仁、勇“三达德”是一种相互贯通的德性整体。“知耻近乎勇”(《中庸》)就强调了一种因为道德反省之后而体验到的由于没能做到德性主体的应然

① [明清]王夫之.船山全书·第六册[M].长沙：岳麓书社，1991.
② [明清]王夫之.船山全书·第四册[M].长沙：岳麓书社，1991.

状态的德性行为而感到的羞愧。这本身就体现了儒家伦理一以贯之的德性内省机制对于德性主体德性内在自觉建构的有效推动作用。德性主体要不断让自己自觉地从现实生活中的实然状态跃向君子人格所意蕴的德性应然状态。如果做不到，就会自然而然生发出一种羞愧之心，因为“见义不为，无勇也”(《论语·为政》)。根据《论语集解》注：“义，所宜为。”基于道德应然状态的要求，德性主体原本应该做到的事情却因为种种原因没有去做到，就是缺乏勇气的表现。孟子也强调：“人不可以无耻，无耻之耻，无耻矣。”(《孟子·尽心上》)

船山也强调：“天下之各有所耻也不一矣，而独知所耻，此知之动，即绝乎不善而奋以趋善者也。”①德性的建构离不开德性主体的自觉的内省和反思。这一点进一步提醒思政课的实践教学要注意对学生内在德性自觉建构意识的培养。仅仅靠一种外在的即使是再严密的道德规范的约束，也是无法形成德性主体一以贯之的、长期的德性践履习惯的。

船山还强调：“人性皆善，而其类有善恶之殊者，气习之染也。故君子有教，则人皆可以复于善，而不当复论其类之恶矣。”①这段话体现出船山对于德育可能的充沛的信心。人性之善恶都不是天生注定的，人性之向善或向恶主要是取决于后天的习性。“人皆可以复于善”，这既体现在船山对于人性之善的信心，同时更体现了船山对后天德性主体自觉努力以及道德教育的信心。

船山还强调：“志于仁而无恶，安有恶之所从生而别为一本哉。”(《思问录·内篇》)孔子也指出：“苟志于仁矣，无恶也。”(《论语·里仁》)船山不主张人性意义上的理和气的分离，主张

---

① [明清]王夫之.船山全书·第七册[M].长沙：岳麓书社，1991.

理和气是一个整体。理中有气、气中有理，并不存在一个先验意义上的先验之理悬置于气之上。这就意味着船山更加重视人的后天德性实践的重要性和人性的实践维度。思政课的德育实践同样要重视培养学生“造次必于是，颠沛必于是”(《论语·里仁》)的“志于道”和“志于仁”的持之以恒的德性实践，因为，厚重的德性涵养不能只是依托那种思辨理性意义上的德性知识，而是必须依存于学而时习之的时时刻刻的德性实践。因此，孔子说：“德之不修，学之不讲，闻义不能徙，不善不能改，是吾忧也。”(《论语·述而》)孔子最担心的不是德性主体关于德性知识储备的不够，而是担忧德性主体不能切实做到德性实践智慧的学以致用，担心许多人不去自觉践行德性品德所要求的德性实践。

当然，船山认为人之所以能够成就仁义礼智信等基本的德性，其根本原因除了后天的教育实践外还有人的人性之善端。船山说：“夫天之生物，其化不息，初生之倾，非无所命也。何以知其有所命？无所命则仁义礼智无其根也。”(《尚书引义》)仁义礼智之所以能够在后天得以培养成功，其根本原因还是要追溯到孟子所说的“君子所性，仁义礼智根于心，其生色也睟然，见于面，盎于背，施于四体，四体不言而喻”(《孟子·尽心上》)。人性之善端，就如从人性中之所以能够被培养出人的诸多德性条目的最初的种子，如果没有这样的行仁为仁的最初的种子，即使是后天再大的努力，也是无法培养出使人作为人而成为人的诸多德性的。

三、 王船山之人性尊严维度及其对思政课有效性的镜鉴作用

船山说：“道行于乾坤之全，而其用必以人为依。不依乎人

者，人不得而用之，则耳目所穷，功效亦废，其道可知而不必知。圣人之所以依人而建极也。"①船山这种"依人建极"的思想进一步体现了人之为人的尊严和人之为人的伦理价值。人，可以经由一种道德意义上的"君子终日乾乾，夕惕若厉，无咎"(《易经·乾卦》)的德性实践和道德努力，来使自己达到孟子所说的"可欲之谓善，有诸己之谓信，充实之谓美，充实而有光辉之谓大，大而化之之谓圣，圣而不可知之之谓神"(《孟子·尽心下》)的最高生命境界。随着现代社会工具理性的强势发展及其对德性意义上的价值理性的宰制，很多人遭遇到了生命意义的迷茫。儒家伦理的本质是一种生命的学问，是一种在道德境界意义上不断追求道德完美的学问。正是在德性的修养和德性实践的努力上，人彰显出"人之异于禽兽者几希"(《孟子·离娄下》)的人性光辉和尊严。船山关于人性的"依人建极"的思想对当前如何通过儒家伦理智慧的创造性转化来进一步提升思政课有效性的问题有着重要的理论和实践启示。"人之异于禽兽，则自性而形，自道而器，极乎广大，尽乎精微，莫非异者。"②"人之自身而心，自内而外，自体而用，自甘食悦色，以至于五达道、三达德之用，那一件不异于禽兽。"②人之为人的本质不仅在于其先验或先天意义的善端，正如孟子所说的"恻隐之心，人皆有之；羞恶之心，人皆有之；恭敬之心，人皆有之；是非之心，人皆有之"(《孟子·告子上》)。而且在于，经过后天很好的教化和德性的实践，德性主体经由德性践履扩而充之和推而广之的过程，逐渐能够将这种应然状态的德性理想转变成实然状态的真实的德性。

儒家伦理是始终贯穿着一种浓厚的人文精神和以人为本的

---

① [明清]王夫之.船山全书·第一册[M].长沙：岳麓书社，1991.

② [明清]王夫之.船山全书·第六册[M].长沙：岳麓书社，1991.

人文内蕴的。如何学以成人和如何经由德性实践成为具备君子人格的道德完美的人正是儒家伦理实践追求的目标。“仁者，人也，亲亲为大。义者，宜也，尊贤为大。”(《中庸》)

作为船山思想中重要的一部分，船山的伦理思想兼顾了伦理本体的一面和感性意义上的伦理实践维度。德性主体德性境界的升华不是德性主体因为人性本善而自然而然地实践凝聚的结果，但人性本善的内在德性基础是德性主体德性境界最终实现升华的最初根源。

船山强调：“人之所以异于禽兽者，其本在性，而其灼然终始不相假借者，则才也。故恻隐、羞恶、恭敬、是非，唯人有之，而禽兽所无也；人之形色足以率其仁义礼智之性者，亦唯人则然，而禽兽不然也。若夫喜怒哀乐爱恶欲之情，虽细察之，人亦自殊于禽兽。”[①]人之为人的高贵和尊严在于人的自觉的伦理追求和向道德境界的自觉提升。正是因为人性中的这种内嵌的善之根源决定了思政课德育的教育力量之源。

船山进一步强调：“夫人者，合知、能而载之一心也。故曰‘天人之合用’，人合天地之用也。”[②]人心不仅能彰显德性主体个体意义上的道德光辉，而且能够通过个体道德的彰显而呈现更大范围内的道德力量。“唯天下至诚，为能尽其性；能尽其性，则能尽之性；能尽人之性，则能尽物之性；能尽物之性，则可以赞天地之化育；可以赞天地之化育，则可以与天地参矣。”(《中庸》)

船山关于人性之善的价值意蕴的阐述，在激发德性主体的自觉德性努力意识方面和挖掘思政课所内含的巨大的德育潜力方面，都具有重要的现实启发意义。有了这种对于德性主体内

① [明清]王夫之.船山全书·第六册[M].长沙：岳麓书社，1991.
② [明清]王夫之.船山全书·第一册[M].长沙：岳麓书社，1991.

在之善端的信心，有了对于德性主体所拥有的内在德性尊严的认可和重视，就能进一步促进思政课德育课堂精益求精地去通过不断完善其教学实践来充分发挥德性主体内在德性建构的高度自觉，由此不断扩展德性主体之人生境界。

船山非常重视人的自觉实践对于个体德性建构的意义，他说："夫天与之目力，必竭而后明焉；天与之耳力，必竭而后聪焉；天与之心思，必竭而后睿焉。天与之正气，必竭而后强以贞焉。可竭者天也，竭之者人也。"（《续春秋左氏传博议》）船山这里强调的"竭"字正体现了儒家伦理所始终重视的"天行健，君子以自强不息"（《易经·乾卦》）的德性勤勉实践的精神。"贤贤易色，事父母能竭其力。"（《论语·学而》）德性的养成既需要有针对德性主体的主体性信心，同时又需要有直面德性建构艰难的勇气。正如马克思所强调的那样，"我们的出发点是从事实际活动的人"，"这种观察方法并不是没有前提的。它从现实的前提出发，而且一刻也离不开这种前提。它的前提是人，但不是处在某种幻想的与世隔绝、离群索居状态的人，而是处在一定条件下进行现实的、可以通过经验观察到的发展过程中的人"。① 毋庸置疑，道德教育在今天遭遇了较大的挑战，特别是随着越来越多的青少年沉溺于网络虚拟世界，现实世界中的德育实践对德性建构主体的影响力已经不是那么容易直接深入人心了。要提升思政课德育的有效性，就必须切实观察并把握在纷繁复杂的现实环境中呈现出来的人性的丰富性。

具体来说，要提升思政课的有效性，就必须从德性自觉的角度来提升学生德性建构的精神动力。《孟子·离娄上》说："仁之

① 中共中央马克思恩格斯列宁斯大林著作编译局．马克思恩格斯选集·第1卷[M]．北京：人民出版社，1995．

实，事亲是也；义之实，从兄是也。”在儒家伦理视野中的仁义本身就不是从纯粹理性的角度来说的，而是着眼于德性实践意义上的“事亲”和“从兄”，因此，人道也就是为人之道，为人之道就是为仁之道和行仁之道。

德性的尊严彰显着使人作为人、成为人的人性的尊严。如果不自觉通过持之以恒的德性践行努力去建构自身的德性，那么，人就在其伦理本质上成为了所谓的非人或禽兽，正如朱熹所说：“盖人物之生，莫不有太极之道焉。然阴阳五行，气质交运，而人之所禀独得其秀，故其心为最灵，而有以不失其性之全，所谓天地之心，而人之极也。然形生于阴，神发于阳，五常之性，感物而动，而阳善阴恶又以类分，而五性之殊散为万事。盖二气五行，化生万物，其在人者又如此。自非圣人全体太极有以定之，则欲动情胜，利害相攻，人极不立，而违禽兽不远矣。”①

从人性向上之善的维度来说，人“其心为最灵”“有以不失其性之全”（《太极图说解》），这就彰显了人所承载的“天命之谓性”（《中庸》）的美好和人性光辉，人也因为这样的一种人性之善的光辉而体现出其人格的尊严。但这不是人可以沉沦于一种德性懈怠的理由，而是人更应该做到“知者不惑，仁者不忧，勇者不惧”（《论语·子罕》）的德性持续实践的精神内在动力。正如孟子所说：“是故君子有终身之忧，无一朝之患也。”（《孟子·离娄下》）君子之忧是自己的德性还不够完善，因为“德之不修，学之不讲，闻义不能徙，不善不能改，是吾忧也”（《论语·述而》）。

尽管人的天性是好的，但这种天性也是很容易受到后天诸多负面因素影响的。因此，德性主体需要时时刻刻保持一种积

① ［宋］朱熹.朱子全书·第13册［M］.上海：上海古籍出版社，合肥：安徽教育出版社，2002.

极向上的德性践行之心，做到“君子无终食之间违仁”(《论语·里仁》)，这样才能夯实自身的内在德性。

总之，船山的伦理思想非常丰富，他强调人道或德性主体的自觉德性实践对于其在人之天性意义上的德性凝聚作用。船山强调德性主体要做到“以义制利”和“以理导欲”，主张德性主体应该追求一种君子人格，进而成就其德性意义上的生命价值，这对思政课进一步完善其教学实践进而不断提升其有效性有着重要的现代启示意义。

第十八章
董仲舒人性论与教化思想视域下的思政课有效性研究

【引言】

董仲舒的人性论思想传承和发展了孔孟之道意义上的人性论思想,从一个集大成的宽广视野拓展了对人性论的综合理解。董仲舒既重视人性的内在超越性,也强调不能忽视自然属性意义上的人性之自然维度。正是因为人性中有善的成分,也有恶的可能,所以董仲舒特别重视社会教化意义上的道德教育。这对提升思政课的有效性有着重要的现代启示和意义。

人性本善抑或是人性本恶?这是非常类似于莎士比亚经典戏剧《哈姆雷特》中的经典台词"to be or not to be"(生存还是毁灭)中所彰显的带有终极道德探索意义的大问题。探讨思政课的德育维度上的有效性问题,是绕不开对于人性善恶学说的讨论的。长期以来,关于人性善恶的讨论仅仅被限制于中国哲学思想史的狭隘的理论范围之内，却没有将其探讨扩展到其可能的对于思政课的具体教学实践的德性建构运用范畴中去。

一、 董仲舒人性论概述及其现代德育意蕴

从思政课德育维度的源头去追根溯源，那么，关于人性探讨最早的开创者无疑是孔子。孔子在一种认可人性发展无限的可能性的前提下指出："性相近也，习相远也。"(《论语・阳货》)人性从"天命之谓性，率性之谓道"(《中庸》)的角度来说是相近的。人与人之间在道德境界上之所以会出现天壤之别，最重要的原因就是一个"习"字。针对这个"习"字，后来孟子进一步发挥："耳目之官不思，而蔽于物。物交物，则引之而已矣。"(《孟子・告子上》)

外在的环境或者说外物本身，会遮蔽人的赤子之心，正如老子所说："五色令人目盲，五音令人耳聋，五味令人口爽，驰骋畋猎令人心发狂，难得之货令人行妨。"(《道德经》)告子则认为人性是可以为善可以为不善的，因为"性犹湍水也，决诸东方则东流，决诸西方则西流。人性之无分于善不善也，犹水之无分于东西也"(《孟子・告子下》)。孟子针对告子的观点进行了针锋相对的批驳，"孟子道性善，言必称尧舜"(《孟子・滕文公上》)，他的理由就是："乃若其情，则可以为善矣，乃所谓善也。若夫为不善，非才之罪也。恻隐之心，人皆有之；羞恶之心，人皆有之；恭敬之心，人皆有之；是非之心，人皆有之。"(《孟子・告子上》)孟子的性善论是建立在德性之端先验存在于德性主体的内在的价值事实的前提之上的。

相比于孟子充满浩然之气的性善论，荀子则主张人性之性恶论。荀子说："人之性恶，其善者伪也。"（《荀子·性恶》）荀子的观点沿袭了告子"生之谓性"（《孟子·告子上》）的观点，荀子说"不事而自然谓之性""生之所以然者谓之性"（《荀子·正名》），这就意味着荀子只是从人的自然属性的意义谈人之所以为人的本质，而没有看到人之为人在道德价值追求意义上的向上的超越性。

针对人性的问题，董仲舒在其著作《春秋繁露》中提出"性三品"的理论。董仲舒指出"生之自然之资谓之性。性者，质也""无所待而起，生而所自有也"（《春秋繁露·深察名号》），董仲舒还认为："性者，天质之朴也；善者，王教之化也。无其质，则王教不能化；无其王教，则质朴不能善。"（《春秋繁露·实性》）从思政课有效性提升的角度来看，董仲舒在这里所提出的"质朴"一词对于我们在网络化的时代切实改进思政课的教学实践方法，进而让思政课做到让学生"真心喜爱、终身受益"有着极大的启发作用。长期以来，孟子性善论对思政课来说是一种主要的人性论资源，但对董仲舒的质朴人性观研究得太少，而在今天，董仲舒的质朴人性观对于现代思政课有效性的提高有着重要的借鉴意义。

事实上，董仲舒的质朴人性论并不是凭空产生的，它有着深厚的思想根源。孔子说过："先进于礼乐，野人也；后进于礼乐，君子也。如用之，则吾从先进。"（《论语·先进》）这里孔子所强调的"野"就是一种带有浓厚乡野气息的人性之质朴。孔子还说："质胜文则野，文胜质则史。文质彬彬，然后君子。"（《论语·雍也》）在孔子看来，只有将后天的道德教化与先天的人性之质朴很好地结合起来，才能成就儒家的君子人格。

荀子也指出："性者，本始材朴也；伪者，文理隆盛也。无性，则伪之无所加；无伪，则性不能自美。”（《荀子·礼论》）但是，相较而言，董仲舒的人性论从一个更加直接的角度强调了道德教育的重要性。正如孟子所说：“人之有道也：饱食暖衣，逸居而无教，则近于禽兽。”（《孟子·滕文公上》）与孟子相比，董仲舒更是强调：“质朴之谓性，性非教化不成。”思政课的德育维度同样在实践使人作为人而成为人的重要的德育功能。董仲舒的人性质朴论振聋发聩地告诉我们，成为一个人不是一个自然而然的自然属性意义上的生长过程，而是一个“修道之谓教”（《中庸》），“刚柔交错，天文也；文明以止，人文也。观乎天文，以察时变；观乎人文，以化成天下”（《易经·贲卦》）的人文化成的教化之后的成长过程。

董仲舒在其著作《春秋繁露》的《实性》中特别指出：“圣人之性不可以名性，斗筲之性又不可以名性，名性者，中民之性。中民之性如茧如卵。卵待覆二十日而后能为雏，茧待缲以涫汤而后能为丝，性待渐于教训而后能为善。”这段话明确区分出三种境界的人性，即“圣人之性”“斗筲之性”与“中民之性”。① 董仲舒的这种将人性划分为上中下三品的做法后来就被公认为是董仲舒的“性三品”人性理论。事实上，董仲舒的这种对人性进行层次划分的思想是符合孔子因材施教的德性教育智慧的，并不是其对于人性有一种天然的偏见。德性的后天建构本身就需要我们在认可人性之善的前提下尊重德性主体的生命状态的个体差异性。孔子也说：“中人以上，可以语上也；中人以下，不可以语上也。”（《论语·雍也》）意思就是中等以上资质的人，可以给他讲授高深的学问；而中等以下资质的人，不可以给他讲授高深的学问。德性主体的道德悟性和德性践履路径是有所差异的，

① 侯外庐. 中国思想通史·第二卷[M]. 北京：人民出版社，1957.

有的学生适合以儒家心性之学的方式导入，如孔子弟子颜回，孔子就采取一种德性智慧启发的方式来进行教学，孔子说："吾与回言终日，不违，如愚。退而省其私，亦足以发，回也不愚。"（《论语·为政》）而对于子路这样的学生，更多的是在道德行动的直接指引上下工夫。"子路问：'闻斯行诸？'子曰：'有父兄在，如之何其闻斯行之？'"（《论语·先进》）孔子还说过："唯上智与下愚不移。"（《论语·阳货》）

董仲舒认为"性者，天质之朴也""性者宜知名矣，无所待而起，生而所自有也"（《春秋繁露·实性》），他甚至还指出"人之诚，有贪有仁，仁贪之气两在于身"（《春秋繁露·深察名号》）。董仲舒在这里所说的"仁气"与"贪气"显然与孟子所说的"仁义礼智，非由外铄我也，我固有之也，弗思耳矣"（《孟子·告子上》）有很大的不同，也更有基于现实人性的教育说服力和基于常识观察的伦理合理性。尊重一种基于理性的真实人性观察，这正是切实让德性主体真诚信任德性教育的前提之一。

董仲舒在这里所说的人性，其实类似于英文中的"function"，意思就是一种功能或可能性。人性本身不是善的，人性是未完成的，人性最终成就的善良意志或善之德性，是董仲舒所说的"仁气"在教化之后的成果。相比于孟子的"今人乍见孺子将入于井，皆有怵惕恻隐之心"（《孟子·公孙丑上》）的举例，董仲舒的经典比喻是"禾米"之喻，他说"善如米，性如禾，禾虽出米，而禾未可谓米也。性虽出善，而性未可谓善也"（《春秋繁露·实性》），"故性比于禾，善比于米。米出禾中，而禾未可全为米也；善出性中，而性未可全为善也。善与米，人之所继天而成于外，非在天所为之内也。天之所为，有所至而止。止之内，谓之天性；止之外，谓之人事"（《春秋繁露·深察名号》）。因此，一言以蔽之，董仲舒的人性理论可以被概括为"性未善"，相比于孟子性本善，董仲舒赋予了后天教育或教化“路漫漫其修远兮，吾将上下而求索”(《离骚》)的教化意义和内涵。

二、 董仲舒人性论的教化思想及其现代价值

尽管董仲舒教化思想是关于董仲舒思想研究中的一个重要方面，但遗憾的是，董仲舒教化思想所具有的现代教育意义，特别是从思想政治教育课的视野来看的董仲舒教化思想对于现代思想政治教育所具有的启示作用的问题，长期以来因为孟子性善论和荀子性恶论的思想的强势遮蔽而没有被足够凸显和重视。

相比于孔子基于其仁者爱人意蕴的仁学德育，董仲舒更加重视基于天道和人性的后天教化的作用。孔子仁学思想更加重视个体道德建构意义上的德性涵养，“古之学者为己，今之学者为人”(《论语・宪问》)，而董仲舒则更加重视整体意义上的社会教化的作用。

董仲舒关于人性论的观点类似于《中庸》中所说的“天命之谓性”，人性通于天性，人性包含着重要的天性之维度。“天生民性”“民受未能善之性于天”“天地之所生，谓之性情”“天之所为有所至而止。止之内谓之天性，止之外谓之人事”，善是“人之所继天而成于外，非在天所为之内也”①。《汉书・董仲舒传》曰：“天令之谓命。”朱熹说：“天以阴阳五行化生万物，气以成形，而理亦赋焉，犹命令也。”(《四书章句集注》)

董仲舒在这里明确区分了“听天命”和“尽人事”的两个德育

① 阎丽.董子春秋繁露译注[M].哈尔滨：黑龙江人民出版社，2003.

维度。天性和人事不是自然而然就能做到如孔子所说的“参乎！吾道一以贯之”(《论语·里仁》)的。相比于孟子略显过犹不及的性善论来说，董仲舒更加强调教化意义上的“尽人事”的重要性。董仲舒的人性论是与其天人合德的观点紧密相连的，而这种天人合德思想背后的理论则是天人合一和天人感应。董仲舒说：“人生于天，而取化于天。”(《春秋繁露·王道通三》)

中国传统文化中关于人性论的讨论有一个特点：“即以善恶论性”①，正所谓“致广大而尽精微，极高明而道中庸”(《中庸》)。董仲舒在一定程度上来说，是成为了孟子性善论和荀子性恶论的中和论者或综合论者。“致中和，天地位焉，万物育焉。”(《中庸》)现代社会生活的日益复杂性和思政课视野下德性建构环境的复杂性都需要我们多去借鉴董仲舒的人性智慧，进而更好地提升思政课的有效性。

思政课有效性的提高，需要有直面现实的人性智慧作为指引。《孟子·尽心下》：“可欲之谓善，有诸己之谓信，充实之谓美。”汉赵岐注：“充实善信，使之不虚，是为美人，美德之人也。”孟子的这种德性理想拔高确实会使人感到一种道德情感的振奋，但是“道则高矣，美矣，宜若登天然，似不可及也”(《孟子·尽心上》)。从现实的德育培养或德育建构角度来说，孟子的性善论显而易见有其问题，无法被切实地让所有的受教育者信服。

针对人性的洞察，是需要基于生命成长的发展观点的。既需要有直面现实道德挑战的勇气去看到人性之恶的可能性，也要有相信未来的道德信念去逐渐扩充人之为人的善端。董仲舒在这一点上做出了重大的贡献。人性之善恶不是既定的静态的被研究的客观对象，而是基于“生生之德”的充满无限生命可能

① 张岱年．张岱年全集·第二卷[M]．石家庄：河北人民出版社，1996．

性的动态过程。梁漱溟曾经说过:“在我的心目中,代表儒家道理的是生。”“这种形而上学本来就是讲‘宇宙之生’的,所以说‘生生之谓易’。”①

从董仲舒的观点来看,这种生生的意味是有其双向性的。如果是将一个人的善端不断地培养并使其很好地生长,是可以成就一个人高尚的德性的;但相反,如果没有很好的社会教化环境和实践,那么,很可能一个人的恶端也可能会生长。因此,从教化意义上来说,我们需要做到抑恶和扬善的结合。董仲舒的人性论恢复了人性之本初的质朴状态,从董仲舒的人性论的观点来看,人性中蕴含着人向善行善的可能性,但这种可能性是一种应然状态,要将这种应然层面的善的可能性或潜能转化为实然层面的真实德性条目,是需要有很系统的道德践履意义上的社会道德教化的。

董仲舒指出:“以麻为布,以茧为丝,以米为饭,以性为善,此皆圣人所继天而进也,非情性质朴之能至也,故不可谓性。”(《春秋繁露·实性》)人性的天性维度只是赋予了人之为善行仁的可能性,而要将这种德性生成之可能性凝聚成德性主体真实具有的德性,是离不开基于实践智慧的道德实践的。“博学之,审问之,慎思之,明辨之,笃行之。有弗学,学之弗能,弗措也。有弗问,问之弗知,弗措也。有弗思,思之弗得,弗措也。有弗辨,辨之弗明,弗措也。有弗行,行之弗笃,弗措也。人一能之,己百之;人十能之,己千之。果能此道矣,虽愚必明,虽柔必强。”(《中庸》)人性之善恶问题归根到底是一个需要经过后天教化的实践问题。作为人何以成为人?这不是一个思辨理性意义上的玄之又玄的抽象的理论问题,而是一个“应当如何实践才能成为人”

---

① 梁漱溟.东西文化及其哲学[M].北京:商务印书馆,1999.

的道德实践的问题。

“儒家者流，盖出于司徒之官，……明教化者也。”(《汉书·艺文志》)毋庸置疑，董仲舒进一步发展了贯穿儒家始终的教化思想和传统，既注重“博我以文，约我以礼”(《论语·子罕》)，也重视“克己复礼为仁。一日克己复礼，天下归仁焉！”(《论语·颜渊》)这种深厚的儒家教化传统为当前思政课有效性的切实提高提供了重要的镜鉴。

“夫自唐虞三代之盛，人君躬行仁义以为教化之本，建立学校以广教化之道，故人皆得以明其善，复其性，无愚不肖之患。”“教学为先。”(《礼记·孝经》)道德教化是实现人之为人的本质的不可或缺的方法和路径。孟子说：“父子有亲……夫妇有别，长幼有序，朋友有信。”(《孟子·滕文公上》)德性主体要做到“规矩，方圆之至也；圣人，人伦之至也”(《孟子·离娄上》)的德性境界，就必须历经社会人伦交往意义上的道德教化实践。

关于道德教化的重要性，《论语》中有这样的记载：“子适卫，冉有仆，子曰：‘庶矣哉！’冉有曰：‘既庶矣，又何加焉？’曰：‘富之。’曰：‘既富矣，又何加焉？’曰：‘教之。’”(《论语·子路》)有了庶和富的社会物质基础之后，就必须做到真正的“教之”，这样才能做到社会的整体进步。

董仲舒人性论的思想传承了孔子正名的思想。“子路曰：‘卫君待子而为政，子将奚先？’子曰：‘必也正名乎！……名不正，则言不顺；言不顺，则事不成；事不成，则礼乐不兴；礼乐不兴，则刑罚不中；刑罚不中，则民无所措手足。’”(《论语·子路》)董仲舒也指出：“名生于真，非其真，弗以为名。名者，圣人之所以真物也，名之为言真也。”(《春秋繁露·深察名号》)“名者性之实，实者性之质。”(《春秋繁露·实性》)《说文解字》：“名，自命也。”《春秋繁露·天道施》：“名者，所以别物也。”

从思政课提升有效性的角度，这种人性论意义上的名实相符的问题，我们就能看出，思政课的教育首先就要针对学生内在的德性建构进行相应的“正名”的德性智慧熏陶：作为人，何为正确？什么才是有意义的人生？如何才能实现人生的道德价值？如何才能真正实现人生的幸福？在这种基于人性之善的正名的过程中，本身就能切实树立学生道德意识上的更高的人生期待，而这种道德意识对自我的更高期许正是最终激发学生德性自觉践履的内生动力。

三、 董仲舒人性论思想的现代思想政治教育有效性借鉴

董仲舒强调：“今世暗于性，言之者不同。故不试反性之名？性之名非生与？如其生之自然之资谓之性。性者质也。诘性之质于善之名，能中之与？既不能中矣，而尚谓之质善，何哉？性之名不得离质，离质如毛，则非性已，不可不察也。”(《春秋繁露·深察名号》)针对人性的问题，董仲舒有了更多的理性的审视和思考。要真正把握人性本身，就必须通过追根溯源的方法去把握人性之源头。按照董仲舒的观点“性者质也”，探讨人性本身就是要探讨人性的全副性本质，而不能“举一废百”，即只是偏重人性的某个方面，而忽视了整体意义上的人性的完整性和丰富性，进而造成对人性看法的片面性。正如孟子所说：“所恶执一者，为其贼道也，举一而废百也。”(《孟子·尽心上》)同时，董仲舒强调，要说明什么是真正的人性，必须直面人的自然属性，换言之，不仅要从人性之善的维度相信人性光辉的无限可能性，也要尊重人性的弱点。不能脱离形而下意义的人的自然属

性去悬空地谈论形而上意义的人的内在道德超越之性。

因此,董仲舒强调:“如其生之自然之资谓之性。”(《春秋繁露·深察名号》)从思政课有效性提升的视角来看,只有当我们正视人性全幅意义上的整体性,才能做到既坚持思政课高远的立德树人目标,同时又坚持其脚踏实地在实践上的务实性。立德树人是思政课在培养人的目标上的根本任务,而要实现这样的目标,是需要通过全面把握对人性的理解进而不断提升思政课教学实践成效的。

董仲舒说:“栣众恶于内,弗使得发于外者,心也。故心之为名栣也。”(《春秋繁露·深察名号》)根据许慎的《说文解字》:“栣:弱儿,从木,任声。”从思政课有效性的角度来说,它的意思就是“限制、控制、制约、禁制、禁锢等”。孔子也说过:“以约失之者鲜矣。”(《论语·里仁》)意思就是因为懂得克制和约束自己而犯错误,这样的事是很少的。之所以人需要约束自己和做到克己复礼,就是因为人性可能趋向于善和恶的复杂的可能性。教育需要有高远的目标,但教育者不能天真地认为人性是全然善的。敢于正视人性善恶问题的复杂性的现实,才能真正实现深入人心的有效的思政课育人之课堂。

董仲舒的人性思想内嵌着儒家克己的一种德性实践工夫。儒家克己精神的本身就意蕴着可资思政课开发的德性实践质料和精神营养。孟子也强调:“人之有道也:饱食暖衣,逸居而无教,则近于禽兽。圣人有忧之,使契为司徒,教以人伦:父子有亲、君臣有义、夫妇有别、长幼有序、朋友有信。”《孟子·滕文公上》如果没有很好的社会教化和与此相对应的经由有效德育所形成的内在和外在的约束的力量,那么,就会出现人性向坏的方向的无节制的放大,进而会导致孟子所说的“富岁,子弟多赖;凶岁,子弟多暴”(《孟子·告子上》)的情况。即使是德性伦理所推崇的内在德性的建构，其路径的实现往往也是从外在的规范开始的。不仅要“博学于文”还要做到“约之以礼”（《论语·雍也》）。经由“礼”的约束和节制，日积月累，学而时习，最后才能逐渐沉淀和浸润成德性主体内在于心的“仁”和“善”。

当然，董仲舒同样强调“爱”对于人性之善得以建构的重要意义。《论语·颜渊》记载：“樊迟问仁。子曰：‘爱人。’”孟子同样也传承了孔子仁爱的思想，《孟子·离娄下》说：“仁者爱人。”《孟子·尽心上》也记载：“仁者无不爱也，急亲贤之为务。”《孟子·尽心上》还说：“亲亲，仁也。”董仲舒不仅传承了儒家以“爱”释“仁”的注重真诚道德情感的精神，而且将其进一步发扬光大。董仲舒说：“仁者，所以爱人类也。”（《春秋繁露·必仁且智》）还说：“仁之法在爱人，不在爱我。”（《春秋繁露·仁义法》）如果说孔子和孟子更多的是从整体视域的高度来阐述何谓仁的问题的话，那么董仲舒则在德性践履的维度进一步具体阐述了究竟什么是仁。董仲舒说：“……故其心舒，其志平，其气和，其欲节，其事易，其行道，故能平易和理而无争也。如此者，谓之仁。”（《春秋繁露·必仁且智》）董仲舒所说的这种仁德境界显然不是一种抽象的理论想象，而是经由一种锲而不舍的道德实践之后才能达成的德性状态。

朱熹也说过：“仁者，本心之全德。克，胜也。己，谓身之私欲也。复，反也。礼者，天理之节文也。”（《四书章句集注》）他甚至强调：“人只有天理、人欲两途，不是天理，便是人欲。”①这都说明，要培养人的仁德，是需要持之以恒进行这种针对人性弱点的克己和节制的工夫的。直面德育的艰难，才能成就德育育人的目标。董仲舒的人性思想提醒我们，德性的培养或者说实现

① [宋]黎靖德．朱子语类·卷41[M]．北京：中华书局，1986．

一种生命的“归仁”之境界，绝非一朝一夕之功，而是需要一种久久为功的持续的德性践履努力。

要更好地了解董仲舒的人性思想，还必须综合了解其天人感应”的思想。董仲舒说过：“天者，百神之君也。”（《春秋繁露·郊义》）“受命之君，天意之所予也。”（《春秋繁露·深察名号》）天道与人道是紧密相关的，道德伦理世界的道德动力是有其在天道意义上的形而上学的伦理本体基础的。如果人性追求善的动力仅仅是因为现实的需求，那这种动力是无法做到一种超越一切外在束缚的持续性的。董仲舒这里所强调的天道对于人文伦理的指令性不是一种所谓的神学意义上的命令性，而是基于德性主体内在超越性的向度。正如孔子所说：“不怨天，不尤人。下学而上达，知我者其天乎！”（《论语·宪问》）下学学人文和伦理，上达达于天命天德，下学和上达是生命学问之整体。天道最终要下贯到人伦之伦理实践才能得以体现。《中庸》曰：“唯天下至诚，为能经纶天下之大经，立天下之大本，知天地之化育。”这种诚就是人之诚。《中庸》还说：“唯天下至诚，为能尽其性；能尽其性，则能尽人之性；能尽人之性，则能尽物之性；能尽物之性，则可以赞天地之化育；可以赞天地之化育，则可以与天地参矣。”只有尽到人性善之诚，才能化生和养育无限生机，正如孟子所说“尽其心者，知其性也。知其性，则知天矣”（《孟子·尽心上》），尽到人心之伦理实践责任，方能做到如张载所说的“为天地立心”。

董仲舒也强调“仁之美者在于天。天，仁也。天覆育万物，既化而生之，有养而成之，事功无已，终而复始，凡举归之以奉人。察于天之意，无穷极之仁也。人之受命于天也，取仁于天而仁也。”（《春秋繁露·王道通三》）“不暖不生，不清不成。然而计其多少之分，则暖暑居百而清寒居一。德教之与刑罚，犹此也。故圣人多其爱而少其严，厚其德而简其刑，以此配天。”（《春秋繁露·基义》)人的行为要具有真正的道德价值，是需要一种基于内在超越性的天道人伦作为基础的。人的道德价值是有其令人敬畏的价值和尊严的，这种道德价值不能仅仅是建立在充满变化的外在幸福追求上，也不能仅仅依托一种基于具体道德情境的个体理性选择，而且还应该建立在一个无条件的类似于康德所说的崇高的道德律令的基础之上，这种从德性主体心中发出的道德律令直通一种"天命之谓性"(《中庸》)的天之道德命令，具有一种道德律令意义上的神圣性。

董仲舒的人性观点也直接影响到了其在儒家伦理义利关系问题上的观点，他强调"正其谊(义)，不谋其利；明其道，不计其功"(《汉书·董仲舒传》)，"君子终日言不及利，欲以勿言愧之而已，愧之以塞其源也"(《春秋繁露·玉英》)，这就呼应了孔子"君子喻于义，小人喻于利"(《论语·里仁》)的义利观点。孔子还强调"不义而富且贵，于我如浮云"(《论语·述而》)、"君子义以为上"(《论语·阳货》)，这都在告诉我们，重义本身就是德性涵养所不可或缺的重要内容。学生如果长期接受的影响都是关于"利"的方面，那么，就会逐渐导致其内心的浮躁，而这种浮躁和喧嚣本身就会导致人本心的迷失。因此，孟子才强调："学问之道无他，求其放心而已矣。"(《孟子·告子上》)

总之，董仲舒的人性论在相当程度上进一步传承和发展了孔孟之道意义上的人性思想，可谓是关于人性思想的集大成者。董仲舒强调人性之质朴，重视从自然属性和社会属性、现实属性和超越属性结合的角度来综合全面地看待人性问题，这给思政课有效性提高的课题提供了重要的精神营养借鉴。同时，董仲舒重视"中民之性"(《春秋繁露》)，强调要加强总体意义上的道德教化，使德性主体从善质到成善的可能性转化为稳定持久的内在德性，这同样是思政课有效性提高可以借鉴的重要精神营养。

第十九章
传统家训文化的思政课内蕴及其现代启示

【引言】

新媒体时代的到来给传统意义的思政课教学实践带来了相应的挑战，具体表现就是学生生活世界的虚拟化和碎片化。仅仅依靠传统的思政课课堂本身是无法有效实现思政课的育人功能的。思政课要在最大程度上实现其让学生真心喜爱、终身受益的立德树人教学目标，就必须将思政课的影响延伸到更大的文化视野中去。家风家训作为有着悠久历史文化积淀的教育传统，内蕴着丰富的可供现代思政课予以借鉴的文化资源和德育智慧资源，通过有效将传统家风家训中的育人智慧与思政课的教学实践相结合，能够极大地提升现代思政课的教学有效性和实效性。

习近平总书记指出："不论时代发生多大变化，不论生活格局发生多大变化，我们都要重视家庭建设，注重家庭、注重家教、注重家风。”①好的家风本身就是一个人优秀的品格得以形成所需要的重要外在条件之一。

体现为我们耳熟能详的家风文化和内蕴在家风文化背后的中国古代家训文化本身就是我们优秀传统文化中必不可少的应有之内容。传统文化家训是“治家立身之言,用以垂训子孙者也”②,事实上,正如《大学》中所说:“古之欲明明德于天下者,先治其国;欲治其国者,先齐其家;欲齐其家者,先修其身;欲修其身者,先正其心;欲正其心者,先诚其意;欲诚其意者,先致其知。致知在格物。物格而后知至,知至而后意诚,意诚而后心正,心正而后身修,身修而后家齐,家齐而后国治,国治而后天下平。”好的家风,是思政课立德树人目标得以实现的重要因素,同时,思政课面对的对象是学生,但这些年轻的学生终究会长大并成家立业,这就意味着,他们不仅作为受教育者而存在,而且是作为需要培养下一代的家庭教育者而存在。从这个角度来说,中国古代好的家训本身就是思政课立德树人育人目标要得以实现需要借鉴的重要精神资源。

一、 家训家风:思政课立德树人的有效传统文化载体

长期以来,我们只是从课堂内来思考思想政治教育有效性的问题和教学改进问题,却没有从一个更大的文化视野来思考思政课课堂有效性提升的问题。从广泛的文化视野来看,思政

---

① 习近平.在2015年春节团拜会上的讲话[J].人民日报,2015-02-18(02).

② 罗竹风.汉语大词典[M].上海:上海辞书出版社,1986.

课要起到立德树人的深入人心并让学生真心喜爱、终身受益的教学效果，就需要将思政课的影响深入到家庭好的家风的形成中去。要实现思想政治教育的育人功能，就必须综合融通家庭、学校和社会的积极的有形和无形的教育作用。

家风是一种可以传承的润物细无声的德性养成的力量。正如孔子所说："君子之德风，小人之德草，草上之风必偃。"（《论语·颜渊》）毋庸置疑，要培育和涵养大学生深层次的内在美德和优秀品格，就必须拓展高校思政课育人实践中所依托的中华优秀传统文化之文化心理载体。因为，家庭是青少年德性养成的重要场域，而好的家风家训的形成则是内蕴在德性主体中的优秀美德得以形成的重要德性之根。

好的家训和家风能够有效融通思想政治教育的课堂教学和基于家庭生活世界的德性涵养实践，也是能够将思政课所强调的大学生在道德应然层面所需要养成的优秀品格真正落实的重要文化内蕴之载体。同时，正是因为家风家训可传承和可积累的特点，这就能够确保思政课有效性的延续。因为思政课所面对的大学生，不仅是作为今天其父母的孩子，也是未来的家长。因此，从思政课有效性在春风化雨、润物无声的持续视角来看，以传统家训和家风作为一个很好的实践入口是一种非常具有现代德育价值的实践路径。

要在最大程度上实现思想政治教育教学实践有效性的提高，就必须克服一些客观存在的环境影响，这就需要实现一种文化人意义上的教学路径的细腻化。其中一个重要的方面就是通过有效的文化浸润来实现学生从被动学习到主动自觉学习和自觉进行自身道德修养的转变。这就正如孔子所说："知之者不如好之者，好之者不如乐之者。"（《论语·雍也》）

中国古代传统家训和家风中所强调的优秀品格或美德与思

想政治教育立德树人教育所强调的诸多美德是有其内在的传承关系的。因此，通过深入挖掘传统家训家风中的积极德育因素，能够为思想政治教育教学实践的有效性提供非常重要的借鉴作用。

要有效地将中国古代优秀的家风和家训融入思想政治教育的教学实践，就必须首先深入了解家风和家训的深层文化根基和其深层内涵。对于家风的理解，其实有广义和狭义的不同理解。从狭义上来说，家风是一种相对约定俗成的大家公认的一种家庭伦理文化的文字集中凝练，这种经典的家风文本直到今天依然对于家和万事兴意义上的和谐家庭建设起到了很大的作用；而从广义上来说，家风是一种无形的家庭文化和家庭伦理影响，是一种文化软实力意义上的德教之风和君子人格之风。

《朱子家训》开篇指出："……父之所贵者，慈也。子之所贵者，孝也。兄之所贵者，友也。弟之所贵者，恭也。夫之所贵者，和也……"由此可以看出，中国传统家训是非常注重道德伦理意义上的一种相互关系的。中国古代传统家训中所内蕴的德性品格的教育智慧和道德教育实践的方法与路径毫无疑问能够成为今天思政课可以深入挖掘并加以创造性转化的重要文化资源。思想政治教育的长期实效性来自其文化视野下的以文化人的文化路径。

社会的发展对思想政治教育提出了高质量发展的要求。思想政治教育要切实提升其实效性和长效性，就必须注重基于文化视野的内涵发展，而从传统家风家训的思想精华入手就是一个很重要的借鉴路径。

基于传统家训智慧和良好的注重文化内涵的家庭教育是整个社会道德风气形成的重要基础。在中华优秀传统文化中所包含的关于古代家教的智慧就集中体现在那些经典的反映家风的家训上,这些家训中所蕴含的古老的道德教育智慧在今天只要经过一种创造性转化和创新性发展,就能焕发出其特有的文化育人的魅力,进而推动今天的思想政治教育有效性的提高。

二、 传统家风家训的时代性及其思政课伦理意蕴

新媒体时代的到来确实给传统意义上的思想政治教育带来了一系列新的影响。为了在新媒体时代更好地把握并提升思想政治教育的亲和力和吸引力,就非常有必要思考如何通过切实可行的文化实践路径来建构思想政治教育的教学实践长效机制。在新媒体时代,由于学生接收信息方式的多样性和兴趣的广泛性,加上时间利用上难免的碎片化,仅仅依靠那种单向的灌输式的思政课教学方式是很难起到一种让学生对思政课真心喜爱、终身受益的良好效果的。要超越这种传统教育方式、教学效果式微的困境,就必须要通过积极拓展思政课教学实践的文化路径来形成学生自主学习和自觉学习的以文化人的思维意识,进而达到思政课的显性课程与隐性课程的融合。另一方面,思政课要取得其实效性的巨大突破,又需要正视由于互联网飞速发展所带来的新媒体运用所产生的对于学生学习生活诸多方面的影响,并且积极主动地做到化被动为主动、化挑战为机遇。新媒体的发展使超越时空的优秀道德教育智慧的传播有了极其便捷的新载体。

由于新媒体的出现,迅速激活并强化了新媒体娱乐传播的功能,这就容易使得青少年的业余生活变得扁平化而缺少一种涵养品格与美德所必须具备的纵深的文化视野和浸润空间。但另一方面,随着新媒体的发展,要回到传统意义上的相对封闭的

生活空间或相对简单的生活世界中以一种渐进的方式来发挥家训和家风的影响，也会变得很艰难。因此，这就意味着必须将新媒体在广度传播上的影响力和传统家训家风润物无声的深层人格影响力相结合，这才能起到最好的德育涵养的育人效果。

正如梁启超所说："教育事业从积极方面说，全在唤起趣味；从消极方面说，要十分注意不可摧残趣味。"①家庭本身由于其特定的亲情氛围，是有着天然意义的幸福的氛围的，强调寓教于乐的家风的幸福感的熏陶同样也是家训家风对青少年品格建构形成影响中需要被考虑到的重要因素。家风家训不是板起面孔来教训下一代的说教，而是一种不言之教意义的言传身教和让人如沐春风般自然而然的影响和接受。

悠久的家风家训对个人道德建构的影响表明，通过好的家风家训影响而自然而然被启蒙而出的优秀品格和德性会陪伴一个人成长的终生，也伴随着人从自然境界到功利境界再到道德境界乃至于天地境界的生命境界的不断提升。思政课课堂所注重的优秀道德品格需要通过家庭的长期浸润于心的道德践履才能取得其内化于心、外化于行的德性养成效果。

重视道德教化是中华文化的优秀传统和重要人文精神特色的体现，而家风家训就是这种教化人文精神的集中体现。家庭不仅是孩子学以成人、立德树人的第一个学校，也是终生的德性养成学校。通过良好的家风家训的熏陶，引领人改过迁善、去恶向善、回归本心，进而经由家庭风气的改善而促进并改善整个社会道德风气的止于至善，这是非常具有中华优秀传统文化人文特色的德性养成路径。

---

① 魏义霞.梁启超论趣味教育与教育趣味[J].江苏社会科学，2015(4)：204-211.

研究家风家训对人道德养成的作用，必须将其纳入到整体性和系统性的中华优秀传统文化的视野来进行观照，进而对凝聚古代家风的家训加以创造性转化和鉴别吸收，做到取其精华、去其糟粕。在传承和发扬优秀家风家训的过程中，以一种润物无声的方式培养青少年仁者爱人、自强不息、厚德载物、己所不欲勿施于人的君子人格和大丈夫精神。

作为诸多家训中的一本，《朱子家训》是其中具有典型性意义的一本，而且《朱子家训》中蕴含着具有普遍的家庭伦理教育和德性养成的意义，因此已经被翻译成多种语言在世界范围内广泛传播。通过有意识地朗读和学习《朱子家训》并自觉践行其中蕴含的生命智慧和道德实践智慧，在不知不觉中就会起到涵养人的美好道德情感和优秀品格的效果。中华优秀传统文化是一个比较大的概念，而从家训家风入手，是一个很好的有效发掘中华优秀传统文化精髓的实践路径。同时通过有意识地将其与思想政治教育的文化视野结合起来，就能更好地起到家训家风的道德教化作用。

家训往往有一种看似个性中的共性，表面上看，总共只有三百多个字的《朱子家训》只是为朱熹的家族所写。但实际上，“一家仁，一国兴仁；一家让，一国兴让”（《大学》）、“天下同归而殊途，一致而百虑”（《易传·系辞传下》），要追求人的德性实践意义上的止于至善，是可以通过很多不同的实践路径的，而经由凝聚家训智慧的家风影响来使人在蒙以养正的过程中自然而然形成一种优良的德性无疑是其中重要的方法之一。

传统家训和家风背后本身所依托的就是基于中华优秀传统文化的整体融合性的思维方式。家训家风所体现的正是一种联系性、整体性的“不怨天，不尤人，下学而上达”（《论语·宪问》）的天人合一意义上的天道与人道合一的伦理思维和实践方式。

事实上，在中华优秀传统文化发展的过程中，涌现出一批又一批凝聚传统育人智慧和传统德性实践智慧的优秀家训，如《颜氏家训》《朱子家训》《朱柏庐治家格言》。家训中体现了中华优秀传统文化中的教育精华，如朱熹认为："父之所贵者，慈也，子之所贵者，孝也。"(《朱子家训》)这就直接来自《论语》中所强调的孝悌精神："弟子入则孝，出则悌，谨而信，泛爱众，而亲仁，行有余力，则以学文。"(《论语·学而》)"君子务本，本立而道生。孝悌也者，其为仁之本与!"(《论语·学而》)

德性的养成不仅需要有德性个体意义上的修身养性，也需要有人伦道德实践意义上的生活交往实践。在中国古代那种几代同堂的大家庭中，是有着极大的人伦关系道德实践空间的。凝聚在优秀家训中的中华优秀传统文化就明确强调人与人之间的五伦关系，如"父子有亲，夫妇有别，长幼有序，朋友有信"(《孟子·滕文公上》)等。

传统儒家伦理的深层家庭伦理向度，使其成为传统家训家风的重要文化伦理基础。甚至包括家庭成员的文化自信，都是源于一种源远流长、潜移默化凝聚中华优秀传统文化精华的家训的文化浸润作用。随着中国国际影响力的不断提升，中华优秀传统文化对于生活世界的各个维度的影响也会越来越凸显出来。

中国传统家训中凝聚着历来关于古人教育儿童的重要生命学问智慧的总结，它直接体现着古人道德教育熏陶的具体路径和方法系统，对今天的现代家庭伦理教育和思政课立德树人的道德教育实践都有着重要的意义和价值。重视家庭教育，特别是家庭道德伦理教育，也就是通常意义上所说的关于做人的教育，这是贯穿于中华优秀传统文化发展过程始终的一个文化传统。尽管传统家训中也融入了道家等关于处世的人生智慧，但贯通传统家训中的主要精神传统无疑是儒家修身齐家的道德教育智慧。正是通过飞入寻常百姓家的家训的影响，使儒家孝悌忠信的道德教化思想深入人心并实现其下学上达、春风化雨的育人力量。

儒家道德教育之所以能起到“其身正，不令而行”(《论语·子路》)的自上而下的春风化雨、润物无声的道德人心教化作用，其基本道德教育载体就是家庭。可以说，家庭不仅是一个人第一个学会立德树人的学校，也是一个人一辈子修身齐家、涵养品格的最重要的道德实践场域。家庭教育的常态化和真实生活场景的实践使儒家诚意正心的道德实践能够有切实的、可以持续的生活世界和德性践履基础，这就在相当程度上确保了儒家道德教育实践的有效性。传统家训所重视的基本做人智慧与儒家重视道德教育的一以贯之的传统是一致的。

一般意义上的关于家训家风的研究，容易只是从家训对家庭教育能够产生的立竿见影的实效性的实用主义的角度来进行，这种做法是有其必要的研究价值的，能够在短期内提升家庭教育，特别是家庭道德教育的育人效果，比如说：关于家训中特别强调的孝道思想，由于诸多家庭重视传统家训对孩子人格养成的熏陶作用，会起到较好的“蒙以养正，圣功也”(《易经·蒙卦》)的道德启蒙培育的作用。父母通过对于家训的学习，能够及时明白把握道德教育时机的重要性，也能够从孩子很小的时候就给孩子以正确的道德榜样和示范引领，也能通过对包括传统家训在内的中华优秀传统文化经典如《论语》的诵读起到道德浸润孩子心灵的道德教化作用。但仅仅停留在这样的家教之“术”的层面来试图把握传统家教的精髓并最大程度发挥传统家训在立德育人中的作用是远远不够的。

要更好地把握现代家训的现代意义和深入挖掘传统家训中所蕴含的现代道德教育价值，还需要深入思考如何将对家训的学习和教育运用接上与之紧密相连的中华优秀传统文化，特别是儒家文化传统的根。这样才能使家训的教育运用成为有源之水、有本之木。

三、家训精神的深层文化根源及其现代思政课运用路径

尽管家训本身包含着丰富的教育思想和德育实践方法，但有几个基本的方面贯穿所有家训的基本精神。

首先，注重“立德树人、以德为本”的做人教育。传统家训中所内蕴的道德教育思想不仅是一般意义上的注重个人修身或个体道德的建设，而且，这种家训家风所注重的道德教育本身就包含社会公德和个体道德的两个层面。个体道德完善意义上的德性建构最终要自然扩展为更大层面的社会公德。正如孔子所说：“弟子入则孝，出则悌，谨而信，泛爱众，而亲仁。行有余力，则以学文。”(《论语·学而》)家庭内在的个体道德建设和完善是一个人走向社会自觉践行社会公德和职业道德的基础。“诚者，非自成己而已也，所以成物也。成己，仁也；成物，知也。性之德也，合外内之道也，故时措之宜也。”(《中庸》)

其次，通过注重家训的教育和良好家风的形成，就能实现个体道德修身完善意义上的“成己”，儒家是注重为己成己之学的，因为“古之学者为己，今之学者为人”(《论语·宪问》)。经由家庭教育和家风的熏陶和家训的启蒙成就了自身的止于至善的道德品格和仁智双彰的完整人格，这样才能更好地帮助德性主体

实现“己欲立而立人，己欲达而达人”（《论语·雍也》）的推己及人的道德养成目标。

事实上，孔子是非常重视家风培养的，在《论语·季氏》中记载了这样一段话：“尝独立，鲤趋而过庭。曰：‘学诗乎？’对曰：‘未也。’对曰：‘不学诗，无以言。’鲤退而学诗。他日，又独立。鲤趋而过庭。曰：‘学礼乎？’对曰：‘未也。’对曰：‘不学礼，无以立。’鲤退而学礼。”这种“诗礼传家”的传统本身就贯穿于各种经典家训的记载中。孔子的诗礼传家的家风传统蕴含着中华优秀传统家风文化的精髓，也浸润着一种高远的道德价值追求意蕴。

正是在以家训为基本精神的家庭教育所创造的家风熏陶中，使“人之初，性本善”（《三字经》）的恻隐之心的善端得到扩充，进而使人完成从生物学意义上的个体到道德和文化意义上的伦理的人的转变。这就是“观乎天文，以察时变；观乎人文，以化成天下”（《易经·贲卦》）的人文化成和以文化人的道德教育智慧。

像《颜氏家训》这样的经典家训本身就是对中华优秀传统文化进行传承和发展的成果。纵观整个《颜氏家训》，我们会发现其中大量直接引用儒家经典的语句，这就在家训中以一种无形的方式融入了儒家道德教育智慧的精华，进而经由一种耳濡目染、言传身教，“政者，正也。子帅以正，孰敢不正？”（《论语·颜渊》）的家庭家风教育将这种儒家美德以一种显性和隐形的方式注入家庭成员的人格养成的结构中去，成为其生命自觉道德践履的一部分。比如，颜之推为了说明节俭作为一种家庭美德的重要性，他在《颜氏家训》中引用《论语·述而》中的一句话“奢则不孙，俭则固；与其不孙也，宁固”，节俭的美德在任何时候都不会过时，包括节俭这样的传统美德都是思政课育人实践所注重的。在各种家训中所注重的节俭美德其实本身就是孔子一直所强调的，孔子明确提出“节用”的消费主张，“节用而爱人，使民以时”（《论语·学而》），老子也说：“我有三宝，持而保之。一曰慈，二曰俭，三曰不敢为天下先。”（《道德经》）从今天思政课的教学实践来说，不仅要强调学生在物质消费上注重节俭，也要注重在时间的运用上做到节俭和珍惜。

传统家训中非常注重孝道的精神传承。基于对传统孝道精神的创造性转化和创新性继承，思政课同样需要在关于家庭美德的部分强调在现代社会传承对于父母孝道精神的重要价值和意义。

正如孔子所强调的那样：“今之孝者，是谓能养，至于犬马，皆能有养，不敬，何以别乎？”（《论语·为政》）《颜氏家训》中也强调在道德情感的细节处注重对父母的细致入微的照顾的重要性。传统家训都注重从君子务本的道德根本的角度来强调做人教育的重要性，并且有非常科学的“物有本末，事有终始。知所先后，则近道矣”（《大学》）的科学性和实践可行性，因此，对家庭成员在立志、修身、立德、树人等各个方面都产生了积极的影响。

传统家训注重父母言传身教的榜样教育的作用。“父母威严而有慈，则子女畏慎而生孝矣。”“是以父不慈则子不孝，兄不友则弟不恭。”（《颜氏家训》）

思想政治教育要发挥其立德树人的育人功能，同样需要充分发挥教师自身在道德品行实践上的榜样的作用。榜样是最好的教育，知行合一的道德实践榜样作用是推动德性主体自觉道德践履最重要的精神动力之一。

总之，传统的家风家训因为其背后深厚的中华优秀传统文化积淀和人文底蕴，有着极为深远的润物无声、人文化成的德性涵养和品格浸润的育人作用。通过深入探索思考传统家风家训中的思政课内蕴，能够为提升思想政治教育教学实践的有效性提供丰富的道德教育文化资源和现代启示。

第二十章
庄子生命观及其对现代德育的启示

【引言】

庄子生命观凝聚了庄子对于生命的敬畏。庄子生命观描述了天人合一意义上的人在应然之境的应然状态的生命。庄子生命观的视域既是一种扬弃，也是一种超越。庄子生命观是从以道观之的“道”的高度投射出来的。庄子从形而上的“体道”和形而下的“尽年”双重层面深刻揭示了其对人的生命价值的重视。庄子生命观是中国传统文化生命哲学的重要组成部分，对现代德育回归生命本真进而提升其教育的有效性有着重要的启示。

道德教育面对的对象是人，是完整的人的生命，要真正建构起现代德育的德性伦理基础，就必须深入研究支撑现代德育的生命的学问和有着深厚中国传统文化底蕴的生命观。离开生命去谈所谓的德育无异于是近乎于“无源之水，无本之木”的奢谈。“天地之性，人为贵。”（《礼记·孝经》）“季路问事鬼神，子曰：‘未能事人，焉能事鬼？’曰：‘敢问死。’曰：‘未知生，焉知死？’”（《论语·先进》)根据马克斯·韦伯的观点:"中国人对一切事物的'评价'都具有一种普遍的倾向,即重视自然生命本身,故而重视长寿……"①

《庄子》的生命观体现在其鲜明的心学思想上。《庄子》"内篇"中充满了关于庄子心学的思想。很有意思的是,庄子和孟子几乎是处于同一个时代,他们都针对如何安顿身心和安身立命的问题提出了自己的生命学问的观点或生命观。孔子说:"学而不思则罔,思而不学则殆。"(《论语·为政》)而孟子说:"心之官则思,思则得之,不思则不得也。"(《孟子·告子上》)在中国传统文化的视野中,心即是包括德性践履在内的诸多精神实践活动的载体,因此,当我们在考虑庄子的生命观的时候,需要审慎研究庄子关于"心"的观点。一般来说,想到心学,就会想到儒家,想到孟子和王阳明,其实,对"安心立命"问题的关注是儒家和道家共同关注的重要生命哲学命题。王阳明曾经指出:"颜子没而圣人之学亡。"②这种说法有确立儒家心学道统的意义,但却将对心学的探讨仅仅限制在儒家的范围之内,忽略了庄子等卓越的思想家对心学广阔的思考,有其片面性。在《论语》中,有6次提到了"心",而在《庄子》中,"心"这个字出现的次数高达180次。这充分说明,在探讨庄子生命观的时候,离不开对庄子关于"心"的论述的思考。

一般来说,庄子的生命观被认为是集中体现在其《养生主》的论述中,但这种说法是比较片面的,因为,事实上整个一部《庄子》都在整体上贯穿着庄子的生命观思想。庄子生命观有着深厚的社会人生内涵,在看似逍遥洒脱自在而轻盈的论述中,其实

① [德]韦伯.儒教与道教[M].王容芬,译.北京:商务印书馆,2004.

② [明]王守仁.王阳明全集·卷7[M].吴光,钱明,董平,等编校.上海:上海古籍出版社,1992.

折射着庄子对于生命哲学最透彻甚至是最厚重的人文思考,庄子“整个思想的重心都放在生命问题的思考上”①。尽管庄子自己说他说的话是“谬悠之说,荒唐之言,无端崖之辞”(《庄子·天下》),但庄子其实是在以一种如老子一样的“正言若反”(《道德经》)的方式表达其对于生命及人生意义的最真切的思考。

庄子针对“自三代以下者,天下莫不以物易其性矣”(《庄子·骈拇》)的人严重被物化的现象提出了自己深刻的反思。人如何才能诗意自然地安顿好自己的身心?人如何才能实现人之为人的本质?人如何才能真正做到“道法自然”(《道德经》)并回归自然?

荀子严厉地抨击庄子是“蔽于天而不知人”(《荀子·解蔽》),这里其实存在着对于庄子极深的误解。说到“不知人”,我们一般想到的是儒家伦理意义上的知人。孔子说:“不患人之不己知,患不知人也。”(《论语·学而》)还说:“不知命,无以为君子也;不知礼,无以立也;不知言,无以知人也。”(《论语·尧曰》)儒家伦理意义上的“知人”是在现实生活世界的意义上并从作为德性主体的人的视角来看待人的。事实上,庄子不仅没有忽视人及人之为人的独特生命价值,而且是从一个更高的境界来观照人之为人的生命意义。

现代社会,随着工具理性的日益肆虐,人的价值理性日益式微。支撑人的安身立命之精神家园的生命意义世界遭遇困境。早在两千多年前,庄子就对人的深层的存在危机做出了深刻的洞察——“终身役役而不见其成功”“苶然疲役而不知其所归”(《庄子·齐物论》)。那么,人如何才能走出并超越这样的存在困境?

---

① 韦政通.中国思想史(上)[M].上海:上海书店出版社,2003.

现代德育由于在生命观问题上出现的一些偏差，导致了诸多的困境，其表征也是多方面的。如过多地注重一种德性之知的知识维度的教育，而忽视对德性主体德性践履的自觉引领，同时，由于移动互联网的虚拟生活对德性主体真实道德生活世界的侵蚀而导致的传统德性精神的被解构，也是现代德育遭遇的深层困境之一。

社会生活的复杂性和网络虚拟世界对现代真实生活世界的影响直接导致仅仅依靠学校道德教育的德育之实效性与针对性的相对缺乏。正如约翰·怀特所说："学校教育只是实现教育'目的'的一条途径——如果它真是唯一途径，那么从目的到最终目标到具体目标的过程会顺利很多；既然事实并非如此，从逻辑上说，在目的和学校最终目标之间必然存在一段距离。"①现代社会生活的复杂性和虚拟世界对生活世界的冲击本身确实在相当程度上影响到了单纯学校德育的效果。孔子说："知及之，仁不能守之，虽得之，必失之；知及之，仁能守之，不庄以莅之，则民不敬；知及之，仁能守之，庄以莅之，动之不以礼，未善也。"(《论语·卫灵公》)学校德育起到的在德育知识上的"知及之"的作用是远远不够的，很容易因为外在的干扰和环境挑战而导致孟子所说的"其进锐者，其退速"(《孟子·尽心上》)的道德教育效果的迅速递减和"虽有天下易生之物也，一日暴之，十日寒之，未有能生者也"(《孟子·告子上》)的道德教育的遗憾。面对以上诸多的现代德育困境，我们需要回归到生命的整体来观照德育，而其中可以借鉴的最重要的传统道德教育资源之一就是庄子的生命观。

---

① [英]约翰·怀特.再论教育目的[M].李永宏，等译.北京：教育科学出版社，1997.

一、 庄子生命观概述

庄子的思想并不是孤立存在的,庄子思想的源头是老子的思想。但庄子在继承老子哲学的同时做到了《易经·损卦》中所说的“损益盈虚,与时偕行”。换言之,庄子超越了冯友兰所说的“接着讲”①与“照着讲”①的简单承继状态。

司马迁是这样来叙述庄子生平的:“庄子者,蒙人也,名周。周尝为蒙漆园吏,与梁惠王、齐宣王同时。其学无所不窥,然其要本归于老子之言。”(《史记·老子韩非列传》)由于庄子做到了“其学无所不窥”,所以,庄子关于生命的观点是基于其整体的生命智慧的。尽管庄子的观点“然其要本归于老子之言”,但我们需要从更宽广的学术视野来内观庄子的生命观。鲁迅说庄子之文“汪洋辟阖,仪态万方,晚周诸子之作,莫能先也”②。所谓的文以载道,庄子之文的大气纵横、恣意汪洋,确实承载着庄子最广大精微、深沉厚重、笑中带泪的人文关怀和生命体贴。

司马谈在《论六家要旨》中说:“道家无为,又曰无不为……以虚无为本,因循为用。”司马迁说:“庄子散道德,放论,要亦归之自然……韩子引绳墨,切事情,明是非,其极惨礉少恩,皆原于道德之意。”(《史记·老子韩非列传》)庄子的生命观重视虚无,重视自然。庄子的生命观首先就体现在其豁达的生命整体观上,他说:“号物之数谓之万,人处一焉。”(《庄子·秋水》)庄子以一种高远的人生境界来看待人的生命的整体过程。

---

① 冯友兰.中国现代哲学史(上)[M].广州:广东人民出版社,1999.

② 鲁迅.汉文学史纲要[M]//鲁迅全集.北京:人民文学出版社,1981.

"人之生，气之聚也；聚则为生，散则为死。"（《庄子·知北游》）人，在天地之间，"商闻之矣，死生有命，富贵在天"（《论语·颜渊》），并且"其来不可围，其去不可止"（《庄子·缮性》），所以一个人要以一种最豁达的境界看淡人生，做到心底无私天地宽，更要做到如庄子所说的人生境界，即"天地与我并生，而万物与我为一"（《庄子·齐物论》）和顺应自然、逍遥驰骋，"乘物以游心"（《庄子·人间世》），以及"独与天地精神往来而不敖倪于万物，不谴是非，以与世俗处"（《庄子·天下》）。

无论是德性主体卓越的德性还是优秀的品格，亦或是美德，都是需要做到一种经由德性持续践履和内在德性主体的反思反观的精神凝聚才能被成功建构的。正如《黄帝内经》所说："夫上古圣人之教下也，皆谓之：虚邪贼风，避之有时，恬淡虚无，真气从之，精神内守，病安从来。"（《黄帝内经·上古天真论》）无论是人的身体还是人的精神亦或是人的内在德性结构，都会因为没有得到很好的培养和巩固而出现问题。有了正确的生命观，才能做到"正气存内，邪不可干"（《黄帝内经·素问》），正如庄子所说："其耆欲深者，其天机浅。"（《庄子·大宗师》）孟子也说过："养心莫善于寡欲。其为人也寡欲，虽有不存焉者，寡矣；其为人也多欲，虽有存焉者，寡矣。"（《孟子·尽心下》）庄子生命观的背后是一种"见素抱朴，少私寡欲"（《道德经》）的豁达人生观。这种基于健全人格的人生观本身就是美好德性得以建构的重要前提。

二、庄子生命观的内在逻辑

"道"是庄子生命观的理论前提，而庄子生命观从其理论内在的逻辑来说是来自老子之“道”的。《道德经》说：“道生一，一生二，二生三，三生万物。”老子在这里所说的“道”本身，从生命观的角度来说，也传承了中国传统哲学的“生生观”。这种“生生观”的背后是乐生、创生、厚生的深刻的生命智慧。梁漱溟曾经说过，“在我的心目中，代表儒家道理的是生”①，“这种形而上学本来就是讲‘宇宙之生’的，所以说‘生生之谓易’”①。这里，梁漱溟只是将“生”认为是儒家伦理的核心，其实“生”也是老庄生命哲学之生命观的核心，甚至可以说，“生”是整体中国传统文化的一个重要概念。“天地之大德曰生”(《易传·系辞传上》)、“生我百谷”《诗经·信南山》、“父母生我”(《诗经·正月》)、“生以驭其福”(《周礼·天官冢宰》)，在这里，“生”的意思“犹养也”。这就使“生”作为一种“德”，更具有了深刻的伦理教化的意义。孟子说：“然后知生于忧患，而死于安乐也。”(《孟子·告子下》)这更加是从伦理的高度阐述了“生生之德”对于整个中国传统文化生命观的重大意义。庄子也认为：“夫道有情有信，无为无形；可传而不可受，可得而不可见；自本自根，未有天地，自古以固存；神鬼神帝，生天生地。”(《庄子·大宗师》)庄子在这里所说的“道”就是一种生命之道，它是生命之源，是德性潜能之源，是道德生命之源，是精神动力之源。

庄子的生命观是一种“真生命观”，庄子相信生命应该是道法自然的，是应该合乎于天地自然之道的，是应该顺应自然的。庄子说：“真者，精诚之至也。”(《庄子·渔父》)生命应该超越追逐外在的虚妄，因为“五色令人目盲，五音令人耳聋，五味令人口爽，驰骋畋猎令人心发狂，难得之货令人行妨”(《道德经》)，所以人要自觉追求“修之于身，其德乃真”(《道德经》)的真生命状态，

① 梁漱溟.东西文化及其哲学[M].北京：商务印书馆，1999.

这样才能实现庄子所说的“若夫乘天地之正，而御六气之辨，以游无穷者，彼且恶乎待哉？故曰：‘至人无己，神人无功，圣人无名’”（《庄子·逍遥游》）的生命精神境界的超越。庄子关于生命之真有着非常精辟的论述，他说“真者所以受于天地”（《庄子·渔父》），这种生命在应然状态中应该处在的境界就是著名哲学家冯友兰所说的人生境界之最高境界，即天地境界，在求真的过程中自然实现人生终极关怀的追求。这种境界帮助生命主体超越功利之境界，甚至超越一般意义上的道德境界，而达到一种“存，吾顺事，没，吾宁也”（《西铭》）的“心斋”之境，根据《庄子·人间世》的记载：“回曰：‘敢问心斋。’仲尼曰：‘若一志。无听之以耳而听之以心，无听之以心而听之以气。听止于耳，心止于符。气也者，虚而待物者也。唯道集虚。虚者，心斋也。’”对此，郭象注曰：“虚其心则至道集于怀也。”从庄子的生命观来说，只有当人做到真正放下，才能活出逍遥自在的人生境界，才能真正拥抱生命之道。所以，庄子强烈反对那种人为地对于人性之真的伤害，他说：“牛马四足，是谓天；落马首，穿牛鼻，是谓人。……谨守而勿失，是谓反其真。”（《庄子·秋水》）

而要做到生命“常德不离，复归于婴儿”（《道德经》）的生命真诚状态的回归，就需要做到庄子所说的“坐忘”，正如《庄子·大宗师》所云：“堕肢体，黜聪明，离形去知，同于大通，此谓坐忘。”庄子认为，只有做到顺应自然，才能实践老子“贵身”的思想。人应该做到“善吾生”，正如《庄子·让王》所说：“道之真以治身。”庄子早就清醒地意识到，对物质利益过多地追逐，会导致一个人本心的丧失，这种本心的丧失，又会导致一个人本真自我的丧失。《大学》记载：“德者，本也；财者，末也。”孔颖达疏：“德能致财，财由德有，故德为本财为末也。”如果“外本内末”，就会导致人心迷失的严重后果。庄子深刻地指出："利而忘其真。"(《庄子·山木》)因此，人要通过自觉的生命境界修行达到"葆真"(《庄子·田子方》)和"全真"的生命境界维护，只有这样，才能实现"法天贵真，不拘于俗"(《庄子·渔父》)的人生境界超越。

庄子不仅从学理上指出人实现人生境界超越的意义，而且具体指出如何才能实现这种人生境界超越的修心践履方法。简言之，庄子认为只有通过"心斋""坐忘""凝志"的修心与内在德性践履才能实现"吾丧我"的人生境界的超越。庄子所说的"吾丧我"表面上来看是在取消人之为人的生命的主体性，但在实质上是真正确立了人的全然全幅的主体性。

庄子从一个更加豁达高远的层面阐释了老子的"天之道，不争而善胜"(《道德经》)和"不自见""不自是""不自伐""不自矜"，不与人争先的"夫唯不争，故天下莫能与之争"(《道德经》)的人生智慧。庄子认为，只有这样，才能超越所谓的主客二元之对立，进而达到"吾丧我"的齐物之境界。在《庄子·齐物论》中是这样记载的："南郭子綦隐机而坐，仰天而嘘，嗒焉似丧其耦。颜成子游立侍乎前，曰：'何居乎？形固可使如槁木，而心固可使如死灰乎？今之隐机者，非昔之隐机者也？'子綦曰：'偃，不亦善乎而问之也！今者吾丧我，汝知之乎？汝闻人籁而未闻地籁，汝闻地籁而未闻天籁夫！'"

孔子也强调要做到"毋我"，根据《论语·子罕》记载："子绝四：'毋意，毋必，毋固，毋我。'"《庄子·齐物论》里的"吾丧我"中的"丧"是一种自觉主动地对小我的"放下"。这种放下的过程就是《大学》中所说的"大学之道，在明明德，在亲民，在止于至善"的止于至善的过程，也是孟子所说的"可欲之谓善，有诸己之谓信，充实之谓美，充实而有光辉之谓大，大而化之之谓圣，圣而不可知之之谓神"(《孟子·尽心下》)的生命境界不断扩展的过程。

庄子的生命观重视生命的内省和回归，只有通过“坐忘”等人生修养的工夫的实践才能在一种“吾丧我”的“故曰为道者日损，损之又损之，以至于无为”(《庄子·知北游》)的过程中经由回到“物之初”进而再回到“人之初”的人生本真状态。根据《庄子·田子方》的记载：“孔子见老聃，老聃新沐，方将被发而干，慹然似非人。孔子便而待之。少焉见，曰：‘丘也眩与，其信然与？向者先生形体掘若槁木，似遗物离人而立于独也。’老聃曰：‘吾游心于物之初。’”

现代社会技术的发达以及人与人之间情感的疏离直接导致一种虚拟世界对真实生活世界和道德世界的遮蔽。庄子所说的“吾丧我”是理解庄子之生命观的一个关键之一。在庄子看来，只有放下才能成全，只有放下对小我的过度执着，才能成就天地之间逍遥之大我。正如老子所说：“致虚极，守静笃。万物并作，吾以观复。夫物芸芸，各复归其根。归根曰静，是谓复命。复命曰常，知常曰明。”(《道德经》)只有通过这种“虚极静笃”的道家之修身工夫，才能实现生命本真自我的回归。

三、 庄子生命观对现代德育的启示

现代人在面临前所未有的物质财富增加的同时，也正在遭遇前所未有的精神世界的挑战，现代德育也在遭遇严重的现代性困境。“我是谁？”“我从哪里来？”“什么才是生命的真正意义？”“如何活才能活得无怨无悔？”这些看似简单却极其重大的关系到生命意义追问的问题都在呼吁并要求我们去汲取中国传统文化中蕴含的精神资源来寻找答案。

现代人在日益匆忙的追逐中反而感受到精神世界的失重，传统意义上的精神家园不再能够起到很好地使人做到“博学于文，约之以礼，亦可以弗畔矣夫”（《论语·颜渊》）的作用。现代人要在今天的时代获得一种足以使人安身立命的完整的精神家园，就必须充分汲取包括庄子生命观在内的传统生命哲学智慧。要深入探讨庄子的生命观，就有必要深入探析“庄周梦蝶”的故事。“昔者庄周梦为胡蝶，栩栩然胡蝶也，自喻适志与！不知周也。俄然觉，则蘧蘧然周也。不知周之梦为胡蝶与？胡蝶之梦为周与？周与胡蝶则必有分矣。此之谓物化。”（《庄子·齐物论》）

笛卡尔说“我思故我在”，这深刻体现了以笛卡尔之“思”为代表的思辨理性精神。而庄周之“梦蝶”则生动地体现了中国传统文化中情理交融的情感维度的重要性。“庄周梦蝶”生动地体现了庄子的“物化”思想，这种思想直指因为人的迷失或迷惑而导致的人的本真性的失落。

庄子认为“万物皆化”（《庄子·至乐》），一切都在变化当中。正如孔子所说：“子在川上曰：‘逝者如斯夫，不舍昼夜。’”（《论语·子罕》）人也是这样，“号物之数谓之万，人处一焉”（《庄子·秋水》），“天地虽大，其化均也”（《庄子·天地》）。

什么是“物化”？郭象在《庄子注》中将物化解释为“死生之变”，成玄英疏为“物理之变化”，陈鼓应的解释是“物我界限之消解，万物融化为一”。诚如庄子所言，“至阴肃肃，至阳赫赫；肃肃出乎天，赫赫发乎地；两者交通成和而物生焉……”（《庄子·田子方》）“气也者，虚而待物者也。唯道集虚。虚者，心斋也。”（《庄子·人间世》）庄子物化思想的集中体现就是“物化于道”。在互联网日益发达的今天，庄子的这种万物相互融通转化的思想更加具有一种深刻的现代生命观启示。结合庄子“齐物”的观点，我们就能理解，庄子追求的逍遥自在的生命境界类似于孔子所说的“君子和而不同”（《论语·子路》）的生命存在状态。王船山认为：“逍者，向于消也，过而忘也。遥者，引而远也，不局于心知之灵也。”（《庄子解》）

相比于庄子所说的逍遥的人生之境界，现代人活得太沉重了。人之为人的精神世界的存在与建构本身就需要内心世界一定程度的空灵作为基础。当现代人的心灵世界被过多的外在物质生活所牵引，同时被网络虚拟世界过多的电子诱惑所裹挟的时候，人就不仅不能做到庄子所说的逍遥，而且无法做到“且举世而誉之而不加劝，举世而非之而不加沮”（《庄子·逍遥游》）的“定乎内外之分，辨乎荣辱之境，斯已矣，彼其于世，未数数然也”（《庄子·逍遥游》）。这类似于孔子“四十而不惑”（《论语·为政》）和孟子“我四十不动心”（《孟子·公孙丑上》）的不受外界影响的人生境界。孟子指出：“待文王而后兴者，凡民也。若夫豪杰之士，虽无文王犹兴。”（《孟子·尽心上》）这种境界与庄子所说的“若夫乘天地之正，而御六气之辩，以游无穷者，彼且恶乎待哉”的“无待”之境，都有着《易传·系辞传下》中所说的“天下同归而殊途，一致而百虑”的内在相通性。孟子是从积极道德担当的层面讲人的道德自由，而庄子则是从消极意义的境界超越层面来讲人的精神自由。

从庄子的视角来看，人之为人的本质在心，不在形。外在的过多的道德规则被庄子视为是一种对人性本真的压抑。庄子追求“至人无己”（《庄子·逍遥游》）的放下、自在和逍遥之境界，这是一种小我消解之后的大我的升华。“泽雉十步一啄，百步一饮，不蕲畜乎樊中。”（《庄子·养生主》）现代社会，随着越来越多的人对现代工具如手机的依赖，越来越多的人在一种忙碌的奔波中失去了一种心灵的豁达和洒脱，而这种心灵的受束缚本身又直接导致人的德性建构空间的被压缩。德性的建构是离不开德性主体对于生命意义的追求的。正是在自觉追求生命意义的过程中，德性主体内在的优秀德性才能被自然而然地建构。海德格尔深刻地指出："关于'存在之意义'(meaning of being)的问题，是一切问题背后的问题。"①现代社会碎片化的生活和虚拟世界对德性主体真实生活世界的无情侵蚀正在导致日益严重的作为德性主体的人的内心世界的支离破碎化。如何超越这种内心世界充满冲突的纷争？如何重构完整意义的德性心灵？如何在德性心灵建构意义上实现庄子所说的"齐物论"？这些都是现代德育实践过程中我们必须面对的严峻问题。要实现德性主体心灵的升华，就必须实现德性主体在存在之领域的精神境界超越。面对当时的思想状况，庄子发出这样的悲凉的感慨："是故内圣外王之道，暗而不明，郁而不发，天下之人各为其所欲焉以自为方。悲夫！百家往而不反，必不合矣！后世之学者，不幸不见天地之纯，古人之大体。道术将为天下裂。"(《庄子·天下》)其实，庄子所说的这种情况也正是今天很多人在心灵世界的现状。

完整的德性主体之德性世界建构是需要我们超越这种"道术将为天下裂"(《庄子·天下》)的内心世界的观念冲突，进而实现庄子所说的"以道观之，物无贵贱"(《庄子·秋水》)的内在心境的平和的。儒道两家本就是互相补充的。道家之自然与儒家之人文本就是《易传·系辞传上》所说的"一阴一阳之谓道，继之者善也，成之者性也"的生命智慧的不可分割的两面。

王阳明在《大学问》中指出："大人者，以天地万物为一体者

① Martin Heidegger. What is a Thing? [M]. Translated by W. B. Barton and Vera Deutsch. South Bend: Gateway Editions, 1967.

也。……是其一体之仁也。”事实上，庄子生命观同样也折射着这样一种“一体之仁”。庄子生命观与老子的哲学思想是一脉相承的，庄子同样主张要通过有意识地减少一个人心中的欲望，做到自觉地在有形之欲望层面上的“损”，“为学日益，为道日损，损之又损，以至于无为。无为而无不为”(《道德经》)。只有这样，才能复归人之本心，而本心的回归正是一个人德性建构的基础。

庄子所追求的心灵的自由，在道德哲学之本质意义上来说，指的就是“由自”，也就类似于孔子所说的“为仁由己，而由人乎哉”(《论语·颜渊》)。无论是“由自”还是“由己”，都在充分彰显生命主体在较高生命境界上的精神生活之自由意志。无论是人与人之间还是人与自然之间，亦或是人与自己的内在心灵之间的矛盾或冲突，从根本上说都是由于生命主体无法做到道德境界意义上的自主，这就导致人沦为被种种外在诱惑或压力所束缚的对象。

庄子的生命观主张要恢复人与自然、人与天地之间的道法自然、天人合一的关系。只有真正恢复这种内在的生命境界的和谐才能为德性主体之德性品格范畴建构提供足够的精神基础。正如《庄子·逍遥游》中所说：“彷徨乎无为其侧，逍遥乎寝卧其下。”庄子重视德性主体生命状态的自然回归，只有当德性主体回归一种自然状态的时候，德性主体的内在之仁才能真正产生其“生生之谓仁”的德性生长的力量。“夫吹万不同，而使其自己也”(《庄子·齐物论》)、“物之生也，若骤若驰，无动而不变，无时而不移。……夫固将自化”(《庄子·秋水》)，这种庄子所说的“自化”就是德性内在生长的最高境界，这也是其对现代德育的重要启示。

第二十一章

道家哲学对现代思想政治教育的启示*

【引言】

道家哲学重视道法自然，体认顺应生命成长之自然规律之于德性主体德性内在自然建构的意义和价值。基于道家哲学智慧的自然和无为是实现思政课德育育人效果的有效路径。

道家思想将“道”作为其追求的最高境界。在《道德经》五千言中，老子反复强调的一个核心思想就是“自然”，“人法地，地法天，天法道，道法自然”（《道德经》），老子还强调“致虚极，守静笃，万物并作，吾以观其复。夫物芸芸，各复归其根。归根曰静，是谓复命”（《道德经》）。将老子的生命学问之智慧运用到现代思想政治教育上，就可以得出这样一个结论，即一切事物的成长变化都是有其“根”和“本”的。现代思想政治教育要起到让学生真心喜爱、受益终身的效果，也同样需要回到育人的道德之根本上来。

---

* 原载于《洛阳师范学院学报》，2021，40(7)：63-67+76。

思想政治教育如何在现代意义上提升其深入人心的有效性？这不仅是一个教学艺术上的“术”的问题，更是一个需要深入到文化底层进行探讨的“道”的问题。研究思想政治教育有效性的问题，需要超越一般的仅仅专注于关于思想政治教育教学方法的“术”的层面的狭隘思考，应该具有更加纵深而广阔的研究视角。究竟何为“道”？老子在《道德经》中指出：“有物混成，先天地生，寂兮寥兮，独立而不改，周行而不殆，可以为天地母。吾不知其名，字之曰道，强为之名曰大。”这就说明，“道”是“周行而不殆”的，在看似充满变化的“变”中有其始终如一的“不变”的“常道”在。毋庸置疑，现代思想政治教育所处的时代环境发生了很多的变化，如何使思想政治教育在适应时代变化的同时保持其内在的“不变”或内在的德性践履规律，这是我们必须面对的一个重要问题。道家智慧对思想政治教育在文化层面的有效性的深度提升上有着理论和实践意义的巨大价值可能性。

道家是追求人生境界飞跃的。这种对生命境界的追求，集中体现在庄子的《逍遥游》中。庄子在《逍遥游》中指出：“何不树之于无何有之乡、广莫之野，彷徨乎无为其侧，逍遥乎寝卧其下。不夭斤斧，物无害者，无所可用，安所困苦哉！”德性的现代建构不仅需要在一般意义上的平面进行，而且需要在一种生命境界超越的维度上来进行。

思想政治教育是要培养德才兼备、以德为本的德性意义上完整的人。人，要具备厚德载物的厚重的让人心安的德性，才能做到超越人生中的“困苦”，实现内心的自在和心安，进而在实现人生安身立命的基础之上进一步成就人生“仁者爱人”的更高道德价值。

一、道家“无为”智慧对思政课的启示

思想政治教育的应有之意之一就是其内蕴的生命的学问和生命的教育。要实现思想政治教育育人的目标,就需要在像老子《道德经》的经典所彰显的智慧的启发下去有意识地自觉实现思想政治教育教师自身素质的提升。思想政治教育不仅要指向学生关于道德方面知识的增长,而且要指向学生基于经典智慧的生命教育之生命学问的提升。

长期以来,现代思想政治教育特别注重对儒家道德教育智慧的吸收借鉴。由于对儒家道德教育智慧的学习,思政课确实在其有效性的提升方面获得了长足的进步。但毋庸置疑,思想政治教育要在有效性方面实现更大的突破,还需要借鉴道家的教育智慧。和儒家文化一样,道家思想也是中国传统文化的重要支柱之一。道家哲学中所蕴藏的生命学问或生命德性之智慧以无为的方式彰显其内蕴的有为之境,以向内心反省觉解的方式昭明生命面向未来之德性成长的康庄路径。

道家无为的智慧是具有其穿越时空的现代意义上的思政课的启示意义的。它在教育文化的深层心理结构的层面启发思政课有效性的实现路径和方法的改进。道家的“无为”思想有着现代性意义上帮助人走出伦理困境,重回安身立命精神家园的伦理智慧启示价值。

“无为”无疑是内嵌于道家智慧内部的道家哲学之核心概念之一。说到“无为”的时候,就必然说到道法自然。事实证明,“自然”和“无为”正是现代意义上的思想政治教育所需要遵循的重要传统文化智慧。返璞才能归真,“五色令人目盲,五音令人

耳聋，五味令人口爽，驰骋畋猎令人心发狂，难得之货令人行妨。是以圣人为腹不为目，故去彼取此。”（《道德经》）正是因为现代社会的种种使人内心向外奔驰的网络诱惑和由网络诱惑所带来的种种的对内在心性的干扰才带来了今天的个体道德建设或个体德性建构所面临的空前挑战。学校思想政治教育从积极层面所进行的种种德性建构努力往往在周末就会因为学生无节制地打一个通宵的电子游戏而被抵消效果。

陈鼓应说：“‘自然无为’是老子哲学中最重要的一个观念。”①人的内在德性的自觉成长是需要有一种基于自然无为的自觉德性建构生成过程的。没有了这种自觉的德性建构过程作为基础，那么那种通过外在规范的表面塑造依然停留在他律层，所谓个人道德是无法经得起现实生活世界的考验的，更无法成为人在纷繁复杂的现代生活中保持安身立命的精神守望。事实上，老子哲学思想中的这种自然人文主义智慧对我们今天更好地做好思想政治教育，具体来说，更好地提升思想政治教育深入人心的有效性是有着其深厚的思想资源借鉴意义的。

思想政治教育培养人的目标毕竟是要最终体现在作为德性主体的人的个体德性养成上的。思想政治教育的重要维度之一就是其针对思想政治教育主体的道德教育，而道德教育是需要遵循生命成长的自然规律的。从这个角度来说，思想政治教育需要做到将儒家智慧的积极有为和道家智慧的自然无为有机结合，方能起到其最好的教育效果。

老子所强调的“无为”思想集中体现在老子《道德经》：“道常无为而无不为。”而要做到“无为”，就必须遵循《道德经》中所说的道，这种道的智慧显而易见包括教育之道和生命学问意义上

---

① 陈鼓应．老子今注今译[M]．北京：商务印书馆，2003．

的生命成长之道。“道”以无为的方式体现，但生命成长之道是有内在规律的，因此，关于培养人的思想政治教育也要遵循这种生命成长之道。

要培养学生良好的德性和品行，就必须不仅重视学生在人性本善意义上的人性之善的开发，而且要注重从人的天性意义上尊重学生内在德性自觉成长的规律。

道家无为的思想提醒我们要重视思想政治教育在无形意义上对学生潜移默化的影响，这样才能发挥思政课“随风潜入夜，润物细无声”的育人作用。

“人法地，地法天，天法道，道法自然。”（《道德经》）道家“无为”智慧对现代思想政治教育的启发和借鉴意义集中体现在其道法自然的主张上。“道常无为而无不为”（《道德经》），生命内在德性成长和建构的过程不是一般意义上的为学日益的知识叠加的过程，而是“为学日益，为道日损。损之又损，以至于无为。无为而无不为”（《道德经》）的生命境界逐渐因放下而向上超越的过程。

德性是靠日积月累的道德实践逐渐养成的，这种如《易经·蒙卦》中所说的“蒙以养正，圣功也”的德性养成过程就必须做到相当程度上的顺应生命之自然。德性教育的德性养成是需要遵循德性主体的生命自然成长规律的，正像老子《道德经》所说：“道生之，德畜之，物形之，势成之。是以万物莫不尊道而贵德。道之尊，德之贵，夫莫之命而常自然。故道生之，德畜之，长之育之，亭之毒之；养之覆之。生而不有，为而不恃，长而不宰，是谓玄德。”无论是老子所说的“归根”“复命”还是“知常”，这都在揭示遵循成长天性之于德性成长的意义。

谈到道家思想智慧对于现代思想政治教育的积极影响，除了老子的《道德经》之外，我们还需要谈到《庄子》，作为《道德经》

和《淮南子》之间承上启下的重要道家著作,“语道而非其序者,非其道也”(《庄子·天道》)。《庄子》一书从生命境界“逍遥齐物”的高度向我们昭示了生命德性无限扩展进而达到“独与天地精神往来”(《庄子·天下》)的可能性。

德性伦理的教育是需要有其“形而上者谓之道”(《易传·系辞传上》)意义上的形上追求之维的。在老庄哲学中,“道”不仅成为存在之源头,也深刻体现了德性伦理教育意义上的教育智慧序列。《大学》中也说道:“物有本末,事有终始,知所先后,则近道矣。”从生命德性的内在建构逻辑来说,德性建构是需要遵循相应的本末轻重先后顺序的。《庄子·齐物论》中一以贯之地贯穿着一个重要的与德性养成相关的主题,即与生命成长融为一体的超越有形差别的德性养成教育。庄子所说的“齐物论”的思想本身包含着一种共性和个性的统一,“齐”的道德相通性是在德性经过后天教化和自我修身养性的德性实践之后所达到的“游心乎德之和”(《庄子·德充符》)及“守其一”(《庄子·在宥》)的人生境界。

二、 道家顺应生命自然成长规律之智慧对思政课之现代启示

相比于儒家显性的道德教育路径,道家的教育智慧是一种隐形的道德教育智慧。日益发展的科技时代,客观上造成了现代生活世界的碎片化和单向度化。现代社会日益复杂的生活世界要求和人追求安身立命所需要的稳定德性之间存在着必然的张力。时代的生活挑战与传统德性赖以存在并依托的传统生活世界是有了客观的不同。

从道德教育的维度来说，我们一般都比较重视儒家伦理意义上的积极的道德责任担当作用。毫无疑问，这种积极主动的儒家式的“是知其不可而为之者与”（《论语·宪问》）的积极人生责任意识是非常重要的。但在重视这种积极德性建构维度的同时，我们往往容易走向另一个过犹不及的极端，或者会出现孟子所说的“执一”的偏执。这种“执一”的偏执会导致严重的后果，即孟子所说的“所恶执一者……举一而废百也”（《孟子·尽心上》）。从思政课针对学生个体道德品格的培养的视野来说，我们有必要提出“道家式责任伦理”的说法。具体来说，“道家式责任伦理”就体现在其鲜明的“无为”的德育路径上，道家“无为”的思想内蕴着深刻的生命伦理人文关怀。

“无为”不是消极的不作为，不是无所事事的消极被动。“无为”是一种类似于儒家之“恕”道的“己所不欲，勿施于人”（《论语·颜渊》），是一种对他者的尊重和理解，是一种对于生命自主性和自然天性的尊重，是一种对于生命个体差异性和独特性的尊重。

道家哲学的一个核心概念就是“自然”，无论是老子还是庄子，他们所强调的自然都有着深刻的价值维度的内涵，而无为则是实现生命之自然价值的基本路径。尽管道家以“形而上者谓之道”（《易传·系辞传上》）的境界来论述道与德，但其中同样体现着深厚的“天道无亲，常与善人”（《道德经》）和“圣人无常心，以百姓心为心”（《道德经》）的道家人文关怀。老子所说的自然，不仅有一般人与自然保持和谐意义上的客观自然的含义（objective nature），而且有着深刻的人文自然（humane nature）的意蕴。孟子说，“万物皆备于我矣。反身而诚，乐莫大焉；强恕而行，求仁莫近焉”（《孟子·尽心上》）、“人皆可以为尧舜”（《孟子·告子下》），这和老子哲学中蕴含着的人本该如此的道法自然的古典含义是相通的。

在整个《道德经》五千言中，多处提到“自然”这个词。每次提到“自然”这个词的时候，都体现出老子对于“自然”这个概念的重视程度。这对思政课有效性的提高有着重要的启示作用。“大上，下知有之；其次，亲而誉之；其次，畏之；其下，侮之。……悠兮其贵言。功成事遂，百姓皆谓我自然。”(《道德经》)内在德性的自觉建构是德性稳定和夯实的最重要基础之一。

从德性主体自觉建构的视角来看这一章，我们就能看出，老子认为，最好的德性伦理、德性建构不是教育者有意地使德性主体被动地进行道德实践，也不会刻意从功利主义的角度来过多阐述道德之于人生的意义。如果说孔子所主张的儒家道德教育思想是一种直接的积极主动意义上的道德教育实践的话，或者说，儒家更多是强调一个人的社会担当的话，那么道家则更加注重德性主体的内在精神世界建构。正如冯友兰指出的那样：“儒家强调人的社会责任，但是道家强调人的内部的自然自发的东西。人们常说孔子重‘名教’，老、庄重‘自然’。中国哲学的这两种趋势，约略相当于西方思想中的古典主义和浪漫主义这两种传统。”①

当前，针对思政课有效性提高所面对的问题，基本都是基于一种《易传·系辞传上》所说的“形而下者谓之器”的形而下的实然层面的具体的实际问题，但缺少一种超越意义上或境界意义上的形而上的对于如何提升思政课有效性的哲学思考。思政课原本是与中国传统文化中所蕴含的传统道德精神有着密不可分的德性传统源远流长意义上的不解之缘的。

从道家哲学的观点来看，道就是万事万物的本原。“道生

---

① 冯友兰.中国哲学简史[M].涂又光，译.北京：北京大学出版社，1985.

一，一生二，二生三，三生万物。”（《道德经》）这不仅反映了老子的宇宙生成论，也在德性建构意义上反映了德性主体内在德性创生建构的过程。《庄子·齐物论》认为：“物固有所然。”从思政课的实践来说，思政课学生主体的内在德性的形成也同样有其内在的规律。天地有其内在的自然运行的秩序，人的道德心灵世界同样渴望一种“致中和，天地位焉，万物育焉”（《中庸》）的心灵秩序。

德国思想家雅斯贝尔斯指出：“人类一直靠轴心期所产生、思考和创造的一切而生存。每一次新的飞跃都回顾这一时期，并被它重燃火焰。”①毫无疑问，老子是人类文明轴心时代最重要的思想家之一。老子提出的“道”的概念是作为中国古代哲学最高的范畴而存在的，当然它对于今天的德性建构有着重要的启发意义。“上善若水。水善利万物而不争，处众人所恶，故几于道矣。居善地，心善渊，与善仁，言善信。”（《道德经》）对于思政课的有效性提升来说，老子所说的“上善若水”的原则，同样是思政课实践路径的有效策略。最高境界的思政课教学，应该如水一样，浸润学生心灵的美好德性而润物无声。

道家“道法自然”的生命学问之智慧集中体现了现代社会要走出德育困境所需要汲取的传统文化智慧营养。道家“道法自然”的教育智慧启发我们要在思政课的教育实践中尽可能做到“以辅万物之自然，而不敢为”（《道德经》），这是强调德性主体内在德性之内生或内化的作用。只有这样，才能逐渐形成德性主体基于自律而非他律的道德情感和道德践履行动习惯。作为思政课中的重要内容，德性主体的内在德性建构的最重要标志应

---

① ［德］雅斯贝尔斯．历史的起源与目标［M］．魏楚雄，俞新天，译．北京：华夏出版社，1989．

该就是老子所说的“功成事遂，百姓皆谓我自然”（《道德经》）。

从德性建构的意义上来说，老子这里所说的“自然”不是被动的静态意义的自然存在，而是生命本然如此，理应如此的应然状态。正如孟子所说：“万物皆备于我矣。反身而诚，乐莫大焉；强恕而行，求仁莫近焉。”（《孟子·尽心上》）儒家和道家，在这一点上，有着相通之处。

道法自然凝聚着道家在道德教育意义上的对我们今天的思政课具有的重要启示。“法”有效仿的意思。人的内在本自具足一种向善或追求真善美的更高人生境界的精神内生动力，因此，从“天命之谓性”（《中庸》）的人性本善之天性来看，德性主体本身就具有一种见贤思齐意义上的效法生命更高道德智慧境界的内生动力。从这个意义上说，老子所说的“自然”本身就意蕴着德性建构意义的德性主体追寻美德的向上动力。

道家哲学蕴含着丰富而深刻的具有现代价值的道德教育智慧，长期以来，道家哲学的德育维度被标签化的表层道家理解而遮蔽。在道法自然意义上的遵循生命本真的原则前提下，道家道德教育思想同样包含着深刻的知情意行的整体道德教育内在结构。道家道德教育的智慧不是直接体现在其人格塑造的显性层面，而是浸润在一种经由文化心理塑造后而自然形成的生命境界与格局的提升与扩展中。

梁启超认为：“老子喜欢讲无为，是人人知道的。可惜往往把‘无不为’这句话忘却，便弄成一种跛脚的学说，失掉老子的精神了。”①老子无为的精神，恰似孔子所说的“天何言哉？四时行焉，百物生焉，天何言哉”（《论语·阳货》）的教育境界。老子不断强调这种无为的精神对于生命的意义和价值，他说：“万物作

① 梁启超. 老子哲学[M]. 北京：中华书局，1988.

焉而不辞，生而不有，为而不恃，功成而弗居。”“生之畜之，生而不有，为而不恃，长而不宰，是谓玄德。”（《道德经》）

道家哲学充满着对于德性主体自主性的全然的一种尊重和相信，这是具有鲜明的当代伦理价值和现代转换意义的。

三、 道家人格结构对思政课育人的启示

陈鼓应指出：“《道德经》一书中的‘道’可以贯通起来，形成一个由宇宙论到人生论的有机整体。”①换言之，无论是老子所说的“道”还是“无为”，都不仅具有抽象的形而上学意义上的宇宙论含义，也同样具有着生命伦理意义上的德性建构内涵。

老子所说的“道”，当然首先有的是“有物混成，先天地生，寂兮寥兮，独立而不改，周行而不殆，可以为天地母”（《道德经》）的超越性，但和儒家一样，道家也追求一种天人合一的人生境界。天道终究要向下贯通到现实人生意义的人道的。老子所说的“道”同样有着基于境界超越的精神维度上的内在超越性，它超越主客二元对立的状态。这就与孔子所说的道德生命境界相通了，正如孔子所说：“不怨天，不尤人，下学而上达。”（《论语·宪问》）

道家传统内蕴的这种生命境界超越的智慧彰显出其对于现代社会德性隐形建构的独特理解和深刻价值。老子所说的“道”，不仅有静态意义上的万物之本源意义，也有动态意义上的关乎人类生存和生命的创生意味。同时，老子所说的“道”，也包含着类似于孔子所说的“博我以文，约我以礼”（《论语·子

① 陈鼓应.老子今注今译[M].北京：商务印书馆，2003.

罕》)的一种基于天道的对人的行为自然而然的约束作用。

李泽厚特别重视经由长期文化积淀而形成的人格对于德性建构的作用,他指出这种人格结构指导我们"对待人生、生活的积极进取精神,服从理性的清醒态度,重实用轻思辨"①。

老子所说的道是道家人格得以形塑的内生动力。长期以来,我们更多地重视儒家君子人格对于当代思政课的意义,却忽视了道家理想人格对于思政课的可能的积极影响和意义。无论是儒家还是道家,都在自己的道德实践路径上追求一种"止于至善"(《大学》)的最高人生境界。《道德经》一书中总共出现了30多次的"圣人"一词,如"古之善为士者,微妙玄通,深不可识。夫唯不可识。故强为之容"(《道德经》)、"曲则全,枉则直,洼则盈,敝则新,少则得,多则惑。是以圣人抱一为天下式。不自见,故明;不自是,故彰;不自伐,故有功;不自矜,故长。夫唯不争,故天下莫能与之争"(《道德经》)。

如果说儒家道德教育注重的是德性的增长或加法,那么,道家哲学意义上的道德教育则是注重一种道德智慧的减法。道家强调人要做到本心的回归,回归到一种"自然本真"的生命赤子之心的状态,甚至是回到一种"知其雄,守其雌,为天下谿。为天下谿,常德不离,复归于婴儿"(《道德经》)的状态,因为"为学日益,为道日损,损之又损,以至于无为,无为而无不为"(《道德经》)。

一方面,我们需要自觉建构儒家君子人格的德性基础,进而使我们能够做到"士不可以不弘毅,任重而道远"(《论语·泰伯》)的责任和担当;另一方面,我们也需要有基于道家老庄哲学的"道法自然"与"逍遥齐物"的思想来做到一种放下和从容,只

① 李泽厚.中国古代思想史论[M].北京:人民出版社,1986.

有这样，才能做到“一阴一阳之谓道，继之者善也，成之者性也”（《易传·系辞传上》），进而恢复德育的整体镜像，实现德育路径的完整贯通。

实现道德意义上的有价值的生命存在，需要创新思政课意义上的教育方法上的达成路径。“太上，不知有之。”（《道德经》）德性建构的最高境界能使人做到纯然的道德之自然而然、本然应然的状态。“圣人去甚、去奢、去泰。”（《道德经》）这就非常契合儒家“古之学者为己，今之学者为人”（《论语·宪问》）的思想。在道家理想人格的视域中，德性实践圆融的较高境界就是“知人者智，自知者明。胜人者有力，自胜者强。知足者富，强行者有志”（《道德经》）。这就非常类似《中庸》中所说的“成己，仁也；成物，知也。性之德也，合外内之道也，故时措之宜也”（《中庸》）。

庄子以一种更加超越的方式描述了道家哲学中理想人格的生命状态，庄子认为实现了道家理想人格的人就是“真人”“圣人”“德人”“至人”“全人”，这种道家理想人格的境界集中体现在庄子所说的“至人无己，神人无功，圣人无名”（《庄子·逍遥游》）这句话上。要达到这种“虚极静笃”的生命之逍遥齐物的境界，就必须经过一种持续的“致虚极，守静笃。万物并作，吾以观其复”（《道德经》）的“反复其道，七日来复”（《易经·复卦》）的修身修心的德性践履过程。逍遥是因为做到了如孔子所说的“毋意，毋必，毋固，毋我”（《论语·子罕》），或者说是做到了如庄子所说的“天地与我并生，而万物与我为一”（《庄子·齐物论》）的“整全圆融”的道德生命境界。

道家哲学视野下的道家理想人格表现为一种返璞归真的特点。“见素抱朴，少私寡欲。”（《道德经》）“素”指的就是未曾被染色的生丝，而“朴”意味着不曾被加工过的原木。这都在强调“人之初，性本善”的人性本善的意味。“反者道之动，弱者道之用。天下万物生于有，有生于无。”（《道德经》）思政课从中获得的启示就是，要培养学生厚重的德性人格，就必须遵循生命道德主体之天性自然，因为，“天命之谓性，率性之谓道”（《中庸》）、“道常无为而无不为”（《道德经》）。思政课不仅需要主动借鉴各种积极正向的德性建构方法，也需要遵循生命德性自然的成长之道。

缺少一种真诚的合乎于生命自然成长之道的道德之心，那么，就算是表面上有再多的所谓的道德规范和表面礼仪，都无法支撑起一种自觉自律的道德生命实践。正如孔子所说：“人而不仁，如礼何？人而不仁，如乐何？”（《论语·八佾》）礼乐只是体现人建立在真诚道德情感基础之上的仁德之心，如果丧失了真诚的仁德之心而去追求虚浮的礼乐，那徒有其表的礼乐还有什么意义呢？针对这种徒有其表而丧失了仁德精神的现象，孔子痛心不已地感慨：“礼云礼云，玉帛云乎哉！乐云乐云，钟鼓云乎哉！”（《论语·阳货》）意思就是“礼呀礼呀！说的只是玉帛吗？乐啊乐啊！说的只是钟鼓吗？”针对这种礼乐被掏空了仁德之心的灵魂之后所剩下的形式，老子也说：“故失道而后德，失德而后仁，失仁而后义，失义而后礼。”（《道德经》）

从思政课的德育效果来说，如果只是停留在对学生表面上的道德行为的观察来断定其生命的德性状态，这是远远不够的。思政课的德育实践不仅要关注基本道德规范的知识层面的传递，更要关注德性基本条目在德性主体生命中的自觉内化，以追求生命境界的提升。有了基于顺应自然的道德自然情感的支撑，才能使德性在“从心所欲，不逾矩”（《论语·为政》）的道德逍遥的境界中实现道德境界从道德他律到道德自然而自律的升华。

尽管道家哲学看似如“玄之又玄，众妙之门”那么抽象，甚至是看起来像庄子那样充满“谬悠之说，荒唐之言，无端崖之辞”，但它到最后都要回归到人心的美好和宁静，要使人在人生境界超越的维度上实现一种安身立命的德性圆融建构。“老学的动机与目的，并不在于宇宙论的建立，而依然是由人生的要求，逐步向上而推求，推求到作为宇宙根源的处所，以作为人生安顿之地”①，这对我们今天思政课有效性的提高有着重要的现代价值和启发作用。

① 徐复观.中国人性论史·先秦篇[M].上海:上海三联书店,2002.

第二十二章

墨子思想对高校思想政治教育理论课的现代启示*

【引言】

墨子思想有着博大精深的文化教育内涵，其中“交相利”“兼相爱”等思想对于高校思想政治教育理论课有效性的提高具有重要的现代启示和价值。深度挖掘墨子思想中的具有当代意义的智慧，对在当前更好地实现高校思想政治教育理论课让学生“真心喜爱，终身受益”的目标有很大的助益。

墨子思想不是凭空产生的。它借鉴了孔子的诸多思想，同时也为道家和法家思想提供了重大的借鉴。孔子和墨子都重视文化的传承，他们都是人类在文明轴心时代的典型代表人物。同时，他们都重视对于人类文明智慧经典的传承，重视人之为人的仁德与仁爱精神的培养。但相比于儒家，墨家更加重视仁义

* 原载于《临沂大学学报》，2020，42(3)：111-118。

的社会功利维度，也就是如何实现“最大多数人的最大幸福”。无论是墨子所主张的“为天之所欲”还是“兼相爱，交相利”，都强调重视了仁义道德原则应该产生的效益。这对我们今天思考如何提升高校思想政治教育理论课的有效性有着重要的现代启示。

一、 墨子功利主义的伦理维度及其对高校思想政治教育有效性提升的启示

“功利主义”在实质上是一种源自西方的重要的伦理道德观。约翰·斯图亚特·密尔(John Stuart Mill)是西方功利主义的典型代表人物。西方“功利主义”的观点确实与中国古代的墨家思想有着惊人的相通之处。一般来说，功利主义这个说法容易在常识上引起人们的误解，功利主义在学理上来说，更接近于“实利主义”，也就是注重实效。墨子从不忌讳去谈利、重利，梁启超认为：“利也者，墨子所不讳言也。非直不讳言，且旦夕称说之不去口。质而言之，则利之一字，实墨子学说全体之纲领也。破除此义，则墨学之中坚遂陷。而其说无一成立，此不可不察也。夫以倡兼爱尊苦行之墨子，宜若与功利派之哲学最不能相容，而统观全书，乃以此为根本的理想，不可不谓一异象也。”①

墨家强调“兴天下之利”和“兼相爱，交相利”，这里所强调的“利”绝对不只是指一种庸俗意义上的物质的利益，而且包含着一种《周易》中所说的“利者，义之和也”的义利平衡的“实务致用”的深刻伦理内涵。

尽管在 20 世纪 70 年代左右，罗尔斯(John Rawls)等一些

① 梁启超．子墨子学说[M]．上海：中华书局，1936．

学者强烈批判了功利主义的思想，这在一定程度上削弱了功利主义的影响力，但客观上，功利主义的观点依然在相当程度上影响着社会生活的方方面面。

墨家的功利主义观点是一种有境界、有情怀的扎根于中国传统文化厚重根基的人文功利主义，它超越私利，追求一种利人、利天下的兼济天下和推己及人的大境界的功利思想。同时，墨家功利主义的观点强调的是义利并重，尚利的同时贵义。墨子强调："爱人者，人必从而爱之。利人者，人必从而利之。恶人者，人必从而恶之。害人者，人必从而害之。"（《墨子·兼爱中》）最大的义要通过辐射到最大多数人的最大的利来实现，这样的话，义就不会沦于一种空洞的说教。要实现高校思想政治教育理论课的有效性的显著提升，就必须要切实做到通过提升高校思想政治教育理论课的课堂有效性来让学生终身受益，真心喜爱，提升其生命学问意义上的课堂的获得感和幸福感。

墨子思想是注重实效的，因此，它对儒家的思想也有诸多的批判。根据《淮南子·要略》，墨家批评儒家的以下弊端，如"礼烦扰而不说""厚葬靡财而贫民"，因此，墨子提倡要"节财、薄葬、闲服"。从高校思想政治教育的视野来看，我们要提升高校思想政治教育理论课的有效性，也要注重从课堂时间的高效利用等方面来真正提升高校思想政治教育理论课的实效性。近年来，墨家思想的复兴也在一个深层次的维度体现了其对高校思想政治教育的重要启示。墨家伦理价值观从一个新的视角揭示了高校思想政治理论课如何提升其有效性的新进路。墨家所倡导的"兼爱互利"为高校思想政治教育理论课的实践提供了重要的情感基础。仁爱之心是为人师者的力量之源。

"办好思想政治理论课，最根本的是要全面贯彻党的教育方针，解决好培养什么人、怎样培养人、为谁培养人这个根本问题。”习近平总书记在学校思想政治理论课教师座谈会上所讲的这番话对我们在新时期办好高校思想政治理论课有着重大的启示。而要做到这一切，关键是要发挥高校思想政治教育理论课教师的作用。而一份基于仁爱和兼爱原则的深厚的情感情怀是高校思想政治教育理论课教师必须具备的基本素质。

立德树人是思政课的旨归，思政课教师必须做到率先垂范，以身作则，“其身正，不令而行”《论语·子路》，以心发现心，以爱博得爱，这样才能切实落实思政课的育人功能。

墨家学派的思想主要体现在《墨子》一书中，此书不仅包含着丰富深厚的哲学文化思想，也包含着非常多的经世致用的科学思想。这是一种典型的下学与上达融通，理论联系实际的教育智慧的体现。墨家的思想是一个系统的思想，其“沟通天、神、人的内在逻辑，成为墨子思想学说的主要特征”①。

墨子思想重视对一个人情感的节制或克制，如《墨子·贵义》中就提倡“六辟说”即“去六辟（喜、怒、乐、悲、爱、恶）……从事于义，必为圣人”。情感的表达和释放需要做到一种基于理性节制的适度，因此，墨子还强调“五行毋常胜，说在宜。”（《墨经》）墨子在这里所说的适度节制的思想与《中庸》中所说的“喜怒哀乐之未发，谓之中；发而皆中节，谓之和。中也者，天下之大本也；和也者，天下之达道也。致中和，天地位焉，万物育焉”的中庸思想是相通的。为了提升高校思想政治教育理论课的有效性，我们可以追求各种方法，但无论是寓教于乐的方法还是以理化情的方法，都需要做到运用适度、适可而止、恰到好处，方能真正地起到作用。

---

① 张岂之. 中国思想学说史·先秦卷[M]. 广西：广西师范大学出版社，2007.

我们可以说，墨子的功利主义思想是一种社会功利主义思想，它不是指向个人私利的满足，而是志在社会公利的最大化。而为了实现这样的社会福利和社会公利的最大化，就必须要求大家做到“天下之人皆相爱”，做到“兼爱”，爱是利的基础，追求利最终还是为了成就一种大爱。有了“兼爱”的情感基础，才会有“交相利”，而“交相利”又使“兼爱”的抽象原则获得了一种接地气的实现。落实到高校思想政治教育理论课的有效性如何提升的具体问题上，我们要加强思政课的专业性和直面现实的问题导向性，要融入一种切实的素质教育的理念，要做到理论联系实际，让学生真切从这门课中受益，这种受益不仅包括终身受益的未来展望，也包括当下生命因为高校思想政治教育理论课的扎实成长，如厚德载物的担当能力，激发使命感的道德演说能力和全面辩证思考问题的写作能力。

更重要的是，墨子功利主义思想有着深厚的人文关怀的哲学基础。尽管墨子承认人会趋利避害，墨子说“利，所得而喜也”“害，所得而恶也”“今天之士君子，皆欲富贵而恶贫贱”(《墨子·尚贤下》)。

这就正如孔子所说的那样：“富而可求也，虽执鞭之士，吾亦为之。如不可求，从吾所好。”(《论语·述而》)“富与贵，是人之所欲也，不以其道得之，不处也。贫与贱是人之所恶也，不以其道得之，不去也。”(《论语·里仁》)只要君子爱财，取之有道，追求必要的利益就是合理的。但墨子的功利主义绝对不是那种自私自利的做法，墨子明确指出：“亏人自利者”则无异于禽兽，这对我们提升高校思想政治教育理论课的有效性同样有着重要的启示，我们需要提升我们教学过程中的亲和力，要多去理解学生面临的现实的诸多挑战，如对未来的焦虑、情感的困惑等，进而针对这些问题进行春风化雨的引领，而去升华学生的思想境界，树立更加高远的人生志向。“攻人之恶勿太严，要思其堪受；教人之善勿过高，当使其可从。”要实现高校思想政治教育理论课的有效性的显著提高，就必须做到循序渐进、循循善诱，不要急于求成，要尊重教育春风化雨的规律。就像颜渊评价他的老师孔子一样：“夫子循循然善诱人，博我以文，约我以礼。”(《论语·子罕》)

二、墨家思想之综合脉络及其对高校思想政治教育理论课有效性提高的启示

墨家思想是有其一以贯之的发展脉络的。要很好地把握墨家思想及其对高校思想政治教育理论课有效性提高问题的现代价值，就必须从总体脉络的高度来梳理其思想，进而从中汲取对我们今天有益的启示。

儒墨两家是有着一种内在联系的，根据《淮南子·要略》：“墨者学儒者之业，受孔子之术，以为其礼烦扰而不悦，厚葬靡财而贫民，久服伤生而害事，故背周道而用夏政。”也就是说，墨家针对儒家的诸多弊端提出了其尖锐的批评。墨家强调节俭的重要性，反对繁文缛节，切实地追求一种功利主义的现实效用。

尽管墨家思想在历史的发展中经历了诸多的挑战和变迁，但墨家深厚的个体道德生命的自我修身的思想依然对我们今天有着深刻的启示。可以说，墨家个体生命的修身思想从其最初的形成到今天的再次兴起，折射出墨家修身思想所内蕴的博大智慧。事实上，墨学的复兴可以追溯到20世纪早期，墨子的学说和孔子的学说一样，有着源远流长的精神传统并承继着其文化的一以贯之的连续性。

墨家思想不仅包含一种实事求是的科学精神，而且也追求一种教育意义上的主体间性，同时墨家思想注重逻辑进路，这就告诉我们，要做好高校思想政治教育理论课，不仅要有深厚的“志于道”意义上的理论根基，而且还要有“以道驭术”意义上的具体的科学的实践方法。尽管墨子讲了一些关于天志明鬼的思想，其最终的目的还是为了起到道德人心的教化作用，这一点与苏格拉底信仰鬼神有着惊人的相似之处。从这个意义上讲，墨子当之无愧是一个伟大的教育家。我们要以一种发展的眼光来看待墨子的思想。长期以来，有学者认为孔子和墨子之间的关系是一种互竞对立的关系，这是不对的。事实上，从内在学理逻辑上来看，孔子和墨子之间是一种学术上的进化与发展的关系。墨子针对孔子思想的诸多方面，通过批判的方式，进一步地发展了墨家思想。事实上，墨子和孔子一样，都是针对“周文疲弊”的问题继续传承并发展西周以来的文化精神的。当然，墨子的思想与孔子的思想有着显著的不同。

总的来说，墨子的思想包含十个方面，即大家非常熟悉的墨子“十论”：尚贤、尚同、兼爱、非攻、节用、节葬、天志、明鬼、非乐和非命。当然，墨家的观点有一个逐步形成的过程。从高校思想政治教育理论课的视域来看，墨子核心的主张，即“兼爱”的思想对我们今天特别有启发。墨子十论是关于墨子思想的一个系统而完整的梳理，里面也有着儒家所谓的一以贯之的核心思想。墨子说：“凡入国，必择务而从事焉。国家昏乱，则语之尚贤、尚同；国家贫，则语之节用、节葬；国家说音湛湎，则语之非乐、非命；国家淫僻无礼，则语之尊天、事鬼；国家务夺侵凌，即语之兼爱、非攻，故曰择务而从事焉。”（《墨子·鲁问》）这就告诉我们，墨子的观点从来就不是一种无病呻吟，而是有着一种强烈的社会问题导向意识。墨子的观点都是针对当时的各种问题提出的教育意义上的对症下药的药方，有着鲜明的务实性和实效性，这对我们今天切实提升高校思想政治教育理论课的有效性有着强烈的启示作用。

要充分发挥墨子思想的现代价值，我们就必须有一种基于高校思想政治教育理论课视野的现代性思考，而且这种思考应该是一种系统性思考。

在相当程度上来说，墨子思想是有着一种深刻的对当时时代的批判性的，它批判当时那种异化的不把人当人的不合理的各个方面，追求通过“非攻”“节葬”“节用”“非乐”等方法达到一种“为天下人而存在”的美好生活。

在全国高校思想政治工作会议上，习近平总书记强调：“高校思想政治工作关系高校培养什么样的人、如何培养人以及为谁培养人这个根本问题。要坚持把立德树人作为中心环节，把思想政治工作贯穿教育教学全过程，实现全程育人、全方位育人，努力开创我国高等教育事业发展新局面。”这种全程育人和全方位育人的思想就启发我们，要注重高校思想政治教育的德、智、体、美、劳全面发展的人才培养目标。墨子非常重视劳动的教育，并坚决反对那种不劳而获的不公平现象。同时，墨子非常重视节俭的重要性，主张节用、节葬，这种思想对于我们今天通过高校思想政治教育理论课帮助学生克服过度的消费主义有着重要的启示。墨家崇尚节俭和量入为出的美德，这对于我们实现人与自然的和谐并建设绿水青山的可持续发展的生态文明也有着重要的意义。

墨子认为“人不分幼长贵贱，皆天之臣也”（《墨子·天志》），并且他认为“天之爱民之厚”，墨子这种爱人和爱民的思想也进一步启发我们，在进行高校思想政治教育课实践的时候，要注重对每个学生的人文关怀和欣赏鼓励。墨子不尚空谈，注重实干和实践。他重视要从朴素主义的视角来将人的直接感觉经验作为认识的重要来源。墨子重视“耳目之实”，他说“上本之于古者圣王之事”“下原察百姓耳目之实”“废（发）以为刑政，观其中国家百姓人民之利”（《墨子·非命上》），这种注重实际、从实际出发、实事求是的态度对我们思考如何提升高校思想政治教育理论课的时效性有着重要的启发。

特别是在今天，越来越多的年轻人由于过度沉溺于虚拟世界和网络游戏，导致一种“反认他乡作故乡”的生活世界的颠倒。如何让学生真正认识真实生活世界的意义，认识到只有在真实的人际关系的生活实践中，才能成就人的德性与良好的思想道德品格，这是高校思想政治教育理论课面对的严峻挑战。而墨子的思想对我们走出这样的困境有着深刻的现代意义。墨子的思想有着浓厚的基于鲜活真实生活世界的现实感。墨子主张一个人应该具有艰苦奋斗的精神和品格，认为“志不强者智不达”（《墨子·修身》），人只有通过一种艰苦卓绝的努力才能创造社会价值和美好人生。“赖其力者生，不赖其力者不生。”（《墨子·非乐》）人应该自食其力，自力更生，这种自强不息的奋斗精神凝聚着中华民族传统文化的精华，是高校思想政治教育理论课可以不断利用并进行现代性转化的丰富教育资源。

“凡五谷者，民之所仰也，君之所以为养也。故民无仰则君无养，民无食则不可事。故食不可不务也，地不可不力也。”（《墨子·七患》）

习近平总书记在2018年新年贺词中指出：“幸福都是奋斗出来的。”墨子在《墨经》中也浓墨重彩地指出：“力，形之所以奋也。”墨家思想中所折射的一种刚健有为的奋斗精神对于今天的广大大学生有着重要的思想政治教育人生启示。

墨子的哲学思想在认识论方面具有重要的贡献，他认为不能凭个人的臆想来判断事物的有与无，应该以大家所看到的和听到的为依据，将直接感觉经验作为认识的唯一来源。墨子的哲学思想、逻辑思想、宇宙观等在当时以及对后世都有很大的影响。

三、《墨子》“兼爱”思想与高校思想政治教育理论课的情感维度

思想政治教育有着知、情、意、行的四个重要维度。在人类工具理性日益肆虐和价值理性日渐式微的今天，思想政治教育的情感维度变得越来越重要。越是在现代社会日益飞速发展的今天，我们越是需要提醒自己要做到“不忘初心”，在学校思想政治理论课教师座谈会上，习近平总书记从党和国家事业发展的全局出发，明确指出：“办好思想政治理论课，最根本的是要全面贯彻党的教育方针，解决好培养什么人、怎样培养人、为谁培养人这个根本问题。”也就是说，高校思想政治教育要回归到人，回归到人的情感，回归到人的本质。遗憾的是，我们过去的教育在很大程度上，忘记了人本身，也忘记了对人真、善、美的情感培养。对知识灌输的过度重视导致了对厚德载物的德性培养的缺乏；对智商过多的着力导致对于情商的忽视；对理性的过度强调也导致对于心灵意义上的人文关怀的乏力。墨子的“兼相爱，交相利”(《墨子·兼爱下》)的思想是一种典型的义利平衡的思想，它注重的不仅是人与自然的和谐，也包括人与自身的和谐。具体来说，墨家追求的是“兴天下之利、除天下之害”的博爱精神，这种兼爱的精神对于现代人克服因为技术发展导致的人与人之间的情感疏离有着巨大的益处。

尽管孔子的教育思想对于整个中国传统文化有着基础性的

作用，但墨子的教育哲学却有着其独特的价值。

墨子和孔子一样，非常重视教育，主张教育应该做到类似于儒家所说的“有教无类”的普及化和平民化。在教育方法上，墨家的教育方法也注重类似于儒家所说的“因材施教”的灵活多样，不会刻意地追求一种死板僵化而千篇一律的教育方法。这对我们今天更好地进行高校思想政治教育理论课有着深厚的借鉴意义。

《淮南子·泰族训》说：“孔子弟子七十，养徒三千人，皆入孝出悌，言为文章，行为仪表，教之所成也。墨子服役者百八十人，皆可使赴火蹈刃，死不还踵，化之所致也。”孟子说：“杨朱、墨翟之言盈天下。天下之言不归杨，则归墨。”（《孟子·滕文公下》）也就是说，孔子和墨子都重视教化对培养人的道德的重要性。从教育的较高境界来说，“化育”是一种润物无声、春风化雨的情感体验式的最高的教育艺术。正如《易经·乾卦》所说：“善世而不伐，德博而化。”《礼记·乐记》也说：“乐者，天地之和也……和，故百物皆化。”这种化育的本质就是不言之教，就是一种榜样的力量。所以《管子·形势》中说：“道之所设，身之化也。”《道德经》曰：“我无为而民自化。”在我们学习墨子思想的过程中，我们需要从高校思想政治教育理论课的视野来对其所蕴藏的智慧进行一种现代意义上的创造性的转化，而其中转化的关键就是对墨子基于“兼爱”思想的教育情感维度的把握。

尽管诸多学者从各个不同的视角已经对墨子的“兼爱”思想进行了大量的论述，但从高校思想政治教育理论课情感维度的视域来对之进行深度的学理性探索的成果还颇显不足。梁启超《墨子学案》说：“墨学所标纲领，虽有十条，其实只从一个根本观念出来，就是兼爱。”①

① 梁启超.墨子学案[M]//饮冰室合集.北京：中华书局，1989.

墨家的兼爱原则，用到高校思想政治教育理论课的实践中，就鲜明地体现为一种爱无差等的有教无类的情感爱心原则。正如《孟子·滕文公上》所说："之则以为爱无差等。"通俗来说，"兼爱"的原则用到思政课的理论和实践中，就是一种对所有学生的真诚的关心和对人性向善、人性本善的相信。墨子曰："视人之国，若视其国；视人之家，若视其家；视人之身，若视其身。是故诸侯相爱，则不野战；家主相爱，则不相篡；人与人相爱，则不相贼；君臣相爱，则惠忠；父子相爱，则慈孝；兄弟相爱，则和调。天下之人皆相爱，强不执弱，众不劫寡，富不侮贫，贵不敖贱，诈不欺愚，凡天下祸篡怨恨，可使毋起者，以相爱生也，是以仁者誉之。"（《墨子·兼爱中》）墨子主张的爱是"无穷不害兼"（《墨子·经下》）的，是"兼爱天下之人"（《墨子·天志下》），这对于高校思想政治教育理论课是有着重要的启示的。爱因斯坦说过：只有爱才是最好的教师，它远远超过责任感。爱是教育的灵魂，只有融入了爱的教育才是真正的教育。高校思想政治教育理论课针对的是具体的每一个大学生，他们渴望被尊重、被理解、被欣赏，通情才能达理，入心才能入脑，感同才能身受。要提升高校思想政治教育的有效性，最重要的就是回归到其本源性的情感维度，要植根于爱，要回归到深沉的爱的情感，而要让学生真心喜爱，教师心中首先要有爱。因为，在某种意义上来说，没有爱，就没有教育。墨子说的"兼爱"是"远施周遍"（《墨子·非儒下》），是"爱众世与爱寡世相若，兼爱之，有相若，爱尚世与爱后世相若，一若今之世人也"（《墨子·大取》）。事实上，墨子的思想有着一种朴素的人类命运共同体的思想因素，对我们今天更好地讲好高校思想政治教育理论课有重要的启发。2015 年 9 月，习近平总书记在纽约联合国总部发表重要讲话指出："当今世界，各国相互依存、休戚与共。我们要继承和弘扬联合国宪章的宗旨和原则，构建以合作共赢为核心的新型国际关系，打造人类命运共同体。”

墨子的出身可以说是真正符合孔子所说的“吾少也贱，故多能鄙事”的描述。正因为墨子出身的低微，使他更能够站在普通人的立场去体会生命成长的艰难，也使他更能懂得基于爱的情感的“兼爱”思想的重要性。从思想政治教育理论课的视角来看，要培养学生树立正确的世界观、人生观和价值观，就必须让学生立下正确的人生高远志向。而志向的本质就是“心之所之”，也就是心灵坚定去向的方向。志向力量的根源就是对于志向的一种深厚的情感。在某种程度上，墨子“兼爱”的思想与儒家仁者爱人的思想之间是一种花开两朵、各表一枝的互相补充的关系。二者的融通和沟通能够极大地帮助我们更好地做好高校思想政治教育理论课的情感维度塑造。人不仅是理性的存在，也是情感的存在。情感的认同和被尊重是人性光辉得以建立的关键所在，也是人性从人性本善到人性向善再到人性成善与人性行善的飞跃的深厚根基。

高校思想政治教育理论课要帮助学生树立正确的理想信念，要帮助学生去追求人生真正的意义和价值。在墨家“兼爱”的思想体系当中，理智与情感是融通的。中国传统文化的精神传统不仅有理，更是有情有义的。这种情感不仅包括个体道德修身意义上的“喜怒哀乐之未发”(《中庸》)的个体情感，而且包括一份“念天地之悠悠，独沧然而涕下”(《登幽州台歌》)的社会情感。

《墨子·公输》云：“公输班为楚造云梯之械，成，将以攻宋。子墨子闻之，起于齐，行十日十夜而至于郢，见公输班。……子墨子解带为城，以牒为械，公输班九设攻城之机变，子墨子九距之。公输班之攻械尽，子墨子之守圉有余。……子墨子曰：

'……然臣之弟子禽滑厘等三百人,已持臣守圉之器在宋城上而待楚寇矣。虽杀臣不能绝也。'楚王曰:'善哉,吾请无攻宋矣。'"这充分体现了墨家"兼爱""非攻"的思想,也充分证明了墨子"天下皆相爱"的仁者同情心。墨子的思想中有一种"侠之大者"的苍生情怀,而且这种情怀不仅体现在文字上,更体现在一种知行合一的道德践履上,正如《淮南子·泰族训》所言:"墨子服役者百八十人,皆可使赴火蹈刃,死不还踵。"

面对今天由于人对技术的依赖导致的人与人之间的情感疏离,面对因为过度沉溺于网络虚拟世界而导致的很多大学生的情感冷漠,墨子的兼爱思想能够极大帮助我们重建我们相亲相爱的温暖情感家园,真正做到安身立命和安心立命,也能极大地提升高校思想政治教育理论课深入学生内心的有效性。

第二十三章

生命的学问与幸福之道：孔子仁学思想及其现代启示*

【引言】

面对萨特所提出的“人学空场”和西方学者所说的“遗忘了存在自身”的日益空疏的工具理性宰制的知识学问，面对教育上出现的“失去了灵魂的卓越”的一味追求教育表层效益而忽视了人性价值建构的心灵危机，我们需要重新回到两千五百多年前孔子的时代并向孔子汲取生命学问的智慧进而做到生命的立乎其大和仁者不忧。孔子仁学思想的本质是一种摄礼归义和摄礼归仁的仁礼合一的生命学问，其中蕴含着对现代人具有深刻启示的走出生命困境并追寻美德的幸福之道。

西方大哲学家康德曾经提出以下几个根本的问题，即：我能知道什么？（What can I know?）我应该做什么？（What ought

---

* 原载于《枣庄学院学报》，2019，36(6)：70-76。

I to do?）我能期望什么？（What may I hope?）人是什么？（What is man?）为了回答前三个问题，康德分别写了《纯粹理性批判》《实践理性批判》和《判断力批判》三本书，后来在其《逻辑学讲义》中提出并论述了第四个问题。在网络飞速发展和人工智能飞速发展的今天，我们越来越需要思考“人是什么”这个带有生命终极追问的问题，由此延伸的其他重大问题包括：幸福是什么？人的本质是什么？如何使人作为人而成为真正完整的人？从更深刻的层面来说，基于“人类命运共同体”理念与马克思“自由人联合体”思想和从“虚假共同体”迈向“真正共同体”的世界历史发展逻辑的视野①，人如何通过自己“天行健，君子以自强不息”（《易经·乾卦》）的止于至善的努力来实现《中庸》中所说的“诚者，非成己而已也，所以成物也。成己，仁也；成物，知也。性之德也，合外内之道也”的内圣外王的天人合一的道德境界与天地境界？要找到这些问题的答案，我们需要回到两千五百多年前的人类文明轴心时代，需要回到孔子的时代，需要回到孔子的仁学思想，需要回到人类文明“己所不欲，勿施于人”（《论语·颜渊》）和“己欲立而立人，己欲达而达人”（《论语·雍也》）的生命学问凝聚的生命智慧中去。

一、人类文明轴心时代和孔子仁学思想

人类文明“轴心时代”的概念是由德国哲学家雅斯贝尔斯在其1949年出版的著作《历史的起源与目标》中提出的。雅斯贝

① 张曙光.“类哲学”与“人类命运共同体”[J].吉林大学社会科学学报，2015，55(1)：125-132.

尔斯认为，在公元前8世纪至公元前2世纪之间，尤其是在公元前6世纪至公元前3世纪之间，乃是人类文明的“轴心时代”。在轴心时代里，尽管交通不发达，也没有现代意义上的通讯方式，但在世界各地，却几乎以一种不约而同的方式，在世界各个主要的文明地域都纷纷出现了对人类后续文明发展产生了深远影响的、不朽的伟大道德精神文化导师——在古希腊有苏格拉底、柏拉图、亚里士多德，在古印度有释迦牟尼，在中国有孔子、老子、庄子、孟子和墨子等。在这个时代，由于有了这些伟大先哲的筚路蓝缕的生命内在探索和启发，人类开始了“终极关怀的觉醒”和对人类终极意义的思考，也就是说，从人类文明的轴心时代开始，人们开始以理性和道德来观照和解释世界，并在此基础上产生了包括佛教和基督教在内的世界各大宗教哲学。

我们今天在重新思考雅斯贝尔斯关于人类文明轴心时代的论述时，需要将其置于人类命运共同体的广阔视野中进行阐述。基于人类命运共同体的思维框架，我们才能实现习近平总书记在中国共产党与世界政党高层对话会上所提出的“建设一个远离恐惧、普遍安全的世界，建设一个远离贫困、共同繁荣的世界，建设一个远离封闭、开放包容的世界，建设一个山清水秀、清洁美丽的世界”的“四点倡议”。人类命运共同体概念的背后是中国传统文化中所内蕴的“仁者爱人”(《孟子·离娄下》)、“四海之内皆兄弟也”(《论语·颜渊》)、“君子和而不同”和天人合一的亘古不变的永恒生命智慧支撑。孔子的仁学思想不仅是人类文明轴心时代人类智慧不可或缺的重要组成部分，而且正在给予人类可能的文明新轴心时代智慧以巨大的启发。因此，要追问生命的学问与幸福之道，我们就必须回归到孔子的仁学思想中去。

毋庸置疑，人类要知道自己在未来何去何从，就必须回归到两千五百多年前孔子的时代，在孔子那里去汲取“己所不欲，勿施于人”(《论语·颜渊》)和“己欲立而立人,己欲达而达人”(《论语·雍也》)的表现为忠恕之道的仁学智慧。可以说,孔子仁学智慧是人类文明轴心时代的真正可以从根本上解决康德所说的“奠基问题”的奠基智慧。它直接关系到人类生存和幸福命运的基本面,是生命学问的灵魂与内核。康德说过:“当人们看到一门科学经过长期努力之后得到长足发展而惊叹不已时,有人竟想到要提出这样的一门科学究竟是不是可能的以及是怎样可能的这样的问题,这本来是不足为奇的,因为人类理性非常爱好建设,不止一次地把一座塔建成了以后又拆掉,以便察看一下地基情况如何。”①

“仁”学思想是孔子哲学思想的最重要内涵,“仁”这个字在《论语》中出现了109次。孔子的“仁”学思想以“仁”为核心,也可以说,孔子生命之学问的核心也就是仁者爱人的“仁”。人之为人的根本就是“仁”:仁者,人也;人者,仁也。仁的精神渗透在人之生命存在的各个维度和向度。无论是人与自身的关系还是人与人之间、人与自然之间、人与天地之间的天人关系,都一以贯之地贯穿着这种仁德精神。这种“仁”的精神深刻体现了现代人如何安身立命和安心立命的生命智慧。孔子的仁学思想不仅有一般意义上的伦理维度,而且内嵌着其深刻的人文宗教意义上的宗教性维度。

由于西方社会遭遇到了现代性意义上的空前的道德教育危机,着重于培养什么样的人的根植于亚里士多德德性传统的德性伦理学(Virtue Ethics)在西方开始复兴。德性伦理学与规范伦理学最大的差别就是德性伦理学注重人的内在德性或美德,也就是中国传统儒家文化中的内圣之学或明明德、致良知之学,

① [德]康德.任何一种能够作为科学出现的未来形而上学导论[M].庞景仁,译.北京:商务印书馆,1978.

关注如何使人作为人而成为追寻美德、拥有美德的完整的人的生命的学问。德性伦理学的一个基本理论就是：从根本上来说，只有一个具备完整德性的人才能始终如一地真正做出有德性的事情。因此，“自天子以至于庶人，壹是皆以修身为本”（《大学》），因为“德性不是原则，而是人的品质，原则是抽象的，是思维所把握的，德性则是人所具有的、内在的精神性气质，它可以通过行为倾向或行为习惯表现出来”①，这就是“诚于中，形于外”（《大学》）的伦理智慧。

对于真正的伦理生活实践来说，仅仅靠外在于人自身仁德之心的任何即使是最完备的伦理规则都是不足以使道德主体真正挺立起其一种纯然自觉而乐在其中的道德行为与担当的。孔子说：“富与贵，是人所欲也；不以其道得之，不处也。贫与贱，是人之所恶也；不以其道得之，不去也。君子去仁，恶乎成名？君子无终食之间违仁，造次必于是，颠沛必于是。”（《论语·里仁》）“仁”是内在于心的，是不假外求的，是自性自足的，因此，“仁”不仅使人作为人成为人，而且，有了求之在我的仁德之心，人才可能真正成为幸福的人。有了这种内在的仁德之心，人就能做到如孔子一样的生命状态——“饭疏食饮水，曲肱而枕之，乐亦在其中矣。不义而富且贵，于我如浮云”（《论语·述而》）；或者是孔子最欣赏的弟子即颜回的生命状态——“贤哉回也，一箪食，一瓢饮，在陋巷，人不堪其忧，回也不改其乐，贤哉回也”（《论语·雍也》）。

西方德性伦理的思想传统和孔子的仁学思想都是在人类文明轴心时代为人类确立起了如孟子所说的“先立乎其大，则其小者不可夺也”（《孟子·告子上》）的基本道德价值底蕴，“儒家非

① 龚群. 德性伦理学的特征与维度[J]. 道德与文明，2009(3)：32-42.

宗教的人道主义即仁道，可以成为社会群体的凝聚力和道德基础而无需超越的信仰”①。

要追寻21世纪的生命学问与生命幸福之道，就必须深刻地研究孔子的仁学，因为“仁学本体论是以仁体统摄儒家传统的各种形上学观念，将仁发展为一本体的观念或发展为一仁的本体论”①。

儒学的本质其实就是仁学和为仁与为人之学。人，究竟是什么？什么才是人的本质？莎士比亚说过：“人类是一件多么了不得的杰作！多么高贵的理性！多么伟大的力量！多么优美的仪表！多么文雅的举动！在行为上多么像天神！宇宙的精华！万物的灵长！”②

在《神圣家族》《德意志意识形态》等一系列论著中，马克思则强调：“我们的出发点是从事实际活动的人。”“这种观察方法并不是没有前提的。它从现实的前提出发，而且一刻也离不开这种前提。它的前提是人，但不是处在某种幻想的与世隔绝、离群索居状态的人，而是处在一定条件下进行现实的、可以通过经验观察到的发展过程中的人。”③

人，既是感性的存在，又是理性的存在。如果能够将人之为人的、作为道德主体本自具足的“四端”之心存养充扩，人就能做到“知性”“知天”，进而达到“人皆可以为尧舜”（《孟子·告子下》）的“圣人，人伦之至”（《孟子·离娄上》）的道德完善之境界。

---

① 陈来. 仁学本体论[J]. 文史哲，2014(04)：41-63.

② [英]莎士比亚. 哈姆雷特[M]. 朱生豪，译. 北京：人民文学出版社，1957.

③ 中共中央马克思恩格斯列宁斯大林著作编译局. 马克思恩格斯选集·第1卷[M]. 北京：人民出版社，1995.

宋代理学家程颢提出“仁者，以天地万物为一体”（《二程遗书》），生命的学问之道要求我们要超越现代社会的一种生命时间的碎片化和由于个体原子化生存所导致的生命孤独与空虚，要回归一种天人合一、下学上达的完整的人生道德图景，这样才能帮助现代人超越在现代性精神危机冲击下导致的精神意义上的“无家可归”的价值虚无主义进而重新回归安身立命的人生幸福之道。庄子也说“天地之大全”（《庄子·田子方》），生命的学问应该是整全通透的，只有这样才能帮助我们在一种生命的彻悟中体会知行合一的真切幸福感。张栻也说“语道者不睹夫大全”（《通书·后跋》），朱子也强调我们要“究道体之大全”①“功用之大全”②，孔子的仁学思想是“吾道一以贯之”（《论语·里仁》）的融摄其他种种人生美德的总体德性。

儒家文化中的仁德精神在实质上就是一种宇宙精神，是一种“生生之谓易”（《易传·系辞传上》）的融摄下学与上达、现实与理想的道德宇宙生生之德，它是一种圆融的生命哲学，是追求生命终极意义和最高幸福的生命的学问。

孔子说：“人而不仁，如礼何？人而不仁，如乐何？”（《论语·八佾》）“仁”是美好人生一切的基础，人而不仁，何以幸福？

二、“孔颜乐处”的幸福伦理维度

“孔颜乐处”这个重要的概念最早提出者是北宋周敦颐。根据二程兄弟的叙述，周敦颐尝令程颢、程颐寻“孔颜所乐为何

---

① ［宋］黎靖德．朱子语类·卷3［M］．北京：中华书局，1986．

② ［宋］朱熹．朱子全书·第21册［M］．上海：上海古籍出版社，合肥：安徽教育出版社，2002．

事”，故程颢言：“自再见周茂叔后，吟风弄月以归，有‘吾与点也’之意。”又曰：“周茂叔窗前草不除去，问之，云：‘与自家意思一般。’”①“孔颜乐处”在实质上揭示了基于中国传统儒家文化底蕴的对于何谓生命幸福真谛的深刻思考。具体体现在孔子和颜回师生二人在诲人不倦的教的维度和学而不厌的学的维度所展现出来的一种超越外物束缚的求之在我的生命之幸福智慧上。无论是颜回的“其心三月不违仁”（《论语·雍也》），还是孔子的“饭疏食饮水，曲肱而枕之，乐亦在其中矣。不义而富且贵，于我如浮云”（《论语·述而》），都彰显了一种根植于道德实践主体内在内圣之心性伦理修养的幸福自足性。程颐亦有《颜子所好何学论》传世，曰：“颜子所独好者，何学也？学以至圣人之道也。”“孔颜乐处”也是朱熹时常与诸弟子深入学习的重要课题。② 从一般世俗的观点来说，一个人会因为生活物质的贫穷而怨天尤人，所以我们常说“贫贱夫妻百事哀”“仓廪实而知礼节，衣食足而知荣辱”（《管子·牧民》）。诚然，必要的物质基础是一个人幸福的基本条件，但真正的生命幸福是不需要依赖于物质上多多益善的富足的。在《论语·学而》中，子贡问孔子说：“贫而无谄，富而无骄，何如？”子曰：“可也；未若贫而乐，富而好礼者也。”也就是说，贫，依然可以乐，人的道德主体性的尊严不会因为物质的贫穷而被剥夺。贫而乐道，独善其身，发愤忘食，乐以忘忧。孔颜之乐处对现代人最大的生命学问的启示就是幸福更多的是一种对生命之道的向往，是一种精神境界的超拔，是一种精神格局的扩大，是一种人生意义的实现，而不只是现实生活中有形物质的获得。“士志于道，而耻恶衣恶食者，未足与议也。”（《论

① ［宋］程颢，程颐. 二程集［M］. 北京：中华书局，2004.
② ［宋］黎靖德. 朱子语类·卷31［M］. 北京：中华书局，1986.

语·里仁》)"人能弘道,非道弘人。"(《论语·卫灵公》)人的生命,从儒家义理之命的视角来说,是生而为道的,所以,人志于学的生命学问实质就是志于道,道之所存,幸福之所存。

"孔颜乐处"背后所折射的是伦理上的一个经典命题,即德福是否一致的问题。特别是在社会飞速发展的转型期,关于德福一致的问题探讨就显得越发重要。人,为什么要追求过一种道德的生活?如果德福是一致的,如果过一种道德的生活就是生命自足的幸福圆满的生活,那么它在现实维度可以实现的具体路径是什么?

幸福不是偶然的,尽管影响幸福的诸多外在因素具有极大的偶然性,但幸福的总体原因却有着偶然背后的必然性和合规律性。幸福不仅是一种静态的结果,更是一种"天行健,君子以自强不息""地势坤,君子以厚德载物"的生生不息的德性完善的过程或生命境界。而生命境界的止于至善的提升背后需要一种持续的勇猛精进的努力和恒心。幸福之人道的背后是幸福的天道。"人类利用厚生之道,悉本于天,故不可不畏天命,而顺天道。……犹不悔,则罚之。"①但当我们探讨关于幸福的伦理问题的时候,不能走向另外一个过犹不及的极端,要坚持一种极高明而道中庸的中庸之道。马克思就指出,"人们奋斗所争取的一切,都同他们的利益有关"②,"不关心个人利益,是不会得到什么结果的"③,"马克思主义的基本原则,就是要群众认识自己的利益,并且团结起来,为自己的利益而奋斗"④,义利之间不是二

---

① 蔡元培.中国伦理学史[M].北京:东方出版社,1996.

② 中共中央马克思恩格斯列宁斯大林著作编译局.马克思恩格斯全集·第1卷[M].北京:人民出版社,1956.

③ [苏]列宁.列宁全集·第36卷[M].北京:人民出版社,1959.

④ 毛泽东.毛泽东选集·第4卷[M].北京:人民出版社,1960.

元对立的，义利之间是可以而且应该达成一种平衡的。

总体上来说，中华民族的传统意义上的深厚德性价值向度是重义轻利的。无论是周人的“天命靡常”（《诗经·文王》），还是《尚书·蔡仲之命》中所说的“皇天无亲，惟德是辅”；也无论是孔子所说的“见利思义”“见得思义”（《论语·季氏》），还是孟子所说的“王亦曰仁义而已矣，何必曰利？”（《孟子·梁惠王上》）“生，亦我所欲也，义，亦我所欲也；二者不可得兼，舍生而取义者也。”（《孟子·告子上》），都在告诉我们中华民族自古以来就生生不息存在的“君子义以为上”（《论语·阳货》）、“君子义以为质”（《论语·卫灵公》）、“君子喻于义”（《论语·里仁》）的重德、重仁和重义的精神。

义利之间不是矛盾的，而应该有本末轻重对立统一的关系，“君子务本，本立而道生”（《论语·学而》）。义是利之本，也是利的道德基础。我们要追求的利是建立在重义的基础之上的，所以孔子说“不义而富且贵，于我如浮云”（《论语·述而》）“富与贵，是人之所欲也。不以其道得之，不处也。贫与贱，是人之所恶也，不以其道得(去)之，不去也”（《论语·里仁》）。厚德才能载物，义是利的根本和基础，君子爱财，取之有道，因此孔子也强调要做到“因民之所利而利之”（《论语·尧曰》）和“均无贫，和无寡，安无倾”（《论语·季氏》）。

事实上，义利之间有着内在的既对立又统一的关系，因此，古人常说“义者，利之合也”（《易经·乾卦》）。程朱理学将义利之辩推向了一种极端，这就导致一种过犹不及的偏颇。王船山就明确指出，程朱理学用董仲舒“正其义不谋其利，明其道不计其功”（《春秋繁露》）的说法来注释《孟子》，这实在是“失之远矣”（《读四书大全说》）。因为“义者，利之合也。知义者，知合而已矣”（《春秋家说》），肯定人对正当之利或符合道义的利的追求，不仅不会妨碍义，而且会在现实理性的层面更好地成就义。

伦理学的核心是生命的学问，而在伦理学所关注的诸多问题之中，有其重中之重的核心问题或基本问题。总体来说，伦理学关注两大根本问题。第一问题是作为人，如何才能经由道德实践理性的践履而成为真正的德性意义上的仁智双彰的完整的人？或者说，人，如何通过一种自觉的持之以恒的德性践履来成就一种完满的君子人格？《中庸》说："成己，仁也。"而仁者，人也。因此，建构仁德主体性的过程就是成己、成仁、成人的过程。康德所提出的"人是什么"（What is the Human being?）的主题，在实质上来说，就是人性的本质究竟是什么的问题（What is the essence of human nature?）；或者说，人如何实现自己人之为人的本质的问题（How to achieve the essence of human nature and how to become an ethically whole and complete person?）一个人成为人的过程，不仅是自然的和生理的，更是社会的和伦理的。另外一个伦理学基本问题就是，作为人，如何活出人应该活出的有意义的人生？而这个问题的背后就是中国传统文化所注重的道与德、义与利、群与己的关系问题。

三、仁者爱人与仁者幸福之道

随着人类社会的发展，导致人类不幸福的根源更多不再只是外在有形物质的匮乏，而更多是内在心灵与道德情感的匮乏。孔子说："自古皆有死，民无信不立。"（《论语·颜渊》）生命的幸福是需要有生命德性与生命意义支撑的，仅仅停留在物质层面的繁荣或“足食”不足以建构起人可以达成长生久视之幸福的大厦。

要征服幸福或赢得幸福，要实现一种孔子所说的“老者安之，朋友信之，少者怀之”(《论语·公冶长》)的整体幸福人生境界或孔子所称赞的“莫春者，春服既成，冠者五六人，童子六七人，浴乎沂，风乎舞雩，咏而归”(《论语·先进》)的个体人生幸福境界，就必须超越诸如“虚无”“空虚”“荒谬”“存在性焦虑”等现代性困境，这也就是一种现代意义上的克己复礼。克己，才能成己，成己才能成物。

弗洛伊德指出：“虽然这种新近获得的掌握时空的能力和这种对自然力量的征服满足了人类千万年来的渴望，但是这些成就并没有增加人们希望从生活中获得的令人快乐的满足，也没有让人们感到更加幸福。”①

过多的商品化和物质化确实在无形中强化了人被物欲所奴役的牢笼般的生存困境，人的异化或物化所带来的生命宏大叙事意义上的意义消解更加剧了人的存在危机。马克思早有预言：“在我们这个时代，每一种事物好像都包含有自己的反面。……技术的胜利，似乎是以道德的败坏为代价换来的……我们的一切发现和进步，似乎结果是使物质力量成为有智慧的生命，而人的生命则化为愚钝的物质力量。”②要在现代社会重构人的精神世界，要建构出现代社会的幸福之道，就必须做到从一味地物质外求转变到开始内心的内求，回归对生命意义的人文关怀，回归一种生命意义所支撑的生活世界。重新焕发人之

---

① [英]弗洛伊德.一种幻想的未来文明及其不满[M].严志军，张沫，译.石家庄：河北教育出版社，2003.

② 中共中央马克思恩格斯列宁斯大林著作编译局.马克思恩格斯选集·第1卷[M].北京：人民出版社，1995.

为人和人为万物之灵长的高贵和对生命天人合一的崇高境界的向往。只有这样，才能超越导致现代人痛苦的一个重要心理根源——“个人的无意义感，即那种觉得生活没有提供任何有价值的东西的感受，成为根本性的心理问题”①。

回归孔子仁学思想的本质就是重新关注生命的根本，唯有回归生命的德性根本，在一个所谓的“德性之后”的充斥道德虚无主义的时代重新使人追求一种“志于道，据于德，依于仁，游于艺”(《论语·述而》)的追寻美德的人生，才能使现代人回到一种“心安”的安身立命的幸福状态。

要深刻探析幸福之道，就必须深入洞察作为幸福主体的个人的生命本质。马克思在《关于费尔巴哈的提纲》中指出：“人的本质并不是单个人所固有的抽象物。在其现实性上，它是一切社会关系的总和。”“费尔巴哈没有看到，‘宗教感情’本身是社会的产物，而他所分析的抽象的个人，实际上是属于一定的社会形式的。”这就说明，当我们在探讨幸福之道的时候，就不能只是从纯粹的德性层面去考察，也不能将对生命幸福之道的深层伦理探索虚幻化为一种不食人间烟火的空谈。幸福不仅是一种“求之在我”或“独善其身”的德性状态，幸福也是一种自我与他者的生命和谐状态。

从汉代儒学开始，学者已经充分意识到，孔子所说的“仁”意味着从人从二，它有两个基本的理论维度，即“仁者爱人”(《孟子·离娄下》)与“好生之德”(《尚书》)，《太平御览》引《春秋元命苞》曰：“仁者情志，好生爱人。故其为仁以人。其立字二人为仁。”《周易》也强调“天地之大德曰生”，《诗经》也说“上天有好生

① [英]安东尼·吉登斯.现代性与自我认同[M].赵旭东，等译.北京：生活·读书·新知三联书店，1998.

之德”,“仁”不是一种静态而孤立存在的德性状态,而是一种“天行健,君子以自强不息”的“生生之谓易”(《易传·系辞传上》)的道德践履的止于至善的生命生长力量。从这个意义上来说,幸福就是一种生命持续的“觉”与“健”的知行合一的获得感和成己成物、克己复礼的生命内在德性之生长过程。

从哲学的视野来探讨生命的幸福之道,因为幸福问题的核心就是人的问题,因为人的本质是“哲学上最高的东西”①,马克思特别强调:“人的本质是人的真正的共同体。”②生命的幸福不全然是抽象德性意义上的,也不是如庄子所说的“自本自根”(《庄子·大宗师》),而是与个人与共同体的关系密切关联的。幸福意味着个体生命需要的各个层次在共同体中尽可能圆满地实现,而且这种幸福伦理意义上的共同体是真实的、不是虚幻的。

孔子的仁学思想对于现代人的幸福之道有着非常圆融的现代启示,孔子强调下学和上达、物质和精神、个人道德和社会完善的平衡。孔子说:“富与贵,是人所欲也;以其道得之,不处也。贫与贱,是人之所恶也;不以其道得之,不去也。君子去仁,恶乎成名?君子无终食之间违仁,造次必于是,颠沛必于是。”(《论语·里仁》)只要做到了君子爱财、取之有道、用之有道,或者说做到了“见利思义”(《论语·宪问》)和“见得思义”(《论语·季氏》),那么一个君子就能做到“素富贵行乎富贵,素贫贱行乎贫贱……君子无入而不自得焉”(《中庸》)。

---

① [德]路德维希·费尔巴哈.费尔巴哈哲学著作选集·上卷[M].荣震华,李金山,译.北京:商务印书馆,1984.

② 中共中央马克思恩格斯列宁斯大林著作编译局.马克思恩格斯全集·第3卷[M].北京:人民出版社,1960.

四、 实践理性维度下的幸福与践仁

“力行近乎仁。”（《中庸》）孔子仁学的内在结构是一种知情意行的合一与融摄。从康德的观点来说，道德哲学意义上的“我欲仁，斯仁至矣”（《论语·述而》）自由意志（free will）的本质从属于道德主体的实践智慧或实践理性。亚里士多德也认为“明智必然是对人的善，是以理性而实践的真品质”①，并且它“对于整个美好生活有益”①。事实上，实践理性（practical reason）在中西伦理学史上都有着其深厚的古典传统和底蕴。

康德道德哲学非常重视实践理性之于生命德性建构的意义，他认为：“一门道德形而上学是不可或缺地必要的，这并不仅仅是出自思辨的一种动因，为的是探究先天地存在于我们的理性中的实践原理的源泉，而是因为只要缺乏正确地判断道德的那条导线和最高的规范，道德本身就依然会受到各种各样的败坏。”②道德实践智慧的背后是孔子所说的“吾道一以贯之”（《论语·里仁》）或“士志于道”（《论语·里仁》）的“道”，或者说是生命学问中追求最高善的最高智慧。但对最高善的追求或者说对于仁的追求，最终要下贯到“笃行之”（《中庸》）的“入则孝，出则悌，谨而信，泛爱众”（《论语·学而》）的日用人伦的生活世界里的真实生命学问实践之中。

从哲学的维度探讨深层意义上的幸福与德性危机已然成为

---

① ［古希腊］亚里士多德．尼各马可伦理学［M］．苗力田，译．北京：中国社会科学出版社，1999．

② ［德］康德．康德道德哲学文集（注释版）·上卷［M］．李秋零，等译注．北京：中国人民大学出版社，2016．

当代伦理学不得不正视的重要命题。幸福危机的背后是现代性危机及隐藏在其背后的生活世界危机和现代性的物化思维。这种物化思维的背后又是一种灵与肉、精神与物质、传统与现代、古典与现代、德性与功利的二元断裂，其呈现的外在表征就是人与自然、人与人、人与传统、人与自己的慎独意义上的内心德性世界内在生命链接的被撕裂，这也直接导致基于对生命纵贯两线时空维度的人文关怀的整体生命幸福图景的被解构和日益式微。失去了一种“下学而上达”(《论语・宪问》)和“上下与天地同流”(《孟子・尽心上》)的既立足于生存现实又保持对灿烂道德星空之仰望情怀的人生整体视角，这是导致现代社会幸福危机的深层道德根源。这种体现在伦理危机上的生命意义危机和生命学问之危机导致现代生活中无根无本的生命无法承受之轻的幸福脆弱状态。

胡塞尔说哲学从古到今都是“关于存在者全体的学问”①，孔子的仁学思想也是在人类文明轴心时代出现的整全圆融的生命幸福智慧。越是在心灵世界碎片化的现代世界，越是需要回归到这种完整的生命学问世界去走出人生的幸福之道。“尽其心者知其性，知其性则知。”(《孟子・尽心上》)人之为人的本质从道德意义上来说，就是其在实践理性指导下的内在生命超越性，这是生命学问意义上的学以致用和学而时习之。

越是在这样一个注重实用的年代，越是需要我们去自觉践行看似无用的孔子仁学思想或是关于生命本身的学问。庄子云：“人皆知有用之用，却不知无用之用也。”(《庄子・人间世》)仁学，简而言之，就是为己之学，就是实践的生命学问；仁

---

① [德]胡塞尔.欧洲科学的危机与超越论的现象学[M].王炳文，译.北京：商务印书馆，2001.

学，就是要学仁，就是要践履仁德，仁学的本质就是一种在每个当下正在进行的伦理的生活方式。无独有偶，德不孤，必有邻，几乎与孔子同时代的西方大哲学家苏格拉底也强调生命学问之实践理性的重要性："提出对普遍有效的真理的存在的信念……这种信念本质上是实践的，是道德的气质。"①

① [德]文德尔班.哲学史教程·上卷[M].罗达仁，译.北京：商务印书馆，1987.